THE CONCISE
DICTIONARY OF POLITICS

政治学小辞典

堀江　湛
加藤秀治郎
［編］

一藝社

まえがき

　本書は政治学の全般につき、平易に基礎的事項を記述した小辞典である。いわゆる「読む辞典」として通読できるようにしてあるが、索引などを活用して、小項目を拾い読みもできるようにもなっている。

　編集作業は、ほぼ同じメンバーで執筆した堀江湛編『政治学・行政学の基礎知識』（一藝社刊）を基礎に、同書を小辞典ふうに再編する形で進めた。『基礎知識』は標準的テキストとして執筆され、2004年の初版刊行から、何度も改訂を重ねてきたので、今回の目的に対応する性質のものとなっていた。

　同書との大きな違いは、タイトルの相違に見られるように、行政学の扱いを政治学の一部としての比率にまで圧縮したことである。本書は、行政学にもふれているものの、『行政学小辞典』ではないことはお断りしておかなければならない。

　今回の具体的な作業はもっぱら加藤が担当したが、こういう経緯を踏まえて本書が成ったので、本書の編者として、『基礎知識』の編者、堀江湛・慶應義塾大学名誉教授の名前も並べさせていただいた。人脈を通じてこれだけの執筆者を集めていただいたことも、堀江先生の大きな貢献と言わなければならない。

ともあれ、初めての試みなので、いろいろ不十分な点も残っていることと思う。執筆者の皆さんにも、最後の段階で、半ば強引なスケジュールを押し付け、失礼したことをお詫びしなければならない。改訂を重ねることで、より良い小辞典としていきたいので、今後もご協力をお願いしたい。

　読者の皆様にも、お気づきの点を、ぜひ編集部にお寄せいただけるよう、お願いしたい。

2019年11月

編者を代表して　加藤秀治郎

政治学小辞典

目 次

まえがき　Ⅲ

01 政治学の基礎概念

01-01　権力の概念　1
01-02　権力の実体概念と関係概念　2
01-03　権力の零和概念と非零和概念　4
01-04　支配の3類型　6
01-05　政治的リーダーシップ　8
01-06　小集団とリーダーシップ　9
　　　column　政治学関連の要注意の英単語 1　12

02 政治思想

02-01　マキャヴェリ　13
02-02　主権理論　15
02-03　社会契約説　16
02-04　社会主義の思想　19
02-05　自由主義と保守主義　21
02-06　自由主義と民主主義　23
02-07　イデオロギー　25
02-08　イデオロギーの終焉　27

03 政治制度

03-01　権力分立　29
03-02　議院内閣制と大統領制　31
03-03　アメリカの大統領制　33
03-04　イギリスの議院内閣制　35
03-05　フランスの半大統領制　36
03-06　日本の議院内閣制　38

目次

04 デモクラシーの理論

04-01 古代ギリシアのデモクラシー　41
04-02 市民革命と自由主義　43
04-03 リベラル・デモクラシー　45
04-04 人民民主主義　47
04-05 指導者競争民主主義　49
04-06 参加民主主義　50

05 国 家

05-01 近代国家　53
05-02 国家の起源の学説　55
05-03 行政国家化現象　56

06 議 会

06-01 議会の発展　59
06-02 議会政治の諸原則　61
06-03 一院制と両院制　62
06-04 議会の議事運営　64
06-05 議会の類型　65
06-06 多数決原理　67
06-07 近代日本における議会政治の発展　68
06-08 日本の立法過程　70
06-09 アメリカの議会　72
06-10 イギリスの議会　73

VII

07 政党と政党制

07-01 政党の成立・発展　75

07-02 政党制　77

07-03 政権の形態　79

07-04 アメリカの政党制　81

07-05 イギリスの政党制　83

07-06 フランスの政党制　84

07-07 ドイツの政党制　86

07-08 戦前日本の政党制　87

07-09 戦後日本の政党制　89

07-10 政治資金　90

column　政治学関連の要注意の英単語2　92

08 圧力団体・住民運動

08-01 圧力団体の発生とその機能　93

08-02 圧力団体の理論　96

08-03 アメリカ社会と圧力団体　98

08-04 日本の圧力団体　100

08-05 住民運動・市民運動　102

08-06 圧力政治の諸問題　103

目次

09 選挙制度

09-01 選挙制度の原則　105
09-02 選挙制度の類型　107
09-03 選挙制度の政治思想　109
09-04 多数代表制　110
09-05 比例代表制　111
09-06 主要国の選挙制度　113
09-07 日本の選挙制度　115
　column　政治学関連の要注意の英単語3　118

10 投票行動

10-01 初期の投票行動研究　119
10-02 投票行動理論の新展開　121
10-03 日本人の投票行動　123
10-04 アナウンスメント効果　124
10-05 無党派層　126
10-06 合理的選択論　127
　column　政治学関連の要注意の英単語4　130

11 政治意識

11-01 政治意識・政治的態度　131
11-02 政治的価値観　133
　column　政治学関連の要注意の英単語5　136

12 政治過程と政策過程

12-01 政治過程の発展　137

12-02 コーポラティズム　138

12-03 政策過程論　140

12-04 現代日本の政策過程　142

column　政治学関連の要注意の英単語6　144

13 現代社会の政治

13-01 大衆社会　145

13-02 大衆社会の政治　147

13-03 マルクス主義の階級支配論　149

13-04 エリート理論　151

13-05 現代社会の権力構造　154

column　政治学関連の要注意の英単語7　156

14 政治的コミュニケーション

14-01 世論　157

14-02 マスコミの機能　159

14-03 マスコミの効果　161

14-04 コミュニケーションの2段階の流れ　162

14-05 マスメディアの新効果論　164

column　政治学関連の要注意の英単語8　166

15 国際政治

15-01 近代の国際社会　167

15-02 国際政治理論の類型　169

15-03 国際システムの安定　171

15-04 戦後の国際政治　173

15-05 国際機構　175

15-06 国際経済と国際政治　177

15-07 国際政治と日本外交　179

　　column　政治学関連の要注意の英単語9　182

16 安全保障

16-01 安全保障の類型　183

16-02 個別的安全保障と同盟　186

16-03 集団的自衛権　188

16-04 集団安全保障　190

16-05 日本の安全保障　192

17 政治学の発展

17-01 伝統的政治学　195

17-02 現代政治学　198

17-03 政治学の新動向　199

18 比較政治学の理論

18-01 ポリアーキー　203

18-02 権威主義体制　205

18-03 政治文化　208

19 行政国家と官僚制

19-01 「行政」の概念　211

19-02 行政国家　213

19-03 行政改革とNPM　215

19-04 ウェーバーの官僚制論　217

20 行政学の形成と発展

20-01 行政学の形成　219

20-02 政治・行政二分論　221

20-03 政治・行政融合論　223

21 行政理論

21-01 技術的行政学　225

21-02 機能的行政学　227

21-03 科学的管理法　229

21-04 人間関係論　231

21-05 総括管理機能　232

22 行政の機構と制度

22-01 任用制　235

22-02 独任制と合議制　237

22-03 人事院と人事院勧告　238

目次

23 行政の組織と管理

23-01 ラインとスタッフ　241
23-02 行政組織の設置　243

24 行政統制と行政責任

24-01 行政統制　245
24-02 会計検査　247
24-03 行政責任　249
24-04 情報公開　251
24-05 行政手続　253

25 行政管理

25-01 行政計画　257
25-02 予算と予算編成　259

26 地方自治

26-01 地方自治　261
26-02 主要国の中央－地方関係　263
26-03 日本の地方自治体　265
26-04 住民参加　267

索引

項目・小見出し索引　269
人名索引　281

執筆者一覧 （五十音順）

青木一益 （あおき・かずます）
富山大学経済学部教授

青柳卓弥 （あおやぎ・たくや）
平成国際大学法学部教授

荒木義修 （あらき・よしのぶ）
武蔵野大学名誉教授

井田正道 （いだ・まさみち）
明治大学政治経済学部教授

岩井奉信 （いわい・ともあき）
日本大学法学部教授

石上泰州 （いわがみ・やすくに）
平成国際大学法学部教授

岩渕美克 （いわぶち・よしかづ）
元日本大学法学部教授 （2018年逝去）

梅村光久 （うめむら・みつひさ）
三重中京大学名誉教授

大木啓介 （おおき・けいすけ）
尚美学園大学名誉教授

大沢秀介 （おおさわ・ひでゆき）
慶應義塾大学名誉教授

小川恒夫 （おがわ・つねお）
東海大学文学部教授

加藤秀治郎 （かとう・しゅうじろう）
東洋大学名誉教授

門松秀樹 （かどまつ・ひでき）
尚美学園大学講師

川口英俊 （かわぐち・ひでとし）
十文字学園女子大学社会情報デザイン学部准教授

桐谷　仁 （きりや・ひとし）
静岡大学人文社会科学部教授

桑原英明 （くわばら・ひであき）
中京大学総合政策学部教授

神崎勝一郎 （こうざき・しょういちろう）
大原学園専任講師

小島和貴 （こじま・かずたか）
桃山学院大学法学部教授

佐々木孝夫 （ささき・たかお）
平成国際大学法学部教授

佐治孝夫 （さじ・たかお）
元大学教員

佐藤公俊（さとう・きみとし）
高崎経済大学地域政策学部教授

進邦徹夫（しんぽう・てつお）
杏林大学総合政策学部教授

高杉忠明（たかすぎ・ただあき）
神田外語大学外国語学部教授

田中康夫（たなか・やすお）
東海大学名誉教授

富崎　隆（とみさき・たかし）
駒澤大学法学部教授

永田尚三（ながた・しょうぞう）
関西大学社会安全学部教授

中村昭雄（なかむら・あきお）
大東文化大学法学部教授

永山博之（ながやま・ひろゆき）
広島大学大学院社会科学研究科教授

半田英俊（はんだ・ひでとし）
杏林大学総合政策学部准教授

福澤真一（ふくざわ・しんいち）
常磐大学総合政策学部教授

本田雅俊（ほんだ・まさとし）
金城大学特任教授

前田壽一（まえだ・としかず）
洗足学園理事長

真下英二（ました・えいじ）
尚美学園大学総合政策学部教授

増田　正（ますだ・ただし）
高崎経済大学地域政策学部教授

水戸克典（みと・かつのり）
日本大学法学部教授

渡邊啓貴（わたなべ・ひろたか）
東京外国語大学名誉教授、帝京大学法学部教授

＊本文中の図表は、特に明記していない限り、加藤秀治郎他著『新版 政治学の基礎』、
堀江湛編『政治学・行政学の基礎知識［第3版］』（共に一藝社刊）に基づいている。

01 » 政治学の基礎概念

01 - 01

権力の概念

社会関係において一定の手段を通じ、自己の意思を貫徹し、他者を服従させる力を権力といい、政治学の最も基本的な概念となっている。ウェーバーの定義がよく知られる。また、ラスウェルは権力行使につき、価値の付与と剝奪の観点から分析を深めた。　　　　　　　　　　（佐治孝夫）

権力

人が他者をその意志に反して行動させるとき、その人は「権力」を持つという。類似の概念には、権威や支配があるが、絶対君主制のもとで、世俗的権力が宗教的権威から完全に自立し、近代国家が、物理的強制力（暴力）を独占し、近代的権力秩序を構築したことから、区別されるようになった。

▶ 01-01 ～ 01-02

ウェーバーの「権力」

ウェーバーは、権力を「社会関係のなかで抵抗に逆らっても自己の意思を貫徹するあらゆるチャンス」と定義している。社会関係において人間の行動様式を統制する能力である。

価値剥奪

ラスウェルは、権力行使につき、相手が失いたくないと考えているものを奪うと脅すこと、また実際に奪うことを重視した。「ある行為の型に違反すれば、その結果、重大な価値剥奪が予想されうるような関係を指す」とみなしているのはこうした文脈からである。

そして、これを政治の局面におくとき、権力は「決定（重大な制裁［＝価値剥奪］を伴う政策）の作成への参与」としてとらえられることになる。「価値剥奪」とは財産、尊敬、愛情、地位などの社会的価値の喪失や減少をもたらす過程を指すが、権力の本質は価値剥奪ないしその威嚇や制裁によって他者（および組織全体）を制御する力だということができる。

このように権力が、社会関係において一定の手段を通して自己の意思を貫徹し、他者に対する制御によって服従を調達する力であるとするならば、権力が、政治学にとって最も基本的な概念として位置づけられ、伝統的に政治学や政治社会学、とくに政治過程の分析において中心的なテーマを形成してきたことは当然といえよう。

価値付与

ラスウェルは価値剥奪とは別に、権力行使には価値付与のものがあるとした。相手の欲するものを付与することで、服従を得る方法である。

---

01 - 02

権力の実体概念と関係概念

政治権力は政治学の中心的な概念で、フリードリッヒは権力の見方を二分している。一つはホッブズやマルクスのように、権力での強制力の要素を重視し、実体あるもののように捉える実体概念である。もう一つはロックのように、権力現象の中に見られる合意の要素を重視する関係概念である。後にダールがこれを詳細に定式化した。

(佐藤公俊)

01 ≫ 政治学の基礎概念

フリードリッヒの権力論

権力については、カール・フリードリッヒが、実体概念と関係概念という、二つの権力観を分け、その特徴づけを試みている。権力は、ある者が他の者に命令し、何らかの行動をとらせる力などと定義されるが、その際、権力行使につき、強制力をもつ者が、それにより他の者を屈服・服従させること、と捉えるのが権力の実体概念である。

権力の一方的な行使はむしろ特殊な現象であり、権力の行使における双方向の作用を重視する見方もある。現代の政治学ではこちらも有力であり、権力の関係概念といわれる。

権力の実体概念

権力の実体概念は、権力の本質は強制力にあり、権力者は権力行使の資源として強制力を持ち、またそれを根拠に、一方的な権力行使を行う、とするところに特徴がある。

この権力の実体概念は、学問とは別に、一般にイメージされている権力観に近いものである。

権力の実体概念は、ホッブズやマルクスなどの思想に見られる。その権力観を簡単に要約すると、強制力をもつ少数の権力者が、それをもたない大多数の人々を屈服・服従させるということになる。

権力の関係概念

権力の関係概念とは、ある者（A）

が他の者（B）に命令し、何らかの行動をとらせようとする局面につき、権力を行使するAは、権力を行使される側B（服従側）の反応によって、強制力をあまり行使しなくてもよい場合もあれば、行使しないといけない場合もある、と考えるものである。

つまり、権力行使は相手に対して一方的に行われるものではなく、相手の出方に依存する、とする考え方である。権力行使に際して、服従する者の合意を重視し、権力を行使する者と服従する者の相互作用から権力関係が成立する、とする。

したがって、権力を行使する者と服従する者が、お互いをどのように評価するかによって、権力関係そのものが変化するということになる。この権力観は、ロックやダールによって代表される。

ダールの関係概念

現代のアメリカの政治学者ダールは、権力の関係概念を精緻に論じ、量的に把握できるように定義付けた。「Aが命じなければ（Bが）しなかったようなことをBに行わせることができたとき、AはBに対して権力をもつ」と定義しているのである。

Aの権力の大きさは、Aの命令によってBがその行為をする確率がどれだけ増すかによって示される、とするのである。ダールの考え方は、権力行使に際して権力者の存在だけではなく、服従する者の反応を重視し、権力を双方の関係からとらえたものであり、関

▶ 01-02 ～ 01-03

係概念としての把握が明確である。

　かつて政治学では、富や暴力の集中・独占などに焦点をあてていたので、実体概念が支配的であった。しかし、近現代では、暴力などの資源を保有していても、法的な制約などで、いつも自由に行使できるとはかぎらなくなっている。政治学でも、権力行使の実態に応じて、関係概念を重視する傾向が強まってきている。

■ラスウェルの権力基底

　現代アメリカの政治学者ラスウェルは、権力基底という概念を提唱し、精緻な権力論を展開した。

　権力行使の際に基盤となるものを権力基底と呼び、その多様性を強調した。

財力で他者を操る者は、富を権力行使の基盤にしていると考えられるが、他にも知識、技能、尊敬、愛情、高潔などのさまざまな権力行使の基盤をあげている。この多様性が彼の議論の特徴である。

　このラスウェルの考え方は実体概念か関係概念かで、わが国で論争があった。権力基底を実質的な強制力の資源とみる見方からは、実体概念とされた。だが、権力概念を分けたフリードリッヒ自身が、ラスウェルとカプランの共著『権力と社会』につき、関係概念の典型としていることから、関係概念とする見解が有力になっている。服従者が権力者に尊敬や愛情を感じているから従う、というのは両者の「関係」に由来するものだという解釈である。

---

01 - 03

権力の零和概念・非零和概念

　政治権力には権力者が服従者を支配し、服従させる以外に、社会的機能があるとの見解がある。パーソンズは、この点を明確にするために、零和概念と非零和概念を区別した。権力行使で、権力者が得をし、それだけ服従者が収奪されているという見方が零和概念である。権力行使で、社会的なプラスを生むというのが、非零和概念である。　　　　(佐藤公俊)

■零和・非零和

　零和と非零和は、ゲームにおいて参加者の得点と失点の関係についての概

念である。賭けをして、勝った方が負けた方から、かけ金を奪う場合、差し引きでゼロになる場合が、零和である。「サム」は合計の意味であり、プラス

とマイナスがゼロになることをいう。

逆に、プラスとマイナスを合算して、ゼロにならないのが、非零和である。差し引きでプラスになる場合と、マイナスになる場合があるが、権力については社会的効用があるということで、プラスになる場合を想定している。

権力の零和概念

権力の行使を、利益の取り合いの状態と考えるのが「零和概念」である。参加者間の利益は常に対立し、誰かが権力で奪った利益と、他の者が奪われた利益（つまり損失）は、足し合わせるとゼロになるのが、零和の状態である。

権力の行使は、権力行使をする者が、自己利益の追求のために行われる、という見方に代表される。権力に服従する者の犠牲の上に、権力行使をする者の利益が増大する、とする考え方で、これが権力の零和概念である。国王が国民に課税をし、その税金によって豪華な暮らしを送り、利益を得ている場合、国王の利益は、市民の損失と等しくなる。国王の利益と市民の損失を足し合わせるとゼロになり、社会全体としてみた場合、この権力行使によって利益の総量は変わらない。

政治学における伝統的な権力に対する理解は、零和的なものが多く、政治権力は人々の自由や利益を侵害しかねない存在で、必要悪と捉えられてきた。政治権力をいかに抑制するかについて、多く議論されてきたのが、この権力観の反映である。

権力の非零和概念

権力行使によって、社会全体の利益が増大する、と考える見解もある。権力は、権力を行使する者にだけではなく、社会の成員にも利益をもたらすことがある、という見方で、権力の「非零和概念」という。社会学者パーソンズは、権力の零和概念的な考え方で説明しきれない現象に着目して権力を論じ、非零和概念として説明した。

非零和概念とは、ゲームの参加者が取り合いではなく、お互いに協力によって、利益が生じるような状況を指す概念である。治安の維持のケースでは、政治権力は一時的には市民の利益を制限するが、その損失を上回る大きさの利益を市民にもたらす可能性がある。

政府が市民の行動を制限するのは、自由を制限されるというマイナスを生むが、良い治安が維持され、安全の実現というプラスを得る。

パーソンズの非零和概念

社会全体では、権力行使によってプラスが大きいという場合、損失よりも大きな利益が生み出されているといえる。権力によって社会全体の利益が増大していると考えられるのである。政治権力による社会的効用の増大であり、権力にそのような社会的機能を認める見解である。

権力を、目的達成のために社会的資源を動員する能力として位置づけるパーソンズの定義には、このことがよく表れている。

01 - 04

支配の３類型

　権力を安定して行使するためには、服従者が自発的に政治的決定を正当なものとして認める環境が必要である。理念的という批判をもあるが、比較が可能な視点を示している。ウェーバーは支配の基盤につき、カリスマ的支配、伝統的支配、合法的支配の３類型を挙げた。これは理念型とされる。

(梅村光久)

■ウェーバーの類型

　政治権力が、その実効性をもつためには、いくつかの方法が考えられる。暴力など物理的強制力も、その一つであるが、被支配者の反感を生むことになり、権力が安定した形で（安定性）、長く続くこと（継続性）は望めない。したがって、強制に基づくものでなく、被支配者が不満をもつことなく、自発的に権力を受け入れ、政治的決定を正当なものとして認めている状態が求められる（正当性）。つまり、自発的な承認を得た権力が、権威として受け入れられる必要性がある。こうした状態のことをドイツの社会学者ウェーバーは「支配」とよんだ。そして、支配の正統性にもとづき三つの類型を示している。

■カリスマ的支配

　支配者がカリスマ性(超人間的、超自然的な資質)をもち、それに対して人々の帰依が服従の基礎となっている支配の型である。カリスマ的支配を維持していくためには、支配者が、その使命・能力を示し続けなければならない。

　一方で、被支配者は支配者の使命を承認していることが求められる。したがって、カリスマ性が支配者から離れ、なくなった場合には、支配の正当性がなくなるという弱さをもっている。他方で、支配者の指導内容に対して時間をかけ吟味する必要がなく、社会の危機的な状況や革命的な変革が求められる際には有効である。歴史上の人物では、このカリスマ的支配の典型例としては、ナポレオン、ヒトラー、スターリン、毛沢東などが該当する。

　また、カリスマ的支配は、そのカリスマ性の継続・継承の方法によって二つに分類することができる。一つは、「世襲カリスマ」であり、カリスマ的支配者のカリスマ性が血統的なつながりのある子孫や親族に受け継がれ、被

01 ≫ 政治学の基礎概念

ウェーバー
(Weber, Max
1864 – 1920)

支配者もその継承を認める場合である。もう一つは、「官職カリスマ」であり、ローマ司教のように儀式によってカリスマ性が次の支配者へ継承され、地位につくことでカリスマ性を支配者はもつことが可能となる場合である。

伝統的支配

伝統や習慣、先例といった伝統的な権威に服従の基礎をおく支配の類型である。被支配者が伝統を神聖なものとして受け入れ、伝統的な手続きによって支配している状態のことである。この分類の支配は、社会の変動が少なく、繰り返される習慣や先例が被支配者によって承認される社会において有効である。したがって、支配者の正当性が伝統的なものにあるため、支配者の独創性をもった判断で支配を維持していくことは困難である。前近代的な社会でみられる支配である。

合法的支配

正しい手続きで定められた法にもとづく支配である。カリスマ的支配や伝統的支配などのように「人」に対して服従するのではなく、秩序や制度、地位などの「合法性」を被支配者が承認し、服従する形態である。国会で決められるさまざまな法律に従うとすれば、「選挙」という手続きを用いて、国民の代表である国会議員を定期的に選出しているからこそである。この支配の安定性は、手続きが正しいものであることが求められる。

理念型と現実の形態

ウェーバーは支配の3類型を挙げたが、この3類型は、「理念型」といわれるものであり、現実の社会においては、三つのうち、一つのみが純粋に存在するわけではない。つまり、現実の支配の状態は、どれか一つのみで説明することはできず、いくつかの混合した型として分析しなければならない。

例えば、イギリスは議会制民主主義の母国（つまり合法的支配を他の諸国より先駆けて認めてきた社会）であるが、一方で、イギリス国民の王室への敬愛の念が強く伝統的支配を尊重する社会であるということは、二つの類型が混在していると言えよう。

▶ 01-05 〜 01-06

01 - 05

政治的リーダーシップ

リーダーシップ論では、影響力を発揮するリーダーと受ける側（フォロワー）の間の作用は一方的とせず、相互作用があると考える。両者の利益が対立する場合ばかりでなく、同一目標に向けて協力的関係に立つ可能性も認めている。政治的リーダーシップ論では政党や利益集団など、国家以外の集団における影響力の過程も対象とされる。　　　（加藤秀治郎）

政治的リーダーシップ

同じ政治的影響力の過程を扱うにしても、政治権力論では力の源泉につき強制力と権威の双方を重視するが、非強制的要素を重視するのが政治的リーダーシップ論である。

一定範囲の人々を一定の目標に向けて統合し、方向づけていく作用をリーダーシップというが、政治の場におけるそれを、政治的リーダーシップという。

リーダーシップの特性理論

古来、政治指導者の在り方につきいろいろ議論されてきたが、指導者たるものに求められる特性を追及しようという研究をリーダーシップの「特性理論」という。リーダーシップを指導者個人に焦点をあてて研究し、指導者の役割を遂行し、地位を確保していくのに必要なパーソナリティや方法を分析していくものである。

政治家に哲学的洞察力を求めたプラトンの「哲人王」の思想や、君主に対し道徳に則した人間的な支配方法のみならず、「キツネとライオン」のような「獣のような方法」をも断固として求めたマキャヴェリの議論がそうである。

政治に関与する者に、情熱、責任感、判断力の三つの資質を求め、心情倫理ではなく責任倫理を求めた、ウェーバーの議論もこれに数えられる。

リーダーシップの状況理論

同じ政治指導者でも欧米と日本では好まれるタイプが異なるように、国や時代により適合する指導者のタイプは異なる。このように指導者の置かれている社会状況が重要だという立場からの研究をリーダーシップの「状況理論」という。リーダーシップの機能を社会的状況、集団内部の状況との関連で分析するものである。

図表1-5 リーダーシップの特性・状況・効果

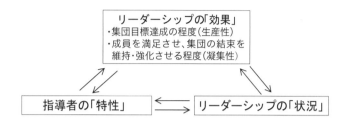

リーダーシップの効果

リーダーシップの「効果」は、その集団が目標を達成する程度（生産性）と、集団の成員を満足させ、集団の結束を維持・強化する程度（凝集性）で測られる。それはリーダーの「特性」とリーダーシップの「状況」の二つによって決まるとされる。

01 - 06

小集団とリーダーシップ

リーダーシップの研究は、ホワイトとリピットのアイオワ実験に始まる。専制的リーダーシップ、民主的リーダーシップ、自由放任的リーダーシップの類型をもとに、グループ・ダイナミックスの研究がなされた。政治的リーダーシップでは、代表的、創造的、伝統的、投機的の四つのリーダーシップの類型が知られる。　　　　　　　　　　　　　　　　（加藤秀治郎）

アイオワ実験

リーダーシップの研究は、アイオワ実験に始まる。その実験で少年たちに作業をさせた結果、次のようになった。

専制的リーダーシップでは、作業量こそ最も多かったものの、不平不満が多く、内部で不和が生じ、創造性は低かった。民主的リーダーシップでは、作業量は多く、動機づけが高く、独創性も優れており、内部の友好性も高かった。自由放任的リーダーシップでは

作業量が少なく、できばえも悪く、遊びが多かった。

同様の実験を、日本では三隅二不二（みすみじゅうじ）が行っており、ほぼ類似の結果を得たが、日本の場合は若干、異なり、日米間の文化の相違により効果が異なると考えられる。

専制的リーダーシップ

活動の方針など一切を指導者が決定し、手順などもそのつど一方的に命令し、その理由などは説明しないリーダーシップの類型。フォロワーの満足度が低くなる傾向がある。

民主的リーダーシップ

方針が集団の討論で決定され、何事も納得づくで進められ、指導者はこれに激励と援助、技術的アドバイスを与えるというリーダーシップの類型。作業の効率も、満足度も高い傾向がある。

自由放任的リーダーシップ

成員まかせで、リーダーはほとんど関与しないようなリーダーシップの類型。フォロワーには影響を及ぼせない。

政治的リーダーシップの類型

リーダーは、政治社会のおかれている状況に応じて、そのスタイルを変化させる。このような政治的リーダーシップの類型につき、広く認められたものはまだないが、わが国ではリチャード・シュミットの類型が比較的知られている。

代表的リーダーシップ

政治は大衆の同意にもとづいて行われるべきであるとのたてまえのもと、大衆の利益を代表するのが指導者の役割だとして行動する類型。制度的リーダーシップともいわれる。

大衆に価値体系の転換を求めないので、保守的な性格をもつとされる。価値体系の安定している政治社会に見られる。

創造的リーダーシップ

これまでの生活様式とは別の新しいヴィジョンを提示し、それを実行に移そうとして支持を集める類型。危機的状況に際して、価値体系の変革をめざすものとして現れることが多く、その意味で創造的、革新的であるとされる。革命的状況などに見られる。

伝統的リーダーシップ

慣習や伝統的形式にのっとって、支配するタイプである。伝統社会に特徴的なもので、ここでは実は、ほとんどリーダーシップを必要としてはおらず、身分や、地位による支配を行うだけである。

投機的リーダーシップ

大衆の不満を投機的に充足させるス

01 ≫ 政治学の基礎概念

タイルで登場するタイプである。矛盾
する公約を濫発したり、戦争にハケ口
を求めるなどが、その例である。ヒト
ラーがユダヤ人をスケープゴーツとし
て、人々の不満をそらせたのは、その
典型とされる。

column

政治学関連の要注意の英単語　1

● democracies

　デモクラシーの複数形で、「諸」民主主義の意味かと思うかもしれないが、多いのは民主制を採用している国という意味で、「民主諸国」でよい。欧米だと、旧共産諸国に対して、西側の国を単にデモクラシーズと呼んだ。権威ある出版社から出ている翻訳に『近代民主政治』という本があるが、原題は "Modern Democracies" であり、内容は民主諸国の比較だから、ズバリ『近代民主諸国』でよかろう。

（加藤秀治郎・永山博之）

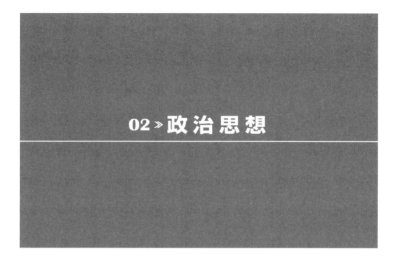

02 ≫ 政治思想

02 - 01

マキャヴェリ

イタリアの政治思想家マキャヴェリ(1469-1527)は、『君主論』などで現実主義的政論を展開し、近代政治学の祖とされる。目的のためには手段を選ばない権謀術数を説いたとして「マキャヴェリスト」の言葉があるが、その理解は一面的にすぎる。政治思想史において誰もが無視できない重要な人物である。

(川口英俊)

『君主論』の背景

当時のイタリアは五つの国に分かれていたが、マキャヴェリはその一つフィレンツェ共和国で要職につき、外交を担当していた。諸国家の生き残り競争や、強国フランスやスペインの侵入のなかで、祖国の生き残り、国家の強

化といった問題に取組んでいたが、官職を奪われていた時期に、『君主論』（1523年）をまとめた。政治と道徳・倫理というものが切り離せなかった時代に、道徳に背いても統治を優先すべきとしたが、その姿勢は斬新すぎ、弾劾された。

『君主論』の主張

マキャヴェリは現実主義の立場から、「君主は自分の臣民を結束させ、忠誠を守らせるためには、残酷だという悪評を少しも気にかけてはいけない。あまりにも慈悲深いために混乱状態を招き、殺戮や略奪を横行させる君主に比べれば、残酷な君主は、極めて少ない処罰をするだけなのでより慈悲深いということになる」と、強い権力の必要性を説いた。

また、「君主は野獣の性質を適当に学ぶ必要があるが、その場合、狐とライオンにならうべきである。ライオンは罠から身を守れず、狐は狼から身を守れない。罠を見破るためには狐でなくてはならず、狼の度肝を抜くにはライオンでなくてはならない」とした。権謀術数家の評価は、この言葉に由来する。

マキャヴェリ
(Machiavelli, Niccolò
1469 – 1527)

マキャヴェリの関心

マキャヴェリは、どんな政体が他の政体より優れているか、どう国家を統治すべきか、いかに外敵から国家を守るか、といった現実的な問題に関心があった。歴史に例証を求めたが、歴史の一般法則などには関心はなく、現実的、常識的な判断の根拠付けを史実に求めたのである。

問題の考察では、人間が欲望や感情によって動く、との前提から出発し、統治のためにはそれを利用するのも君主の才能の一つとした。より強い権力を求める意思ともいえるヴィルトゥ（活力、意思）や、天に愛され意思を現実化するためのフォルトゥナ（運、運命）を、君主にとって必要不可欠なものとした。

02 ≫ 政治思想

02 - 02

主権理論

近代の政治理論の支柱ともいうべき重要なものに主権理論がある。その概念はローマ法にまでさかのぼるが、政治理論として主権概念を定式化したのはボダンである。その後、主権理論はホッブズ、ロック、ルソーなどに引き継がれ、発展させられた。それら社会契約論者は、主権の範囲や制約を考察することで、その議論の基盤を築いたのであった。　（川口英俊）

『国家論』の背景

フランスの思想家ボダンは、『国家論』（1576年）で主権理論を説いた。ドイツのルターに始まる宗教改革は、スイスではカルヴァンのユグノー派となり、16世紀のフランスでは宗教反乱を頻発させた。宗教改革は、封建体制を揺るがし国家体制を動揺させた。

ボダンの主権理論にはそれに対応した面がみられる。反乱を武力で鎮圧することとともに、国家の思想的、哲学的基盤が求められていた時であり、ボダンの理論は絶対君主制国家、中央集権国家の正当化という役割を担うこととなった。

主権の概念

ボダンは、主権には最高にして唯一、絶対的、恒久的、不可分、不可譲という属性があるとした。そして、国家には必ず一個の絶対的権威をもった主権が存在するとした。政府の形態は主権の在り方で決まり、自然法にもとづい

て主権を正しく行使する政府を正統な政府、領主的権限を行使する政府を領主的政府、専制的に行使する政府を専制的政府、とした。

主権は法によって拘束されない最高権であり、主権者は前任者の立法にも国民によっても拘束を受けないとされた。ボダンにおいては、主権を制限するための制度はみられない。

ボダンの主権理論

ボダンは主権を、立法権、宣戦布告や条約締結権等の戦争権、官吏任命権など八つに分類している。この主権の担い手は、単独者、人民の一部、人民の全体が考えられ、それぞれ君主制、貴族制、民主制に対応するとされ、君主制では主権は主権者以外の制約を受けることはないとされた。

しかし、主権も自然法と神法には従うものとされ、それは私有財産の不可侵性につながった。とはいえ、自然法・神法の解釈自体は主権者自身に委ねられていた。

15

▶ 02-02 〜 02-03

中世的性格を有していた王権神授説などの絶対君主擁護論に対し、ボダンは主権という抽象概念を新たに確定し、それに基づく理論を構築した。ボダン自身は絶対君主擁護の範囲を出なかったが、主権の範囲や制約を考察することで、普遍的な国家体制を理論的に構築する手がかりを後世に与えた。

ボダン
(Bodin, Jean
1530 – 1596)

02 - 03

社会契約説

政治社会での権力につき、王権神授説に異を唱え、市民社会や国家成立の根拠を構成員の社会契約に求める社会契約説が登場してきた。近代となって、軍隊とか税制など、国家制度に全国民を取り込む必要が生じ、〈国家とは何か〉、〈国家は何に正当性をもつのか〉といった問題が浮上して、ホッブズ、ロック、ルソーらが唱えた。共通性もみられるが、三者の相違も少なくない。

(川口英俊)

社会契約説の理論的枠組み

社会契約説は、ホッブズ、ロック、ルソーらに代表される。三人はそれぞれの形で、社会契約説を唱えたが、そこには、共通の論理もみられる。〈国家とは何か〉、〈何によって国家は正当性をもつのか〉といった問題について、次のような論理を提示したのだ。

社会が構成される以前の「自然状態」を仮定し、そのなかで人々が自分たちの権利を守るために契約を結び、人々が権利の一部を委譲するかわりに、生命や自由などに保障を求める、という理論枠組みである。

ホッブズ

イギリスの思想家ホッブズは、1651年に『レヴァイアサン』を著し、最初に社会契約説を唱えたことで知られる。ホッブズの社会契約説は、17世紀イギリスの政治的動揺を背景として書かれたため、絶対王政や独裁の擁護論と

ホッブズ
(Hobbes, Thomas
1588 - 1679)

なりうる側面も有していたが、その論理はフィルマーらの王権神授説などとは、まったく異なるものであった。諸個人を原点とする社会契約という概念を、政治理論として初めて明確に構成しており、社会契約によって国家の秩序の起源を説明する、合理的な近代政治理論であった。

ホッブズの社会契約説

ホッブズは、人間は自己保存（生存）の権利など、自然権をもつとした。人間は畏怖すべき権力のない自然状態においては、「万人の万人に対する闘争」を始めてしまう、と想定した。そこで平和を構築するためには、人々は自己の自然権を、一人の人か一つの合議体に委譲するようになるとした。委譲された主権者が、絶対的権威をもつ代わりに、その構成員と平和を保障する契約を結ぶとしたのである。

委譲された主権者が国王である場合は、国王の支配を正当化することになるが、その根拠は王権神授説とはまった異なるものであった。神授説では、王権は神から国王に授けられたものとして、宗教的権威の上に説かれていたが、ホッブズにあっては、人々の必要から合理的に権力が説かれているのである。

ロック

イギリスの政治思想家ロックは、1690年に『市民政府二論』を著し、独自の社会契約説を説いた。この書物は、わが国では『市民政府論』、『市民統治論』などという書名でも知られる。出版の数年前の1688年のイギリスの名誉革命につき、理論的に補強するものとされている。ロックの理論は、フランスのモンテスキューの権力分立理論や、アメリカの独立革命運動、独立宣言などに大きな影響を与えた。

ロックの社会契約説

ロックは、ホッブズと異なり、自然状態は平和な状態であると想定している。しかし、ロックも人間が他人の平和と安全を脅かす戦争状態が起こりうることを認めており、そのような状態を避けるため、人々は同意により社会・政府をつくり、主権者に自分の自然権を「信託」すると説いている。信託である以上、主権者がその契約に違反し契約者の権利を脅かす場合には、抵抗する権利が存在することになる。この点がホッブズとの大きな相違である。

ホッブズの説では、自然権は「委譲」されるため、主権者の恣意を防ぐ正当性は保障されなかった。しかし、ロッ

▶ 02-03 〜 02-04

クにおいては、抵抗権が認められているのである。名誉革命を理論的に補強しているといわれるのは、このためである。

ルソー

スイス生まれのフランスの思想家ルソーは1762年に『社会契約論』を著し、ホッブズ、ロックとかなり異なる社会契約説を説いた。人民主権という直接民主主義的な変革の論拠が導かれており、フランス革命に大きな影響を与えた。ただその理論にある「一般意思」の概念は、具体的判断が困難なことから、全体主義に陥る面があるとして、その危険性を指摘する論者もいる。

ルソーの社会契約説

ルソーにおいても、自然状態は平和な理想状態として想定されている。ただ、その自然状態では権威が存在しないため、人々は契約を交わし社会状態に入るとする。その際ルソーは、一般意思というものを想定しており、一般意思は個々人の特殊意思とは違い、人民全体の利益であり意思であるとされ、その行使が主権であるとされる。

主権は「委譲」はもちろん、「信託」もされてはならないとされ、重要な決定は人民自らが担わなければならない、とした。直接民主制に重点のある民主制を説いたのである。

ロック
(Locke, John
1632 - 1704)

ルソー
(Rousseau,
Jean-Jacques
1712 - 1778)

社会契約説の意義

社会契約説は、王権神授説などと異なり、個人の契約により国家が成立するとし、合理的に国家の正当性を導き出す理論として登場した。自然状態、社会契約などは現実に存在したわけではなく、フィクションであったが、権力者や国家が権力をもつことの正当性や、どこまでがその権力の限界なのかなどを説明する点で優れていた。ここで初めて西欧諸国は神にその権力の起源を求める中世から脱し、近代国家の時代に入った、といわれる。

02 ≫ 政治思想

02 - 04

社会主義の思想

　財産の平等を基礎に社会を再構築する考えを、広く社会主義という。サン＝シモンらの初期社会主義に始まり、マルクスの科学的社会主義からは、共産主義の系譜が生まれた。レーニンが受け継ぎ、マルクス＝レーニン主義とし、ロシア革命で現存政治体制となった。全く別の勢力もあり、民主的社会主義が西欧を中心に広まり、ソ連崩壊後も格差重視の勢力は残っている。

（永山博之）

初期社会主義

　社会の在り方を、財産の平等という原理を基礎に、再構築しようとする考え方を、広く社会主義という。

　18世紀末から19世紀にかけて、サン＝シモン、フーリエ、オーウェンら、いわゆる「初期社会主義者」は、労働者を組織して、新たに共同体をつくり平等な分配を行うことでその待遇を改善しようとした。

　彼らの試みは結果として失敗したが、最大の利益を上げることを目的として、あらゆるものをカネで取引する社会＝資本主義社会の問題点を指摘し、その問題点を、資本主義社会自体を変えることで解決しようとする考え方は、それ以後もさまざまな形で展開されていった。この勢力は、マルクス主義からは「空想的社会主義」と批判された。

マルクス主義

　マルクスとエンゲルスは、初期社会主義者を「社会の原理を理解しないま

ま、単に理想を追い求めたために失敗した実例」として、「空想的社会主義」と呼び、「科学的社会主義」を名乗った。自らの考えは「社会の歴史法則を把握した科学的理論」だと主張したのである。

　マルクスが中心だったので、この考え方をマルクス主義という。また『共産党宣言』を著したことなどから、共産主義ともいわれる。語源的には、共産主義は社会主義より古いが、今日では社会主義の一部と考えられている。

史的唯物論

　共産主義は社会のすべての現象を説明する理論たる「大理論」の一つだが、基礎にあるのは「史的唯物論」である。

　この考え方によれば、世界のありかたを決めるのは人間の精神（考え方）ではなく、物質である（唯物論）。物質は独自の法則に従って運動し、人間社会の動きを規定する。このように、物質の原理にもとづく特定の法則で社会の過去、現在、将来を説明できるという考えを史的唯物論という。

▶ 02-04 ～ 02-05

史的唯物論は、「客観的」「科学的」法則であり、人間の意思で自由に変えることはできず、逆にこの法則を知り、それに従うことによってこそ、人間は自由を獲得できるのだとされる。

階級闘争史観

マルクス主義では、現在の資本主義社会も歴史的な存在であり、自然に存在しているのではない、と強調される。つまり、資本主義社会には必ず終わりがあり、その次に共産主義の原理にもとづく新しい社会が出現するとされる。

この転換が「革命」であり、革命を引き起こすのは、生産手段の所有の有無により区別される社会集団＝階級の対立である。生産手段をもたない労働者階級と、生産手段をもつ資本家階級が社会的闘争を行い、その結果、労働者階級が権力をもつ社会＝共産主義社会が訪れると考えるのである（階級闘争史観）。

マルクス＝レーニン主義

20世紀になってロシアのレーニンは、このような階級闘争による革命を実現するには、労働者階級を指導するエリート集団＝前衛党の存在が不可欠であると考えた。前衛党は「共産党」などの名前で呼ばれ、史的唯物論を理解し、労働者階級の利害を独裁的に実現するとされる（階級独裁論）。

ソ連、中国、北朝鮮などの共産主義国家は、いずれもこの考えにもとづい

てつくられた。マルクス主義に前衛党理論を組み合わせたこの思想をマルクス＝レーニン主義という。

民主的社会主義

社会主義には、初期社会主義の流れをくみ、分配の平等を強めていこうとする考え方も存在する。西欧諸国で発達し、独自の社会主義を掲げ、「民主的社会主義」を名乗った。共産主義に反対し、民主主義を重視する社会主義という意味である。西欧諸国で政権を樹立するなど重要な地位を占めてきた。

これに近い概念に社会民主主義があるが、歴史的にはともかく、今日ではほぼ同義となっている。

ただ、この勢力には近年、動揺も見られる。経済、社会のグローバル化が経済格差を拡大しているなかで、雇用、賃金、税制、福祉政策などをどうするか、模索の途上にある。格差問題の改善とそのための制度の探究が、現在も課題となっているのである。

共産主義の没落

1980年代末、ソ連とその傘下にあった東欧の共産主義＝人民民主主義諸国は、次々と破綻し、民主主義と資本主義を軸とする新たな社会に転換している。中国でも、共産党が支配しているものの、共産主義の理念は名ばかりとなっている。共産主義という社会主義思想の存在意義が問い直されているのである。

02 ≫ 政治思想

02 - 05

自由主義と保守主義

　自由主義と保守主義は、わが国では同類と扱われることが多いが、明確に区分されなければならない。親近性もあるが、相違も重要であり、今日でも国際政党組織は別々に組織されている。日本での理解に特殊な面があるのである。

(加藤秀治郎)

政治的自由主義

　自由主義は初め17世紀の英国で、ロックらにより政治的自由主義の教説として成立した。国家の干渉に対して自由を擁護するもので、市民革命の理念となった。私有財産の擁護という要素を含んでいたこともあり、都市の商工業者を中心に広まった。単に自由主義という場合、欧米では経済的自由主義よりも政治的自由主義の面が重視されるので注意が必要である。

　19世紀には功利主義の影響を受け、ミルによって発展させられた。旧来の習慣・伝統を批判的に検討し、人々の自由の障害になっているものは改革していくという姿勢である。現代の自由主義の政治勢力はこの系列にあり、バイブルに相当する著作は、スミスの『国富論』よりは、ロックの『統治論』やミルの『自由論』である。

経済的自由主義

　資本主義の発展に伴って18世紀には、「自由放任経済」を説いたアダム・スミスらの経済的自由主義も現れた。今日の日本では自由主義というと経済的自由主義だけが想起されがちだが、それ以前に政治的自由主義として成立し、現代でも単に自由主義という場合、政治勢力としては政治的自由主義が重要である。

　『自由放任の終焉』で政府の経済介入の必要性を説いた経済学者ケインズが、英国自由党の理論家であったことから明確に理解できるように、自由主義の政治勢力は保守勢力とは別に組織されている。政治的自由主義と、自由放任に近い経済的自由主義の関係を直線的にとらえる日本的理解は、まったくの誤解でないにせよ、不正確といわなければならない。

新自由主義

　ミルの思想はその後、グリーンらによって新自由主義へと展開された。貧困や失業といった深刻な社会問題が発生し、社会主義から挑戦を受ける中で、自由主義の理念に立って新しい対応をしようとしたものである。国家の新し

▶ 02-05 〜 02-06

い役割として社会政策の遂行を認めている点が特徴である。なおこの新自由主義は英語ではニュー・リベラリズムであり、後のネオリベラル経済学説とは異質である。ハイエクやフリードマンに代表される戦後のネオリベラルの立場は、福祉国家を批判し、自由市場での競争を徹底させる経済学説である。

ミル
(Mill, John Stuart
1806 – 1873)

保守主義

保守主義は古くから漠然とした形で存在していたが、18世紀頃、自由主義の挑戦を受けて自覚的な政治思想となった。「近代保守主義」はこのことをいい、代表者はバークである。バークは、古くから存続してきたものはそれだけ「自然」で人間性に適したものだとして、伝統的秩序や伝統的価値体系を尊重する。そして、人間の知恵の限界を考えれば、楽観的な社会改革は支持できないと、改革に対する懐疑を説いた。また、政治を行うには必要な資質があるとして、一般市民の政治参加の強化・拡大に否定的な態度をとっている。

保守主義は民族的な伝統を強調するため、各国で性格を大きく異にしているが、当初これを担ったのは主に貴族層だった。後に自由主義に歩み寄り、「法の支配」など自由主義の諸原理を受け入れ、また自由市場経済も認め、現代的な政治勢力としていまも根強く残っている。今日、保守主義と自由主義が近いものと考えられるのは、保守主義が自由主義に接近したためである。

バーク
(Burke, Edmund
1729 – 1797)

国際政党組織

政治思想の近い各国の政党は、国際的に国際政党組織を形成している場合がある。ソ連が各国の共産党を強力に統制した「コミンテルン」が最も有名だが。他の立場にも類似の国際組織がある。「コミンテルン」は第二次世界大戦後、「コミンフォルム」となり、その後、「世界共産党会議」となった。共産主義と明確に一線を画する西欧などの民主的社会主義、社会民主主義の政党が結成したのが「社会主義インターナショナル」である。ほかに、保守主義では「国際民主同盟」、自由主義では「自由主義インターナショナル」がある。

図表2-5　政党対立の推移

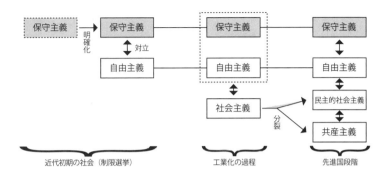

欧州連合（EU）には欧州議会があり、加盟各国の諸政党は立場の近い他国の政党と会派を形成している。大勢力には保守・キリスト教民主主義系の「欧州国民党グループ」や「社会民主進歩同盟グループ」がある。

02 - 06

自由主義と民主主義

　自由主義は、個人の自由を尊重し、国家の権力を抑制しようとする思想である。一方、民主主義は、民衆（多数者）によって支配が行われる制度や主義を意味する。したがって、自由主義的でない民主主義も、民主主義的でない自由主義もありえる。民主主義への移行期の近代に、この問題が重要となり、トックヴィルはこれを問題意識とした。　　（川口英俊）

トックヴィル

　トックヴィルは思想の形成において、アメリカの連邦制に注目した。フランスは伝統的に中央集権を取っていた。しかし、アメリカは、各州で司法、行政、立法と分権がなされており、行政的中央集権はみられなかった。中央集権政府は、すべてを詳細に把握できず、全国一律のものとなりがちであり、地方は服従し無気力になる場合がある。連邦制においては、各州政府はその地域をよく把握しており、人々は服従ではなく、行政に協力することでよりよ

い行政を実現している、と考え、ヨーロッパは、そこから学べるとした。

『アメリカの民主政治』

民主主義と自由主義をともに模索するトックヴィルは、アメリカにそのモデルを求めた。アメリカを1831年から1年間、視察する機会を得て、身分制がなく平等が尊重されるといったアメリカの特徴に、大きな感銘を受けた。その成果は、1835年に『アメリカの民主政治』としてまとめられた。

多数者の専制

トックヴィルは、アメリカの長所を見出し、ヨーロッパの教訓としようとしたが、短所をも指摘している。とりわけ重要なことは、民主主義のなかに「多数者の専制」の傾向を見出したことである。

トックヴィル
(Tocqueville, Alexis-Charles-Henri Clérel de 1805-1859)

トックヴィルは、多数者の支配が絶対的であることが民主主義の本質だとしていたが、多数者の意見に反対する者や少数者集団が多数者の専制を止めることができないところに、その危険性をみた。彼は、社会的権力が必要であるとし、そして、多数者に権力の源を認める民主主義を否定してはいないが、その権力が無鉄砲に前進し、抑制がないときに、自由が危機にさらされると危惧した。そうなった時の圧制の芽をみたのである。

2-6 自由民主主義の形成

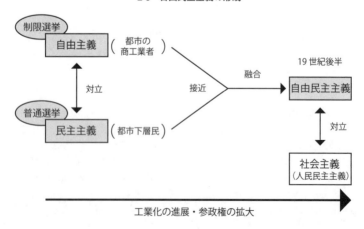

多数者の専制を緩和するものとしては、行政的中央集権がないこと、法学者の精神、陪審制度の市民に与える教育的効果などをあげている。

自由主義と民主主義の融合

トックヴィルの分析は、大きな影響を後世に与えた。Ｊ．Ｓ．ミルも「多数者の専制」について思考を深める際に大きな影響を受けている。

民主主義がそれ自体、自由を保障するものではないこと、また自由を保障するためにはさまざまな制度や民主主義を支持する習性、意見、慣習などが必要なことを、トックヴィルは分析した。その理論は自由主義と民主主義の融合の契機となったといわれる。

02 - 07

イデオロギー

イデオロギーは、観念形態、意識形態などとも訳されるが、人々のものの見方、考え方をいう。偏った考え、硬直的な考えという意味で否定的に使われることも多いが、肯定的な意味で使われる場合もあり、既成秩序を批判的にとらえ、新しい政治・経済・社会を生み出す思想という意味がそれである。マルクスとマンハイムが重要である。　　(加藤秀治郎)

虚偽意識

イデオロギーの概念を最も重視したのはマルクスであり、彼によれば社会は、経済構造（下部構造）と、それに規定される「上部構造」からなるとされる。上部構造は、法的、政治的な社会制度や、宗教、芸術、思想、道徳などの精神的・文化的形態の二つの部分からなる、とされる。

「上部構造」の一部である観念は、経済的「下部構造」によって決定（ないしは規定）され、必然的に階級性、党派性をもつとされる。従ってイデオロギーは、支配階級の支配をあたかも正当的なもののようにみせかけ、現実の矛盾を覆い隠す「虚偽意識」だとしている。イデオロギーは、階級的に歪められたものだということが強調されるのである。

イデオロギー闘争

マルクス主義では、被支配階級は支配階級のイデオロギーを暴露する必要があるとされ、レーニンなどはその理論を推し進めた。労働者・大衆に対するプロパガンダ（政治宣伝）によって、

▶ 02-07 〜 02-08

社会主義者としての意識を「注入」すべく、イデオロギー闘争が重視されることになった。

存在被拘束性

マンハイムはマルクスの説を批判的に継承した。マルクスは意識が階級によってのみ拘束されるとしていたが、マンハイムはより一般的に、社会的な存在により意識が拘束されるとした。イデオロギーを観念の体系ととらえ、その観念の体系は部分的視野しかもたないことを説いた。すべての人は自分の社会内での地位（位置）によって観念が制約されているとしたのであり、それをイデオロギーの「存在拘束性」（存在被拘束性）と定式化した。この見解では、マルクス主義もまた一つのイデオロギーとされる。

マンハイムはまた、イデオロギーの拘束性を自覚することで、それを相対化する可能性が生まれるとした。そこからイデオロギーの制約を脱して客観的知識へと進む知識人が現れることが期待され、「自由に浮遊する知識人」と呼んだ。

イデオロギーの政治的機能

政治思想は、政治に関する科学的知識だけではなく、政治において実現されるべき理想を含んでいることから、政治的イデオロギーとしての側面を併せ持っている。その場合、イデオロギ

マルクス
(Marx, Karl
1818 – 1883)

マンハイム
(Mannheim, Karl
1893 – 1947)

ーとは次のような機能を果たすと考えられる。支配者と被支配者が同じイデオロギーを共有している場合、それに沿って政治がなされると支配の正統性がもたらされる。

逆に、被支配階級が支配階級とは別のイデオロギーを有していると、それが「対抗イデオロギー」として働き、現体制に代わる全体的ビジョンを指し示す役割を果たし、社会変革に寄与していく。革命をめざす運動では、既存のイデオロギーを批判しながら、別のイデオロギーでもって、革命がもたらす理想社会が説かれるのであり、「ユートピア」という。

02 ≫ 政治思想

02 - 08

イデオロギーの終焉

　マルクス主義など政治的イデオロギーは大戦後の世界でも大きな役割を果たしてきた。先進諸国でも同様だったが、しばらくすると落ち着き、状況は大きく変化していった。この「イデオロギーの終焉」については、1950年代のアメリカの社会学者ベルの主張が最も有名である。この説には、新左翼から批判が唱えられた。

(堀江　湛)

戦後アメリカのイデオロギー状況

　アメリカでも戦後しばらく、マルクス主義が一定の影響力を有していた。大恐慌の時代に学生生活を送り、マルクス主義の洗礼を受けたニューディーラーの存在と、第二次大戦をソ連と協力して戦ったためでもあった。そのため、特に共産主義者でなくとも、共産主義の批判を控えるムードがあり、「反共主義」はいけないとする「反・反共主義」がみられた。

　しかし、冷戦が始まるとムードは一変し、一時、極端なレッド・パージ（赤狩り）が進められた。共産主義者、社会主義者に対する抑圧がアメリカ社会の全体を覆った。さらには「豊かな社会」が実現すると、状況は変化し、「イデオロギーの終焉」が語られるようになった。

ベルの「イデオロギーの終焉」

　アメリカでは1950年代に経済的繁栄がもたらされると、急進的イデオロ

ギーは急速に影響力を失っていき、そのような状況のなか、社会学者ベルらが「イデオロギーの終焉」を唱えた。共産主義とファシズムなど、政治での急進的イデオロギーが影響力を持たなくなったとの指摘である。

　長らく狂信的なイデオロギーは、政治の世界で宗教に近い作用を及ぼし、特に知識人を引きつけていたが、その魅力が急速に低下したというのだ。ソ連やナチス・ドイツの現実が知られるようになり失望が広まったこと、資本主義が修正され、かつての状況とは異なるものになったこと、経済発展で豊かになり福祉国家への動きが進んだこと、などが背景にあるとした。

　ただ、終焉したのはあくまでも急進的な思想であり、漸進的な社会改革の思想や、保守主義的思想までもが影響力を失ったとしたわけではない。

アロンの「イデオロギーの終焉」

　ベルらと多少異なる終焉論を展開したのはフランスの社会学者アロンであ

27

▶ 02-08

る。彼は、フランスの知識人は依然として イデオロギーの魅力にとりつかれているが、現実の社会は「資本主義」対「社会主義」といった単純な図式でとらえられるものではなくなっている、と主張した。

つまり、そのような政治・経済体制の分類にとらわれていると、事態の正確な判断ができなくなるとして、イデオロギーの狂信から脱する必要を説いたのである。

■ 終焉論とその後

ベルの終焉論に対しては、1960年代後半に高まった学生運動など、「新しい左翼」(ニュー・レフト)から批判された。そういう指摘自体が、現代の体制を維持するためのイデオロギーだというのであった。しかし、学生らの急進的運動は、文化的、世代的な対立の色彩の濃いものであり、以前の政治的な急進主義イデオロギーとはかなり異質のものであった。

発展途上国などでは今もなお、いろいろなイデオロギーが知識人の心をとらえているのは事実だが、経済発展とともに変化が生じていることも間違いない。「イデオロギーの終焉」は先進国を越えて、さらに世界的に進行するかもしれない。

03 ≫ 政治制度

03 - 01

権力分立

国家権力を分立し、異なった機関に担当させる権力分立制は、最初イギリスのロックによって説かれた。国民の権利保障のために国家権力を制限する立憲主義の制度である。モンテスキューはそれを三権分立として定式化した。権力分立制は近代国家において確立し、近代憲法の重要な要素となっている。

（青柳卓弥）

権力分立制の意義

歴史家アクトン卿は「権力は腐敗する。絶対権力は絶対に腐敗する」と述べた。国家権力が一人の為政者や一つの機関に集中すると、権力の濫用や恣意的行使を引き起こし、国民の権利・自由が侵害されるおそれがある。そこで、国家権力の作用を立法・行政・司法の三つに区別し、それぞれ異なった独立の国家機関に担当させ、相互に「抑制と均衡」を図り、権力の暴走に

29

歯止めをかけようとする自由主義的な制度的装置が生まれた。

権力分立制と近代憲法

権力分立制は、はじめロックによって唱えられ、絶対王政による専制支配への対抗原理として近代立憲主義憲法に採りいれられていった。

権力分立とか三権分立と呼ばれる制度である。1789年に制定されたフランス人権宣言にいう「権利の保障が確保されず、権力の分立が定められていない社会はすべて、憲法をもつものではない」（16条）との規定は、近代憲法の核心が人権保障と権力分立制にあることを意味している。

現在、自由民主主義を基調とする西側諸国や「ベルリンの壁」の崩壊後に民主化したロシア・東欧諸国等の旧東側諸国は、いずれも憲法上、権力分立の制度を採用している。

古代・中世の権力分立制

権力分立制の考え方は近代以前にも存在し、古代以来、歴史的に生成されてきた。その萌芽は、古典古代のギリシア、ローマに求めることができ、プラトンやアリストテレスは、「混合政体論」で政治権力を分割し、君主・貴族・民衆の各階層に分担させ、相互に牽制させ合うことによって均衡を保つといった考えを唱えた。

中世のイギリスでは、封建領主である貴族層の身分に由来する特権を絶対君主から保護する目的で、身分制議会を国王の権力と対抗させ、国王の権力を抑制する仕組みが採られた。

ロックの権力分立制

近代憲法の原理により大きな影響を与えた権力分立制としては、ロックとモンテスキューの思想がある。ロックは、1689年のイギリスの名誉革命を正当化するために1690年に『統治二論』を著し、社会契約論の立場から国家権力を制限するために、①立法権と②執行権、③連合権（＝外交権）とを分け、前者（①）を議会に、後二者（②と③）を国王に分担させる権力分立制を説いた。

国王に帰属する執行権の内容である行政権と司法権が未分化であるという点で、実質的には立法権と執行権との間の二権分立論であった。また、執行権者である国王が立法権の行使にも参与するという点で、執行権は必ずしも立法権に従属せずに、両者の均衡を保つものであった。

モンテスキューの三権分義

モンテスキューは絶対王政下のフランスで『法の精神』（1748年）を著し、権力分立制を説いた。そこでは国家権力を、①立法権、②万民法に関する事項（宣戦・講和、外交、治安維持、防衛）の執行権（＝行政権）、③市民法に関する事項（裁判）の執行権（＝司法権）に分け、それぞれを別個の機関に委ねることによって、「抑制と均衡」を図ることができるとした。

モンテスキュー
(Montesquieu,
Charles-Louis de
1689 – 1755)

「もし、ただ一人の人物や単一の団体だけが、これらの三つの権力〔立法権、行政権、司法権〕を行使するとすれば、すべてが失われるだろう」と警鐘を鳴らしたのである。この考えは、後にアメリカ合衆国憲法やフランス人権宣言が採用し、三権分立の原型となった。

二つの権力分立観

権力分立制は「権力の区別」、「権力の分離」、「権力の抑制・均衡」という三つの要素からなるが、「分離」を権力分立制の本質とする形式的権力分立観と、「抑制・均衡」をその本質とする機能的権力分立観の二つの考え方がある。厳格な「分離」をする立場に立てば、複数の権力機関の間の「抑制と均衡」は成り立たないことになるから、両要素は理論的に相容れないものである。マディソンは『フェデラリスト』のなかで、モンテスキューの権力分立制は「各部門が他の部門の行為について、部分的に代行したり、一切の抑制的な権能を持つべきでないことを意味するものではない」として、厳格な「分離」よりも「抑制・均衡」の機能を重視する立場を示している。

現在では、①「分離」よりも権力相互間の「抑制・均衡」を重視すること、②権力相互の「抑制」とは「協働」のことであることが指摘され、各権力機関相互の適正な機能配分が提唱されている。

03 - 02

議院内閣制と大統領制

権力分立制には、議会と政府との関係をどう捉えるかで、二つの類型がある。イギリスのような議院内閣制と、アメリカのような大統領制である。議会と政府に一定の連携関係を認めるのが議院内閣制であり、両者を厳格に分離しながら、同格の立場で作用しあうのが大統領制である。フランスの現行制度は、「半大統領制」と呼ばれる独自の制度である。　（青柳卓弥）

議院内閣制

イギリスに典型的な議院内閣制は、議会と政府（内閣）が一応分立しているものの、政府は議会の信任によって成立するもので、両者に協働関係がみられる緩やかな権力分立制である。

政府は議会の解散権を有し、議会は内閣を不信任できるという点で、両者の間は連携と反発の関係を内包している。戦後の日本は、イギリス型の議院内閣制を採用している。

大統領制

アメリカに典型的な大統領制は、政府と議会が完全に分離された厳格な権力分立制である。政府の長である大統領は、国民から大統領選挙人を通じて選挙されることから、強い民主的正統性を有している。議会には大統領の不信任決議権はないが、大統領にも議会解散権がないなど、両者の独立性はかなり強く保たれている。

立法権の行使は議会の役割とされるので、大統領には法案を提出する権限がない。ただし、議会に対して「教書」を送付し、立法措置を勧告できるので、事実上、立法権の行使についても強力な政治的リーダーシップを発揮できる。

また、議会を通過した法案を拒否する「拒否権」が憲法上、付与されている点でも、大統領の権限は強力である。しかし、大統領による拒否権の行使にもかかわらず、議会は特別多数で法案を成立に持ち込む可能性が残されているので、両者の権限にはバランスがとられている。

半大統領制

現在のフランス（第五共和制）は、

図表3-2　議院内閣制と大統領制

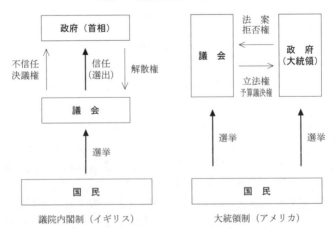

議院内閣制（イギリス）　　　　大統領制（アメリカ）

03 ≫ 政治制度

行政権が強力な大統領と内閣とに分属する、独自の権力分立制である。これを「二元的執行府」と呼ぶことがある。大統領は国民によって直接選挙されるので強力だが、行政権をともに担う内閣に首相が存在する。首相は大統領によって任命されるのだが、議会の信任を必要としており、議会の反対する人物は首相にできない。この点で、大統領と議会は対抗関係にある。

現在のフランス（第五共和制）では、

強力な行政権が大統領と内閣とに分属する独自の権力分立制である。これを「二元的執行府」と呼ぶことがある。大統領は国民によって直接選挙されるので、その権限は強力だが、内閣には行政権をともに担う首相が存在する。首相は大統領によって任命されるのだが、議会の信任を必要としており、議会の反対する人物は首相にできない。この点で、大統領と議会は対抗関係にある（⇒03-05 フランスの半大統領制）。

03

政治制度

03 - 03

アメリカの大統領制

アメリカでは、大統領は国民により実質的には直接、選挙され、議会での大統領与党の議席と関係なく、安定的な地位が保障されている。不信任制はなく、法律上の不正を問われる場合に弾劾裁判にかけられるだけである。政策決定でも外交をはじめ権限も多い。ただ、スキャンダルで窮地に立たされた大統領も少なくない。 （大沢秀介）

大統領制の条件

アメリカ合衆国憲法は、歴史的な事情から大統領の資格として、①出生による合衆国市民、②35歳以上、③14年以上の合衆国居住という、三つの条件を課している。

形式上、一種の間接選挙であるが、実質的に国民に直接、選ばれているので、その地位は極めて安定している。共和党、民主党のいずれかの候補者でないと、当選可能性はないに等しく、

候補者選択の予備選挙（プイライマリー）を勝ち抜かなくてはならない。

大統領制と議会

合衆国憲法は、大統領の権限として、法案拒否権、外交権などさまざまなものを付与しているが、その多くで連邦議会の関与も定めており、実質的には大統領と連邦議会による権限の共有の面がある。議会では二大政党の所属議員に対する党議拘束が弱いので、両院

が大統領と同じ政党が多数を占めていても、大統領の政策がそのまま実現するとは限らない。

ただ、不信任制がないので、大統領は議会の支持を失った場合でも職にとどまることができる。その場合、大統領が直接メディアを通じて国民に語りかける政治手法などが、大きな政治的効果をもたらしている。

ホワイトハウスと大統領府

大統領の権限は、1930年代のニュー・ディール政策以後の行政国家化現象のなかで拡大し、大統領を支えるホワイトハウス（大統領官邸）のスタッフが増大し、500人を超えることも珍しくない。他に大統領府には2000人の職員が働いている。アメリカにも内閣は存在するが、元来は大統領の私的な諮問機関であり、政治的重要性はホワイトハウス・スタッフに比べると、かなり劣る。

法案拒否権

大統領の権限で、議会との関係上、重要なのは法案拒否権である。連邦議会の上下両院で通過した法案につき、大統領が署名をして法律が成立するが、大統領は反対の場合、承認を拒否し、法案の成立を阻むことができる。これが「法案拒否権」であるが、大統領が自らの政策的一貫性を国民に訴えたり、拒否権の行使を取引の材料にして、自らの政策の実現を図る手段でもある。

ただ、そのままでは大統領が強すぎるので、連邦議会に対抗的な権限を認めている。連邦議会は、大統領が拒否権を行使した場合、上下各院で、3分の2以上の特別多数で可決すると、拒否権を乗り越えることができる。これを「オーバーライド」という。

大統領の外交上の権限

外交でも大統領の権限は強い。外交交渉は元来、行政府が行ってきたものであり、大統領が主導権を有している。

まず、外国との条約締結権を有している。ただ、これには上院の助言と承認が必要であり、近年は上院の承認を必要としない「行政協定」という方法がとられることが少なくない。この方法の場合、議会の承認は必要なく、迅速に結ばれる。1930年代から大統領は行政協定の形で重要な外交問題を処理するようになってきている。

さらに、大統領の戦争権限も拡大している。憲法上は大統領の戦争権限は、合衆国の総指揮官としての地位と権限にとどまり、宣戦布告の権限は連邦議会に与えられているが、実質的には早くから大統領が、連邦議会の事前の承認を得ることなく、軍隊を派遣して紛争の解決にあたってきた。これに対し、連邦議会は1973年に戦争権限法を制定して、一定の制約を課そうとした。だが、これも実質的には大統領の軍事行動を追認するものにとどまっている。

03 ≫ 政治制度

03 - 04

イギリスの議院内閣制

「議会制の母国」イギリスでは、小選挙区制の下で多数党が内閣を形成し、政治を主導する。首相と政権党に強い権限を与える「多数決型民主主義」の典型だ。ただ、野党も「影の内閣」を形成し、政権交代に備える。各党は政権公約（マニフェスト）を提示して選挙戦を戦う。政権交代の機会が多いのが特徴である。

（富崎 隆）

内閣と議会

イギリスの議院内閣制は、議会下院の多数派が首相を出し、首相と内閣が議会に責任を負うシステムである。起源は18世紀に遡り、王権の影響を受けた政権に議会が対抗する中で形成されてきた。選挙権拡大と政党政治進展とともに、「行政と立法は融合」してきた（バジョット）。首相と内閣・政権党が「行政」「立法」を統御しつつ、強力に公約を実現する力を担保するシステムとなっている。

議会の立法過程は、圧倒的に内閣主導ないしは、内閣と一体化した政権党主導であり、三権相互のチェックというイメージでは捉えられない。政権党と官僚の関係でも、圧倒的に政権党が優位である。現代では特に首相と党首脳が優位である。サッチャー政権以降この傾向が、とくに顕著だ。

マニフェスト

政策全体に関して「マニフェスト」という数値目標、達成期限、財源など

を含む、具体的で詳細な政権公約を選挙で示す。マニフェストは従来の日本の選挙公約と比べ、きわめて詳細で、政権を獲得した党は基本的にこの公約を実現する義務を有権者に対して負う。政権政党が内閣を形成するが、閣内大臣、閣外大臣、副大臣、政務秘書といった形で、与党の議員が大量に政府に入り、公約実現を支える。

内閣と官僚

恒常的な官僚機構の政策決定への影響力を防ぐため、政党はシンクタンクや政策ユニットなどを活用している。政策全体の方針決定のありかたは日本などと比べ、はるかに「トップ・ダウン」の様相が強く、省庁などの再編も首相が自由に行う。省庁内の人事も首相周辺・政党の影響力が大きく、行政内での首相と政権政党の強い指導力を担保している。

「影の内閣」

イギリスの野党は、議会で「抵抗」

して法案成立を阻止することはまれである。野党第一党は常に政権を担ったときに対応できるよう、「影の内閣」を形成する。この制度は19世紀後半からの保守党・自由党の二大政党政権時代にまでさかのぼり、現在の形が定着したのは第二次大戦後である。

影の首相たる第一野党党首のもと、担当領域ごとに影の閣僚が任命される。内閣と同様に定期的に会議を開き、政府の政策の批判と代案提出を行う。運営費は国庫から補助され、影の首相には政府閣僚なみの報酬と公用車が与えられる。議事堂内に影の閣議室もある。

多数決型民主主義

イギリスでは、強力な「影の内閣」があるので、議会では野党は首相と内閣に対し、徹底的に討論を挑み、有権者に政権獲得能力をアピールする。内閣に対するチェックは、議会というより、議会内の野党の役割である。そして、首相の権力を抑制するのは、何といっても次の総選挙の圧力である。野党は、政策実現のスタッフと政策を準備しつつ、議会において与党と首相を原則(理念)と個別政策の面から詳細に批判し、対案を提出することにより次期総選挙における政権奪取をめざす。

議院内閣制と二大政党制を基盤とするこのイギリスの政治システムは、「多数決型民主主義」とよばれる。さまざまな問題を抱えつつも、新しい時代への対応を「政党間の競争」から見出そうとするものである。この類型の政治システムは、かつて大英帝国の旧植民地だった諸国に広がっている。

03 - 05

フランスの半大統領制

自由民主主義に限るならば、大統領制と議院内閣制が代表的な政治制度である。しかし、近年では、両者の折衷的な制度である「半大統領制」を採用する国が徐々に増えてきている。なかでも、フランスの事例は最も有名であり、現在の第五共和制に限っても、半世紀以上の経験を有している。

(増田 正)

半大統領制の定義

半大統領制とはデュヴェルジェ(フランスの政治学者)らのグループが定式化した政治形態である。狭い意味では、直接公選制の大統領と議会から選出された首相が、行政権を分有する仕組みである。権力分有の度合いによって、大統領制に近い権力運用がなされる場合と、ほとんど議院内閣制に近い

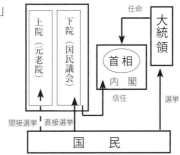

図表3-5 フランスの「半大統領制」

場合とがある。広い意味では、議会選出の大統領や、必ずしも議会に責任を負わない首相を含む場合がある。

フランスの半大統領制は、デュヴェルジェの分析では、憲法上は「弱い大統領」を擁する政治制度になっている。それにもかかわらず、実際上はドゴール初代大統領の強権的・恣意的な権力運用によって、フランス大統領は、「強い大統領」としての地位を確立している。これまで、歴代の大統領もまた、強い大統領として振る舞うことを好んだため、大統領制的な側面ばかりが強調されてきたのである。

フランス第五共和制では、制度初期において、ドゴール大統領が首相の信任（叙任）を議会に求めないなどの強権的傾向が際立っていた。大統領は、首相を任命すると同時に、閣僚名簿のすべてを統制し、統治する大統領として内政・外交の全般を実質的に支配してきたのである。議会多数派に支えられ、首相を完全に従属させる大統領は、「統治する大統領」とよばれている。

大統領制の実際

半大統領制において、選挙などによって、大統領与党が議会での支持を失った場合、「保革共存政権（コアビタシオン）」が生まれる。第五共和制では、最初、大統領の任期が7年である一方で、議会（下院・国民議会）の任期が5年（解散あり）であったため、こうした任期のズレにより、保革共存政権の誕生する可能性が常に指摘されていた。実際、1986年に、ミッテラン大統領とシラク首相の下で第一次保革共存政権が誕生して以来、3度の経験がある。

大統領と国民議会の任期のズレについては、2000年の国民投票で修正され、両者ともに5年にそろえられたが、国民の選択によっては、それでもなお保革共存が誕生する。このような権力的不整合は、比較政治学的には「分割政府」の一形態と捉えられる。

保革共存政権下では、大統領はおおむね外交のみに従事し、内政全般を首相に委ねることになる。首相の任命は大統領の権限であるが、大統領は議会

▶ 03-05 ～ 03-06

の構成によって拘束される。大統領は、大統領に留保された外交・防衛のみにおいて存在感を発揮し、閣僚のなかでも、外務、国防のポストについては、口を挟むことができるとされる。

閣議は二種類存在し、大統領府エリゼ宮で実施される大統領の閣議（大臣会議）と首相府マティニョン宮での首相の閣議（内閣会議）がある。保革共存政権下では、中央行政機構を統率していることから、首相が政府（＝内閣）の指導者となる。

半大統領制のモデル

共和政体であれば原則として国家元

首が大統領となり、政府の長は首相となる。しかし、大統領と首相の役割は国によって異なるので、半大統領制にはプロトタイプ（原型）が存在しない。

エルジーは半大統領制の国を50近く挙げているが、強い大統領のいるフランスから実質的に議院内閣制に近いものまでさまざまである。体制移行後の東ヨーロッパを含め、半大統領制が世界に広がっているのは、議会主義の伝統に強い大統領制を組み込むことによって統治能力を回復したフランスの経験が、民主政体の安定化に向けた優良なモデルと見なされているからではないか。

03 - 06

日本の議院内閣制

戦後の日本国憲法は、立法権を国会に、行政権を内閣に、司法権を裁判所に付与し、三権を分立させて権力を分散させている。一方で、議会と内閣の連携を保つ議院内閣制を採用している。首相は議会で指名され、また内閣は衆議院を解散する権限を有している。解散権については憲法解釈では学説が分かれているが、実際には「7条解散」で内閣が自由に解散権を行使できる。

(青柳卓弥)

権力の分散と統合

日本国憲法は、立法権を国会に（41条）、行政権を内閣に（65条）、司法権を裁判所に（76条1項）付与する形で権力分立制を定めて、権力を分散

させているが、同時に国会を「国権の最高機関」とし（41条）、議院内閣制を採用し、権力を統合させている。

このような権力の統合機能は、内閣に対する国会のコントロールを図り、国会と内閣の一体化を確保することを

目的としている。

国会が「国権の最高機関」とされているものの、内閣による衆議院の解散権（69条）や裁判所による違憲立法審査権（81条）が定められていることから、文字通り国会が「最高」の地位にあるのではなく、国会に対し他の二権が従属することを意味していない。

三権分立制の下で相互の「抑制と均衡」を図るなかで、主権者である国民から直接に選挙で選ばれた代表機関である国会（43条）が、国政において中心的な役割を果たすこと（議会中心主義）を意味するものである（政治的美称説）。

憲法と議院内閣制

憲法は国会と内閣の関係について、国会は首相を指名できること（67条）とし、また、衆議院は内閣不信任決議権をもつこと（69条）を定め、内閣が国会の信任によって形成、維持されることを規定している。

また、内閣は衆議院に対し解散権をもつこと（69条・7条）を規定し、政府と議会の均衡を図ることが企図されている。議院内閣制の本質的要素として、内閣による対議会解散権を認めるかどうかで、学説は分かれている。内閣の対議会解散権を本質的要素とするのが均衡本質説で、それを本質的要素としないのが責任本質説である。

日本の議院内閣制はその母国であるイギリスといくつかの点で異なっている。まず、イギリスでは下院の第1党の党首が自動的に首相になるが、日本では国会の議決で国会議員のなかから指名するので、必ずしも第1党の党首が選出されるとは限らない。また、英国では首相をはじめすべての内閣のメンバーは国会議員のなかから選ばれるが、日本では、首相以外の国務大臣はその過半数が国会議員から選出されればよい。

解散権

内閣が行使する衆議院の解散権については、憲法上の根拠をどこに求めるかで、学説上、大きく二つの見解がある。解散権の根拠規定を69条に限定する見解（69条解散説）と、限定しない見解（7条解散説）が、それである。学説では7条解散説が通説であり、実際の運用上も、1952年の吉田内閣による「抜き打ち解散」が最高裁で合憲と判断されて以来、「裁量的解散」が慣習法上確立している。

69条解散説

69条解散説とは、衆議院の解散は69条規定の場合に限り行うことができると、解散権の行使を限定するものである。つまり、内閣による解散権の行使は、内閣不信任案が可決されるか、信任案が否決された場合に、内閣が総辞職をしない場合だけに限られる（対抗的解散）。この説では、内閣には衆議院を自由に解散する権限は認められないことになる。

▶ 03-06

７条解散説

　７条解散説では、内閣による解散権の行使は69条規定の場合に限られずに行うことができるとする（裁量的解散）。

　つまり、憲法７条は天皇の国事行為を列挙しているが、その３号で衆議院の解散を規定している。したがって、解散の形式的決定権は天皇にあるのだが、天皇の国事行為に「助言と承認」を与えるのは内閣なので（４条）、解散の実質的決定権は内閣にあることになり、結果として内閣には自由に衆議院を解散する権限が認められることになる。

04 » デモクラシーの理論

04 - 01

古代ギリシアのデモクラシー

　現代のリベラル・デモクラシー（自由民主制）の遠い源流は、古代ギリシアにまでさかのぼる。古代ギリシアのデモクラシーは、「リベラリズム」を欠くものであったが、それでもデモクラシーであったことは間違いない。デモクラシーの考え方を理解するために、古代ギリシアでの実践について知っておく必要がある。　　　　　　　　　　　　　　（永山博之）

ポリスと共同体

　古代ギリシア（紀元前8世紀〜）は、「ポリス」とよばれる多数の都市国家に分かれていた。ポリスは城壁に囲まれた都市と周辺の農地からなり、人口は最大のアテネで30万人程度であった。人間の社会における最初のデモクラシーはこのような環境で生まれた。

　デモクラシー（民主政治）とは、「デ

モス」（民衆）と「クラティア」（支配）から生まれた言葉で、「民衆による支配」をいう。ギリシアのデモクラシーは、政治的決定に参加する権利を少数の貴族の手から、多数の平民に移すことによって生まれた。

ここでいう平民とは、ポリスの全人口を指すのではなく、市民権をもつ成人男子＝市民に限られる。市民はポリス人口のせいぜい15％程度であった。市民以外の女性、外国人、奴隷は民主政治の主体になる資格をもたなかった。

また市民は、共通の宗教、言語、文化というきずなを通じて堅く結びついており、外国人がポリスの市民権を取得することは非常に困難であった。ポリスは同質性の高い、緊密に結びついた人間集団＝共同体であり、ギリシアの民主政治はこのような共同体のなかで成立していたのである。

ギリシア民主政治

ギリシア民主政治の仕組みを、代表例のアテネについてみてみる。最も重要な機関は「民会」である。民会はアテネ政治の最高機関であり、和戦決定のような外交問題の決定、国制の制定と改正、一部の司法権の行使、役人の選挙などを行った。市民全員に参加資格があった。

年に40回ほど開かれ、重要事項の決定に際しては6000人程度の市民が参加したという。重要事項（立法だけでなく、行政、司法も含む）の決定は市民が直接決めるという原則に立っていたのであり、これを「直接民主制」

という。

民会で審議する議題を選び、行政を監督する機関として、「評議会」がおかれた。評議会は500人の市民で構成されるが、そのメンバーは抽選で選ばれる。任期は1年。実際の行政を行う各種の役人がおかれ、将軍、財務官などの少数の重要職は選挙で、それ以外の大多数の役職は抽選で選ばれた。しかも、同一の役職は必ず複数の役人が務めた。権力が特定の個人や集団に集中することがないよう、最大限の配慮が払われていたのである。

また、多くの役職が抽選で選ばれていたことは、権力は市民の誰にでも分かちもたれるべきだという考え方にもとづいていた。

通常の裁判も、職業裁判官ではなく、抽選で選ばれた市民による民衆裁判所で行われた。平等な市民が、直接政治権力を握るという理念を最大限尊重してつくられたのが、ギリシアの民主政治の仕組みだった。

現代民主政治と古代の民主政治

古代ギリシアの民主政治と現代のそれとは、極めて大きく異なっている。民主政治という同じ言葉が使われていても、両者を基本的に同じものだと考えるべきではない。まず古代ギリシアの民主政治は、直接民主制であり、「選挙された代表者に政治を任せる」という考え方を原則として否定する。代表民主制のような考えは一種のエリート支配であり、民主政治においては市民の意思が直接政治に反映されなければ

04 ≫ デモクラシーの理論

ならないと考えたのである。

また信教の自由など、一部の人権が認められていなかったことにも注意すべきである。個人的な領域を権力が侵すべきでないという人権の概念はない。むしろ市民は共同体の一員であり、共同体として共通の善を追求すべきなのだという考え方がギリシア民主政治の基礎にある。ただし、共同体の決定は個人の自由な討論によって決まること、

ポリスは自由な人間が構成する社会であり、ペルシア帝国のような専制体制とは異なることは、当時においても明確に認識されていた。

古代ギリシアの民主政治は、今日の民主政治とは重要な点で異なるが、民主政治をシステムとして実践した最初の例の一つであり、平等な参加と市民の討議により政治決定を行った点で、民主政治の重要なモデルとなった。

04

デモクラシーの理論

---

04 - 02

市民革命と自由主義

現代の民主政の直接の起源は、古代ギリシアの民主政ではなく、近代の市民革命と自由主義にある。そこで重要な役割を果たしたのは、市民革命の理念と個人の権利という考え方であった。また、そこには宗教改革や社会契約説の影響が見られる。権力分立が尊重され、代表制にもとづく民主政であり、広く自由民主制といわれる。　　　　（永山博之）

宗教改革と信教の自由

古代のデモクラシーの理念は、17〜18世紀の「市民革命」を経て、欧米に再び出現した。その市民革命の理念は、宗教改革と社会契約説に始まる「個人の自由」「抵抗権」の考えに源を求めうる。近代的な意味での個人の自由は、「信教の自由」の観念を契機としており、それは宗教改革に始まる。西欧社会の精神的支柱だったカトリック教会の権威を、16世紀にルターが否定して以来、カトリックとプロテス

タントは欧州を二分して抗争を繰り広げた。

プロテスタントの教義は、個人が神と直接に向き合うというモデルを提示していたので、権力が間違った信仰を強要した場合、個人はそれを否定し、正しい信仰を守る権利がある、との考えが生まれた。この権利が「信教の自由」であり、それは神と人との結びつきがもたらしたものだから、絶対的であり、権力がこれを否定するのは許されないと考えられた。所有権の不可侵の考え方もこれを支えた。

43

► 04-02 ~ 04-03

社会契約説

宗教改革を経て個人の権利という考え方が出てくると、政治権力の正統性の基礎づけが大きく変わることとなった。王の権力は神が与えたとする王権神授説に対抗して、ホッブズ、ロック、ルソーらは「社会契約説」という別の正統性の論理を提示した。

彼らは、権力が存在せず、人がバラバラな個人として存在する状況、「自然状態」をまず想定し、なぜ個人が自らの自由を制約するような権力を認めるのか、との問いを立てた。そして、権力が存在しない自然状態では、個人が保持していた権利が侵害される惧れがあるからである、とした。

つまり、権力により個人の奪いえない権利を守るということであり、権利の侵害を防ぐために権力、政府の存在が正当化されるのである。その限りで個人は権力の強制に従う義務があるともされた。

また、ロックは、権力者が個人の権利を守らない場合、個人は権力に対して「抵抗権」を行使できると考えた。
(⇒02-03 社会契約説)

市民革命と人権

個人の権利擁護との考えは、「人民は圧政に対して抵抗する権利、また、圧政を行いえないように政府を組織する権利をもつ」との考えにつながった。これが現実政治で展開されたのが、17~18世紀のイギリス、アメリカ、フランスの「市民革命」である。

市民革命は、王が人民の奪いえない権利を侵害しているとの名目で起こされた。革命を主導した勢力は「人権宣言」を発し、革命が人権を擁護するためのものであり、革命の結果としてできた新しい政府も人権を侵害できないことを宣言した。このように、政府の権力は人権を擁護するために行使される、という権力制限の考えを「法の支配」「立憲主義」という。1789年のフランス人権宣言に、「権利の保障がなく、権力の分立が定められていないすべての社会は憲法をもたない」とあるのは、これを示している。

権力分立と代表制

政府に個人の権利を保護させるには、制度的保障が必要である。具体的には、政府の権力を分割し、監視して制約するための仕組み（権力分立）と、政府そのものを市民の意思に従ってつくる仕組み（代表制）がそれで、これらが民主政治の基礎となっている。

政府（行政府）を、議会（立法府）、裁判所（司法府）が制約するというのが権力分立である。議会は中世の身分制議会に起源があり、王の徴税権を貴族、聖職者、上層市民が制約するためのものであった。これが、議員を選挙で選ぶことを通じ、市民の意思を政策に反映させる仕組みになった。

代表制は、政府の構成を選挙にもとづいて決める仕組みである。政府を市民が直接選出する大統領制と、市民が議会を選出し、議会が政府を組織する議院内閣制とがあるが、いずれも政府

04 ≫ デモクラシーの理論

を市民の意思に沿って構成する、との
考えに立つ。

04 - 03

リベラル・デモクラシー

　現代の民主政治はリベラル・デモクラシー（自由民主制、自由主義的
民主政治）であり、古代のデモクラシーとは異なる。リベラリズム（自
由主義）とデモクラシー（民主政治）の二要素を折衷してできた政治体
制であり、「法の支配」と代表制を不可欠な条件とする。また、リベラ
リズムとデモクラシーの二要素には、容易に共存できない面もあり、そ
の理解が必要である。　　　　　　　　　　　　　　　　　（永山博之）

▍リベラル・デモクラシーの概念

　古代ギリシアの民主政治は、「民衆
による政治」という意味でのデモクラ
シーではあっても、政府から人権を擁
護するという意味での「リベラル」（自
由主義的）な政治ではなかった。この
ように、元来リベラリズムとデモクラ
シーの両概念は同じでないだけでなく、
根本的なレベルで対立する側面がある。
ソクラテスがアテネの民衆法廷で死刑
を宣告されたように、民衆による決定
が人権を侵害するケースは歴史上よく
知られる。

　現代の日米欧諸国などのデモクラシ
ーは、歴史上存在したさまざまなデモ
クラシーのうち、「リベラリズムとデ
モクラシーを折衷した特殊なシステ
ム」である。これを「リベラル・デモ

クラシー」といい、特に断りなくデモ
クラシーといえば、リベラル・デモク
ラシーを指す（複数形のデモクラシー
ズは民主主義諸国）。リベラル・デモ
クラシーとよばれるには、いくつかの
基準を満たす必要があり、単にデモク
ラシーを自称するだけでは、十分では
ない。「朝鮮民主主義人民共和国」は
ここでのデモクラシーから外れる。

▍リベラル・デモクラシーの基準

　リベラル・デモクラシーは、手続き、
制度として定義されるものであり、そ
こから出てくる政策が、結果として市
民の利益にかなっているかどうかは、
基準にはならない。いわゆる「善政」
か否かは基準ではないのである。

　また世論調査などで、大多数がある

▶ 04-03 ～ 04-04

政策に反対しているのが明らかだったとしても、「だからデモクラシーではない」ということにはならない。政治が特定の手続きに沿って行われているか否かが基準であり、世論の支持は含まない。基準としては、「法の支配」と代表制が重要である。

法の支配

リベラル・デモクラシーの第1の条件は、「法の支配」、つまり立憲主義の原理にもとづいていることである。憲法（法典ではなくその原理）が存在することは不可欠であり、憲法には人権の擁護と権力分立が定められていなければならない。仮に、市民の多数の賛成があったとしても、表現の自由、財産権の保障のような諸権利は正当な理由なしに制約できない。

また、そのような権利を政府が侵害していないかどうかを、行政権から独立した司法権が判断するのが可能でなければならない。立法権は行政権から切り離され、行政権を監視できるようになっていることも必要である。
(⇒05-01 近代国家)

代表制

リベラル・デモクラシーの第2の条件は、代議制の原理である。市民は基本的には自らが選んだ政治家を通じ、決定を下すのであり、政治的決定に参加する基本的な手段は選挙である。つまり「誰が決定を下すのか」というところまでが、市民による決定の範囲であり、「どのような決定を下すのか」は原則的には、市民ではなく、政治家が決めるのである。

代表者は、いったん選ばれた後は、住民の意見に拘束されず、独自に判断を下す。また、選挙での自由な選択が保障されなければならず、特に立候補の自由を通じ、複数の選択肢が確保される必要がある。さらには、選挙運動や報道の自由を通じ、政府に批判的な情報を含む、多様な情報に接するなど、実質的な選択の自由を市民が保持していなければならない。投票の秘密の確保も重要である。

リベラル・デモクラシーへの批判

リベラル・デモクラシーには、市民の意思が直接、政治に反映するのを制限する面があり、一種のエリート支配ともいえる。そのため「本当の民意が政治に反映されない」という批判がなされてきた。市民の政治参加を強化すべきとの「参加デモクラシー」の理念からの批判もそのひとつである。

しかし、限定的な市民参加というリベラル・デモクラシーの、欠陥とも見える問題は、自由の擁護と民意による政治という、元来、完全には調和できない課題を同時に実現しようとすることから生まれたものでもある。

04 ≫ デモクラシーの理論

04 - 04

人民民主主義

　人民民主主義は、多義的だが、主にソ連や旧東欧諸国などの政治体制をいう。「民主主義」との名称をとっているが、実質的には「社会主義体制」（共産主義体制）と同じもので、「リベラル・デモクラシー」とはまったく異なる政治体制である。反対する側からは共産党独裁ともいわれ、デモクラシーではないとされる。

（永山博之）

社会主義体制と「民主主義」

　社会主義体制（共産主義体制とも言う）は、「民主主義」につきリベラル・デモクラシーとまったく異なる立場を取る。

　人民民主主義は、狭い歴史的な意味では第二次大戦後の東欧諸国や中国、北朝鮮などの政治体制を指す。社会主義への発展過程にある社会が過渡的にとる体制とされた。しかし、共産党などの支配権が確立していくと、ソ連の政治体制とさほど変わらなくなった。プロレタリアート（労働者階級）独裁ともいわれる。

　人民民主主義は、実質的にはマルクス主義、共産主義に基づく政治体制であり、西側諸国で通常、民主主義と理解されているリベラル・デモクラシーとはまったく異なる政治体制である。自由主義的ではないが、広い意味でのデモクラシーの伝統には沿っている。人民の「真の利益」を実現する体制だと称するのである。

プロレタリア独裁

　マルクス主義では、リベラル・デモクラシーは「強者が弱者を抑圧する自由しかない体制」、「偽物のデモクラシー」とされ、「ブルジョワ（資本家階級）・デモクラシー」と呼ばれる。財産をもたない民衆、労働者階級（プロレタリアート）にとって政治参加の権利は名目的なものにすぎず、実質的に支配しているのは、資本家階級だとする。そして、財産をもたないプロレタリアートに政治参加の権利を実質的に保障するのは、「ソビエト制」だとする。

ソビエト制

　「ソビエト」はロシア語で「会議」を指す言葉であり、労働者が選出する代議員によって構成される評議会をいう。そして、この機関が政治を担えば、プロレタリアートのためのデモクラシーが実現するとする。

　ソビエトが欧米のリベラル・デモク

ラシーの議会とまったく異なるのは、ソビエトの代議員が「命令委任」の原理によって行動する点にある。欧米の議員はいったん当選すれば、支持者の意思から独立的に国民の代表として自由に行動できるが、命令委任の下では代議員は自分を選出した住民の意思を忠実に実行することを求められる。

つまり、ソビエトの場で代議員が議案に賛成するか、反対するかについては、代議員の判断は許されず、住民の意思に従って態度を決めなければならない。代議員は住民の意思をソビエトに伝達するメッセンジャーなのであり、ソビエト制は形態としては議会制＝代議制に似ているものの、まったく別のもので、前衛政党によって運営されている。またソビエトは、単なる立法機関ではなく、「権力機関」である。住民の意思を最大限に政治に反映させるため、国家のあらゆる活動を統制する。権力分立は存在せず、民主主義的中央集権制（民主集中制）という。

前衛党

ソビエト制がバラバラな住民の意思をそのまま政治の場に持ち込もうとすると、社会に存在する意見の対立もそのまま反映されてしまい、調整できなくなってしまう。そこで、実際にはプロレタリアートの利益を掌握しているという、前衛党たる共産党が個々の代議員の行動を統制する。

プロレタリアート独裁の下では、複数政党を実質的に認めない。前衛党が労働者の利益を理解しているのだから、それに反対する勢力は不必要で有害だとされる。したがって、権力が集中するソビエトの運営は、前衛党の意のままとなる。前衛党の党内組織も民主集中制の原理によって運営されるため、前衛党の執行部が党と国家の運営を全面的に握ることになる。

プロレタリアート独裁は、人民の意思を直接政治に反映させることを狙う点で、広い意味でのデモクラシーの流れのなかにあるが、個人的自由の保障という考えはなく、実際の政治運営は前衛党がすべて仕切る。前衛党が誤った判断を下した場合、それを是正する仕組みは存在しない。プロレタリアート独裁体制が実質的に共産党独裁や、共産党の頂点に立つ個人の独裁に転化していったのは、このような仕組みの必然的な結果なのである。

04 ≫ デモクラシーの理論

04 - 05

指導者競争民主主義

　シュンペーターは民主主義の新理論を展開した。指導者間の競争を重視する理論であり、「エリート民主主義」「競争的民主主義」とも呼ばれる。民主主義は、政治的決定に至るための一方法だとした理論で、旧来の理論の「古典的民主主義論」は、非現実性を徹底的に批判されている。経済学の市場理論に近いモデルである。

（川口英俊）

▌古典的民主主義学説への批判

　シュンペーターは『資本主義・社会主義・民主主義』（1942年）で、旧来の「古典的民主主義学説」を批判した。それは、人々が自ら政治についてよく考え、行動するものとの前提を置いていた。有権者の意志を具体化するために代表を選ぶものの、有権者自らが問題をよく考察し、それを代表に託して「公益」を実現するとされていた。

　だが、すべての人々の一致するような「公益」は存在せず、政治問題は平均的な市民にとってさほど重要ではない。一般的市民は責任感を欠き、古典的理論は非現実的な前提に立つものと批判された。そのような前提に立つ民主政治は巧く作動しないとされた。

▌指導者競争民主主義

　シュンペーターが現実的なモデルとしたのは指導者競争民主主義である。そこでは、人々の役割は政府それ自体や、政府をつくる議会（中間体）を選択したりすることにあるとされた。直接に「政府をつくる」のはアメリカの大統領制、「政府をつくる中間体をつくる」のはイギリスの議院内閣制などである。議院内閣制では、有権者の役割は議会の代表を選ぶことであり、問題の決定は指導者が行う。この指導者は、選挙民の票を得るために絶えざる競争を行う。有権者の任務は限定的だが、競争が確保されれば有効に作動するとした。

▌政治における市場・競争

　消費者は、自由市場という競争システムのなかで、結局はニーズに合った商品をより安価に入手できると考えられている。同じようなシステムを政治システムでもつくれば、有権者のニーズ（求めるもの）が満たされる可能性が高まる。必要なのは、競争の激しい「市場」、すなわち政治家の競争と有権者のニーズを結びつける厳しい選挙だということになる。指導者が人々の投票を得るために競争的闘争を行うと

▶ 04-05 ～ 04-06

いうシュンペーターの民主主義は、こ
れに合致すると言えるであろう。

04 - 06

参加民主主義

　民主主義という用語はそれ自体で、一般国民による主体的な政治参加
を含意している。にもかかわらず、ことさらに「参加」を強調して「参
加民主主義」という言葉が用いられることがある。参加民主主義という
言葉のこの特異な用法は、対比されて考えられている「代表制民主主義」
に関連づけて、明確に捉えておく必要がある。　　　　　　　（大木啓介）

参加と参加民主主義

　「参加民主主義」は一般に、「政治的
意思決定への直接総参加の動向を支え
る理念」を総称して使われる。その理
念は「代表制民主主義」に対置されて
語られるが、内実は論者によってまち
まちだ。およそ次の3種に大別される。
　第1に、代表制民主主義を補完して
活性化させるため、一般国民の政治に
関する情報への関心や発言の一層の増
大を訴えるもの。第2に、統治行為へ
の一般国民による批判や参画の絶えざ
る発酵を受け入れる参加経路拡大の制
度改革を提唱するもの。第3に、一般
国民に統治者の役割を事実上演じさせ、
究極的には両者の区別の廃絶を志向す
るきわめて急進的なもの、である。

参加民主主義と代表制民主主義

　政治への参加は一般に「公職者の選
出や統治行為の意思決定に影響を及ぼ
す活動」と定義されるが、「参加民主
主義」は、この意味の「参加政治」と
は異なる。代議政体も、定期的に実施
される選挙への投票参加を基本とし、
そのほかリコールなどが付加されて運
用されているからである。運用の根幹
にあるのは、一般国民が代表者を選出
し、代表者を通じて間接的に国政の方
向を定めようとする一方、選出され
た代表者は、選挙のたびに有権者によ
って責任を問われるという原理である。
　参加民主主義の要諦は、こうした代
表制民主主義の運用が実態として機能
不全に陥り、国民の選好を十全に汲み
上げえないでいることへの不満であり、
この不満にもとづく積極的な直接総参

加の促進・唱導にほかならない。

参加唱導の正当化根拠

参加唱導の背後には、市民運動や住民パワーという流行語から連想される「人民の権力」（もしくは人民の支配）という古代ギリシア的理念への憧憬が伏在する。特に急進的な参加論者は、間接民主政治では、統治者と被治者との政治的分業が当然視され、政治的なものは議会的なものと同一視される、という。「人民の権力」は国民主権という建前と代表者選出時の形式的な投票参加に矮小化されがちで、自らは参加していない決定を受け取る一般国民は、常にリスクにさらされる。

このリスクを免れるのは、決定を下す者と決定を受け取る者とが一致する場合に限られるが、現実世界では、まずあり得ない。それゆえ急進的な参加論者は、理性的で情報通の参加意欲旺盛な「市民」像を提示して、全「市民」が自己の生活を左右しかねない政策決定に平等に参加する機会を極大化することこそが、そのリスクの極小化に結びつくと主張する。平等参加の機会を得てこそ、圧政を効果的に防御でき、自己利益の促進を円滑に図れるからである。

参加と市民育成

参加民主主義論は、直接参加し、他者と意思疎通する能力を身につけてこそ、各市民の視野は拡大し、知性が磨かれ、人格が陶冶される、という。こ

うして初めて、民主主義にふさわしい共同体意識が育まれ強化される、という。全国の無数の「市民」集会と行政中枢機関とのあいだに間断なく理念と権力が流れ合い、民衆協議に即応した統治業務が確保される総参加状況が夢想されるのは、このためである。

参加の偏り

「投票参加に甘んじず全面参加を！」という唱導はきわめて魅力があるが、陥穽もある。政治参加には、相応する技能や知識や活動力を必要とし、時間や労力などのコストがかかる。それゆえ人々は、参加による便益が参加コストをしのぐ可能性を知覚しない限り、概して参加の誘因を受けつけない。たいていは仕事や趣味・娯楽など私的な関心事のほうが、公的業務運営への関心よりも上位にあるため、投票以外の積極的な政治参加はわずらわしく感じられる。積極的な主体的政治参加は、コストを応分に負担できる比較的恵まれた階層に偏りがちなのである。

参加の動員

政治参加が実際には、一部の活動家がもくろむ方向に動員されているにすぎず、単に絡め込まれている実態の場合もある。この場合、参加者には単純なスローガンのもと、イエスかノーかの意思表示しか期待されず、冷静で多角的な観点からの討論は阻まれる。喝采にもとづいた大衆操作や扇動の格好の手段になりかねないのであり、「参

▶ 04-06

加」と「同意」が多ければ、それだけ社会は民主主義的になるとの見方はあまりにも皮相的である。

代表制民主主義の補完

「無関心」層が政治に対し、より一層の関心を寄せ、適切な情報に通じるようになることは望ましい。しかし、「参加民主主義」が「代表制」に敵対するものとみなされ、政治的分業が否定されるなら、参加論者の本来の期待は確実に裏切られる。民主主義の語源である「人民の権力」の難点は、よく指摘されるように「無責任」にあるからである。政治家は落選させることで解雇できるが、「人民」は解雇できず、「人民」はこの意味で「無責任」なのである。このことから、参加民主主義は、代表制民主主義の補完として位置づけられることが多い。

05 - 01

近代国家

　絶対君主制において確立された「君主主権」原理は、近代市民国家において「国民主権」原理へと転換した。また、近代国家では国家権力を制限し、国民の権利を保障する立憲主義、権力分立制の考え方が採られ、英米法系の諸国では「法の支配」の原理が確立した。国民主権は、19世紀後半以降、普通選挙制が確立されると、さらに内実も整えることとなった。　(青柳卓弥)

国家の3要素

　国家についての定義はいろいろあるが、領域、国民、主権の三つの構成要素を「国家の三要素」とする説が有力である。一定の領域（＝領土・領海・領空）に、住民が恒久的に帰属し（＝国民）、排他的で正統な統治権が行使される場合（＝主権）、これを国家と呼ぶものである。

► 05-01 ～ 05-02

近代国家の基本原理

近世ヨーロッパに成立した絶対主義国家では、ボダンの主権論の影響のもとで、対外的には神聖ローマ皇帝・ローマ教皇に対する独立性を、対内的には封建諸侯に対する最高性を意味する君主主権原理が確立した。また、絶対君主制の下では、官僚制と常備軍を備えた中央集権体制が築かれた。絶対君主制を理論的に支えたのは、イギリスのフィルマーによって提唱された王権神授説であった。

その後、近代市民革命を経て、主権原理は君主から国民へと移行した。その中で、近代国家の基本原理が確立した。立憲主義、国民主権、権力分立制を基本原理とする近代憲法が制定され、近代市民国家が形成された。

立憲主義

近代市民国家は立憲主義を憲法原理として採用し、権利保障を国家政治の目的とし、その手段として権力分立制を採用した。立憲主義の考え方には、英米法系の「法の支配」と、ドイツ・フランスといった大陸法系の「法治主義」とがある。

法の支配

イギリスでは政治権力の専断的な行使を認める「人の支配」に対して、国民の権利・自由を保障するために、あらゆる国家権力を「法」（つまり、「正義の法」である自然法）によって拘束

する原理である「法の支配」が唱えられた。この原理は、中世のコモン・ローの優位を説く法優位の思想を淵源とし、英米法系における根本原理として発展してきた。

「国王といえども神と法のもとに従わなければならない」というブラックトンの言葉は、名誉革命の重要な原動力となった。憲法学者ダイシーは「法の支配」を、イギリスにおける人権保障の伝統にとって重要な憲法原理とした。一方、アメリカでは「法の支配」は、政治権力を憲法によって制限するという意味でより徹底した形で発展していった。

現在、「法の支配」原理は、①憲法の最高法規性（憲法−法律−命令の順となる）、②権力によって侵されない個人の人権、③法の適正手続、④裁判所の役割の重視（特に違憲審査制度）を内容としている。(⇒04-03 リベラル・デモクラシー)

法治主義

19世紀のドイツ、フランスなどの大陸法系の諸国では、議会が制定する法律によって行政府や司法府を拘束し、国民の権利を保障しようという「法治主義」の考え方が出現した（「法律による自由」）。

19世紀後半以降、「法治主義」の原理は法律の内容について、権利が保障されているかどうかという実質よりも、国家目的を法律に従って実現する手続が行われているかどうかという形式が問題とされる「形式的法治国家論」へ

05 ≫ 国家

と変質した。ここに法律をもってすれば憲法上の権利の制限はいくらでも可能であることになり、ナチス・ドイツによる人権侵害を正当化する根拠を与えることになってしまった。

そこで、第二次大戦後のドイツでは、「実質的法治国家論」へと転換し、その内容は法律の内容の適正を求め、違憲審査制を導入するなど「法の支配」とほぼ同じものとなった。

国民主権

近代市民国家は、国民が憲法制定権

力を有するというシェイエス流の国民主権原理を基礎に、君主主権原理を否定して成立した。しかし、市民革命期の近代憲法では、国民主権原理のもとで制限選挙制が採られるなど、実際に国民の政治参加は限定されていた。

19世紀中葉以降、イギリスでは参政権拡大運動が起こり、次第に普通選挙制が確立していった。ヨーロッパ諸国・アメリカともに女子の選挙権が認められるのはさらに遅れ、国民主権が内容を整えるのは、20世紀前半のことであった。

05

国家

---

05 - 02

国家の起源の学説

国家の起源の確定は難しく、家族説、征服説、搾取説、社会契約説などが対立している。諸学説は、歴史的説明をその目的とする学説、国家の正当化を目的とする学説、国家に対する国民の権利を主張することを目的とする学説、などに分かれる。単に歴史を説明するにとどまらず、国家の本質とも大きく関係している点に、対立の契機がある。(川口英俊)

家族説

家族説は、族父権説ともいわれる。国家は、家族における家父長の支配権が発達することによって、国家の統治権となった、とする説である。家族の最長老の男子による支配が、君主制の原始形態であるとしているアリストテレスの説がその一例である。

征服説

征服説は、グンプロヴィッツなど、征服者が政治的支配者として被支配者から利益を受ける関係を強制的に維持する組織として国家が発生したとみる学説である。人種などの間の闘争や征服の結果、国家が成立したとする説が、その例である。

▶ 05-**02** ～ 05-**03**

搾取説(さくしゅ)

グンプロヴィッツは、優勢な支配者が国家をつくったとする点で実力説とも言われるが、同様の主張に着想を得て、マルクスやエンゲルスは、階級による支配から国家が発生したと説いた。エンゲルスは、貴族などの特権階級が下層階級を搾取し、奴隷労働により余剰物資を生産するという経済関係から国家が発生した、としている。そしてマルクス主義では、社会主義革命により階級による支配がなくなった時、国家は死滅するとされる。

王権神授説

国家の本質をどう考えるかの学説も、国家の起源の問題と関連している。まず、神が政治権力の担い手として君主を選び、神聖な支配権と権威を与えたとする王権神授説がある。フィルマーが代表者とされるが、君主は直接に神から権威を与えられており、その君主の意志に反することは、神に反することであるとして、王権を強化する理論を説いた。

社会契約説

社会契約説は、国家の起源はその構成員が結ぶ社会契約にあるとする。まず人々が、社会を構成する以前の自然状態が仮定される。そして人々は、権利の保障を求めて社会契約を結ぶとされる。

人々がその権利をどの程度、国家に委譲するか、国家が契約に違反した場合どの程度まで抵抗が認められるか、といった点は、論者により相違がある。国家や権力者が権力をもつ正当性や、権力の限界はどこか、などを合理的に説明することで、近代民主主義の思想的基盤となったと言われる。

事実にもとづく歴史的説明というよりは、国家の基盤の理論的説明として優れており、影響力が大きくなったと考えられる。(⇒**02-03 社会契約説**)

---

05 - **03**

行政国家化現象

20世紀以降、国民に対する行政サービスが多岐にわたるようになると、行政を中心として政府の規模は拡大し、その権限は次第に強化されていった。いわゆる「行政国家化現象」の出現である。近代から現代にかけての、このような変化を消極国家から積極国家への移行とよぶが、その中で議会政治は難問に直面している。

(青木一益)

夜警国家

　消極国家観のもとでは、市民活動の自由と安全の確保に重きがおかれ、政府は、国防や治安維持といった最小限の機能のみを担うべきだとされた。あたかも、警察官による夜の巡回のように、単に政府は、外敵の侵入を防ぐだけで良いとされたのである。政府への不信感を前提とした、このような国家を「夜警国家」とよぶ。

　夜警国家の典型例は、資本主義を発達させた19世紀のイギリスである。また、同様の国家観は、市民革命ののち、立憲民主制あるいは近代民主制へと政治体制を移行させていた欧州大陸諸国にも広く受け入れられていった。

（⇒19-02 行政国家）

立法国家

　近代市民社会に移行する以前の絶対王制のもとでは、市民の自由や権利に弾圧を加えた国家権力は、悪だとみなされていた。独立革命を経験したアメリカでも、「安上がりの政府」こそが理想の国家像とされ、政府を維持する経費は安ければ安いほど良いとされた。

　近代国家のもとでは、このような国家観により、政府による経済・社会への介入が抑制かつ限定的なものとなり、立憲主義が想定した市民代表からなる議会主導の政治運営が可能となった。夜警国家観のもと、「立法国家」の時代がもたらされたのである。

福祉国家

　20世紀に入り、産業化の進展とともに国民の所得格差が拡大すると、近代社会には存在しなかったさまざまな社会集団が形成され、市民生活の全般にわたって階級対立がみられるようになった。

　このような状況のもと、政府には、国民階層間の利害対立を解消するために、より積極的な役割を果たすことが求められてゆく。さらに、恐慌による失業問題が社会の混乱に拍車をかけると、国家は、雇用維持や社会保障などの政策的措置を講じて、国民福祉の維持・増進に努めるべきだとする新たな国家観が台頭した。「福祉国家」の出現である。

　福祉国家登場の背景には、普通選挙権の実現により新たに有権者となった国民大衆の存在や、その支持獲得のため、社会・労働政策などのより一層の拡充を掲げる政党政治の大衆化といった現象があった。やがて、「ゆりかごから墓場まで」といわれるように、各種行政サービスが国民に提供されると、政府規模は拡大の一途をとげ、それまでの「チープ・ガバメント」は「大きな政府」へと変貌していった。

（⇒19-01「行政」の概念、19-02 行政国家）

行政国家の台頭

　福祉国家のもとでは、生活保護、医療、公衆衛生、教育、住宅といった幅広い分野で対策が講じられたが、これらの社会問題の解決には、専門的知識

▶ 05-03

と高度な技術が必要とされた。国民代表からなる議会は、総合的な判断能力が求められる反面、職能に応じて特定の政策領域に特化した省庁などの行政機関に、個別領域の知識や経験で劣るようになった。このため、20世紀以降の政府活動領域の拡大は、行政権を担う官僚機構の役割が強化されるとともに、議会の地位の低下という事態を招いた。行政国家へと変貌してきたのである。

議会政治の危機

　行政国家においては、政策立案や立法、予算執行といった重要な政府作用は、議員ではなく官僚が独占的に担っているとの見方もある。また、複雑な政策課題を解決するためには、議会は、立法権限の一部を行政に委任せざるをえず、本来の立法府の機能が、行政によって行使されているとの指摘もある。

　イギリスの政治学者ラスキは、行政国家化が引き起こすこのような状態により、市民の自由や権利が行政によって統制され、憲法が定める権力分立制や法の支配の観点から、議会政治の原則が危機にさらされているとした。

06 - 01

議会の発展

　議会政治の発展は近代以降のことだが、議会そのものはそれ以前から存在していた。かつて西欧諸国では宮廷顧問会が存在していたが、13世紀から17世紀にかけて、次第に身分制議会（等族会議）へと変貌していた。その後、市民革命を経て、近代議会が成立している。そこでは命令委任にかわり、代表委任の原則が確立されている。　　　　（水戸克典）

身分制議会の構成

　身分制議会はフランスの三部会に代表される。三部会は、僧侶（聖職者）、貴族、平民という各身分の代表者から構成されている三つの議院からなり、国王に対し自らの身分の利害を代表する役割を果たしていた。またイギリスでは、後に貴族院（上院）・庶民院（下院）となる二つの議院があり、貴族院は高級貴族や僧侶の代表、庶民院は下級貴族や市民の代表から構成されていた。

▶ 06-**01** 〜 06-**02**

命令委任

身分制議会は近代議会の前身ではあるが、近代以降の議会とはかなり性格が異なっていた。身分制議会の議員は、各身分や地域社会を代表する単なる「代理人」にすぎず、議員は選出母体から権限をこと細かに規定され、議員が独自の判断で行動するのは難しかった。このような委任の形態を命令委任という。

身分制議会の役割

身分制議会の役割はきわめて限定的であり、国王による新税の要求を認めるか否かを議論することが主たる議題であった。身分制議会は、この課税同意権の確立から始まり、この権限の獲得、拡大を通じて、国王の権力に一定の歯止めをかけるようになった。

しかし、それも国王の諮問機関としての役割を果たすにとどまるもので、国家の意思を独立的に決定していたわけではなかった。

近代議会の成立

産業の発展で市民階級の発言力が増すと、次第に市民階級と国王との対立が激しくなり、やがて、市民革命がもたらされることとなった。市民革命を通じ、主権者は国王から国民へと変わっていき、身分制議会が近代議会へと転換していくこととなる。

近代議会の成立も国によってかなり状況が異なる。フランスでは、革命により三部会が解体され、国民議会という一院制の議会が成立した（後に両院制となる）。

他方イギリスでは、貴族院、庶民院からなる二院制の身分制議会だったが、貴族院を廃止するのではなく、その権限を弱めつつ、庶民院の権限を強化することで近代議会への転換が図られた。

フランスでの改革は急進的であったのに対し、イギリスでの改革は、漸進的なものとして評価される。

代表委任

近代議会の議員は、個々の有権者の指示に従うのではなく、国民全体の代表として行動できるようになった。政治的な自由を保障されたのであり、自らの行動の結果については、次の選挙で再選されるかどうかという点で、政治責任が問われるだけとなった。これが代表委任とよばれるものである。フランス革命に際し、国民議会が命令委任の廃止を宣言したことは、近代議会の成立により議会の性格が大きく変わったことを示している。

06 ≫ 議会

06 - 02

議会政治の諸原則

　民主主義には、国民自ら政治を行う直接民主制と、国民から選ばれた代表が議会で政治を行う間接民主制（代議制民主主義）とがある。現代では間接民主制が一般的であり、それがうまく機能するには、いくつかの原則を満たさなければならない。ただ、現代では、議会政治も政治的、社会的な変化により、十分に機能していないとの指摘がなされている。　（水戸克典）

▌国民代表の原則

　身分制議会の時代には、議員は各身分や地域社会の代理人にすぎず、個々の議員は独立性を有していなかった。そこから、議員が選出母体の指示に従うのではなく、国民全体の代表として行動することが求められるようになり、フランス革命では国民議会が命令委任の廃止を宣言している。国民代表（代表委任）の原則については、「議員は個々の選挙区の利益代弁者ではなく、全国民のためにある議会の議員である」とした、バークのブリストル演説が有名である。

▌審議の原則

　議会政治が機能するには、議会で十分に審議が行われなければならない。これが審議の原則である。慎重に審議がないまま決定が下されると、議会政治の形骸化をもたらす。また、間接民主制が機能するには、選挙を実効性あるものにする必要があるが、有権者が意味ある形で議員の選挙を行うには、日頃、議会で十分な審議がなされる必要がある。

▌行政監督の原則

　議会には、行政を効果的に監督することが期待されている。これが行政監督の原則である。議会の歴史が、国王に対する課税同意権の確立から始まったことからも明らかなように、行政の監視は議会政治の最も本質的な機能といえる。

▌議会政治の変化

　制限選挙の時代には、選挙権が「財産と教養のある」階層に限られていたため、議会にある程度、社会的な同質性があった。「国民代表」の観念にもある程度現実性があり、審議による合意の可能性も確保されていた。

　しかし、普通選挙が実現して大衆民主主義が成立すると、選挙民も多様になり、議員の間でも社会的同質性が崩

▶ 06-02 〜 06-03

れることとなった。利害対立は深刻なものとなり、審議を通じての合意の形成が困難になっていくのである。議会での審議は、争点を明示するものの、決定に結びつくわけでは必ずしもなくなった。特に、政党単位で審議がなされ、党議拘束が厳格にかけられる場合、自由な議論は著しく妨げられることとなる。

行政国家と議会

20世紀以降、国家の扱う政策領域が拡大し、政策が複雑化して行政国家化が進展すると、議会が行政の監督機能を十分に果たすことが難しくなった。行政国家では官僚の果たす役割が大きくなり、議会の地位は相対的に低下してきたのである。これらの諸問題を、どう解決し、議会の復権を図っていくかが今日の大きな課題となっている。

06 - 03

一院制と両院制

議会には、一議院で議会を構成する一院制と、二つの議院で議会を構成する両院制（二院制）とがある。両院制においては、上院・下院の権限関係は多様である。また、両院制には、連邦制型、貴族院型、参議院型の三つの類型がある。

(水戸克典)

一院制

そもそも民意は一つであるから、第二院は不必要、との考え方にもとづく議会制度である。フランス革命後のフランス議会は、国民議会からなる一院制となった（その後、フランスの議会は再び両院制となった）。スウェーデンなど北欧諸国や、アフリカなどの発展途上国などでは一院制が採用されることが多い。

両院制

二院制ともよばれ、国民を代表する機関としての性格をもつ下院のほかに、それとは異なる役割を担う上院からなる制度である。上院の性質により、連邦制型、貴族院型、参議院型の三つの類型が認められる。

また、現代の両院制ではイギリスの場合のように、下院の権限が上院の権限に優越していることが多い。

しかし、岩井奉信らが指摘するように、国会も変則的ながら一定の役割を果してきた。野党が抵抗することで、法案を阻止する機能があったのである。「55年体制（1955年体制）」のもとでの国会での政府提出法案は、成立率がおおむね80％前後で、イギリスより

かなり低い。これは、国会が法の形成という点で、何らかの役割を果たしてきたことを意味する。つまり、法案阻止の機能であり、国会は法案を止める「粘着力」（ヴィスコシティ）のある議会、と評されることがある。

06 - 06

多数決原理

議会政治では、多数決が欠くことのできない原理となっている。多数か否かの基準は、一般には絶対多数（過半数）を指すことが多い。3分の2以上など、条件付多数の特定多数決ではハードルが高くなる。多数決原理の思想的根拠については、ケルゼンの考察が知られる。　（水戸克典）

多数決原理の確立

議会の歴史のなかで、多数決原理は当初から意味を有していたわけではない。議会が限定的な役割しか果たせなかった時代には、多数か否かは決定的な基準ではなかったのである。それを脱し、議会内多数派の意見を尊重しながら政策が決定されるようになって初めて、多数決原理が確立されることとなったのである。かつては「弾丸（bullet）を投票（ballot）に代える」、「頭を打ち割る代わりに、頭数を数える」（ブライス）と表現されることもあった。

多数決原理と価値相対主義

議会制民主主義では、議論を通じての合意形成が期待されている。しかし討論を続けてもなお意見の一致をみない場合、多数決によって決定を下すことになる。これは、それぞれの意見に優劣はつけられないという立場（価値相対主義）から、数の多寡によって結論を導く政治的方策である。結論を出すための最終的な手段なので、そこに至るまでの議論は最も肝要な過程として重視される。このような立場はケルゼンに代表される。

ケルゼンの民主主義観

ケルゼンは、民主制と独裁を分かつものは、絶対的価値の洞察が可能と考

▶ 06-06 ～ 06-07

えるか否かによるとした。絶対的価値の洞察が可能だとする立場は、何が良きものかを判断できるという立場であり、このような絶対主義的世界観からは、政治的には独裁主義的な思想が導かれるとした。逆に、絶対的価値の洞察や絶対的真理の認識は不可能だという立場は、相対主義的世界観となり、政治的には民主主義的思想になるとした。相対主義こそが民主主義的な思想の前提となる世界観であるとしたのであり、この視点からは、多数決原理もまた、少数派に対する多数派の絶対的な支配であってはならないとされた。

■ケルゼンの多数決原理

価値相対主義から多数決を基礎づけようとした立場は、ケルゼンに代表される。ただケルゼンも、単純に数字上の多数が決定的に重要だとしたわけではなく、多数派と少数派の相互作用の結果、政治的意見が合成力として形成されることを重視していた。議会の手続きも、相互の妥協を引き出すことを目的としており、この観点から、多数決原理は「多数・少数決原理」と呼ぶのがより適切だとしている（『民主主義の本質と価値』）。

---

06 - 07

近代日本における議会政治の発展

わが国では1890（明治23）年に帝国議会が開設されたが、大日本帝国憲法（明治憲法）の制約から、議会は天皇の協賛機関と位置付けられていた。国権の最高機関である今日の国会に比べ、権能は制限されていたのである。しかし、選挙権拡張で、次第に影響力を高め、「大正デモクラシー」を迎えた。だが大政翼賛会のもと、その機能を失っていった。

（門松秀樹）

■帝国議会開設以前の状況

幕末・維新期を通じて「公議輿論の尊重」が唱えられた。このため、明治政府は当初より、公議所・集議院といった議事機関を設置し、各藩や府県代表の議員により諸問題を審議させた。

しかし、政府はその建議のほとんどを採用せず、国政に及ぼす影響力は非常に小さかった。この後、こうした議事機関は太政官三院制のもと下で左院に継承され、さらには、1875（明治8）年の大阪会議の結果、立法機関として元老院が設置された。

元老院は国会の前身にあたる機関だが、実際には、立法機能は有しておらず、官選の議官により法案の審議を行う議法機関であった。さらに、政府が必要と判断した場合には、法令を布告した後に元老院の了承を求めれば足りるとした検視制度の導入により、法案の審議にかかわる権限も制限されたものとなっていた。

自由民権運動

民撰議院設立の建白書が提出され、板垣退助らを中心とする自由民権運動が高揚すると、選挙にもとづく議会の設置を求める声が大きくなり、1881年に10年後の議会開設を約する国会開設の詔が発せられた。これにもとづき、1885年の内閣制度成立、1889年の大日本帝国憲法成立ののち、1890年に元老院を継承して帝国議会が開設され、わが国における本格的な議会制度が開始されることになった。

帝国議会の構成と権能

1890（明治23）年に開設された帝国議会は、貴族院と衆議院からなる二院制を採用していた。上院にあたる貴族院は、皇族議員と互選による華族議員、高額納税者や学識者などからなる勅選議員によって構成され、下院にあたる衆議院は選挙で選出される公選議員により構成された。

帝国議会は、明治憲法により、法律審査権（38条）、法律提案権（38条）、予算審議権（64条）、天皇への上奏権

（49条）、国民からの請願書の受理（50条）などの権限を認められていたが、協賛機関とされ、議院内閣制も採用されていなかったため、その権能は制限されていた。その地位は、唯一の立法機関にして国権の最高機関である今日の国会とは異なるものであった。

選挙権の拡大

帝国議会開設当初、衆議院議員の選挙権は直接国税15円以上を納入する満25歳以上の成年男子に限られ、有権者は人口の約1％にすぎなかった。また、被選挙権は選挙権と同様の財産条件をもつ満30歳以上の成年男子と定められていた。

この後、選挙権は財産条件を緩和することによって次第に拡大していき、1900年には納税基準が10円に引き下げられ、1919（大正8）年には3円とされた。そして、1925年の普通選挙法の成立により、財産条件を撤廃した普通選挙が実施されるようになり、満25歳以上のすべての成年男子に選挙権が与えられた。女性参政権の実現は、戦後を待たなければならなかった。

帝国議会開設後の状況

帝国議会開設直後から日清戦争頃までを初期議会期と呼ぶが、この時期には、政府と政府を支持する「吏党」に対し、政府と対立する「民党」が対抗していた。民党は衆議院で、政費節減・民力休養を訴えて、予算の決定などを巡って政府と対立が繰り広げられ

▶ 06-07 〜 06-08

た。予算不成立の場合は、前年度予算の執行権（旧憲法71条）が政府に認められてはいたが、財政規模の拡大をめざしていた政府にとっては、予算通過と議会操縦は重要な案件であった。

大正デモクラシーと議会

大正時代に入ると、吉野作造の民本主義の影響もあり、民衆が政治参加を求める「大正デモクラシー」期を迎えた。こうした政党や民衆の動向は、大正政変で桂太郎内閣を退陣させるに至った。普通選挙法成立以降は、当時の二大政党であった政友会と民政党の党首が、元老・西園寺公望により交互に首相に推薦されるようになった。そこでは基本的には衆議院における多数党が首相を輩出する、議院内閣制に近似した体制となり、政党内閣の時代を迎えた。

吉野作造
(1878 – 1933)

しかし、5・15事件により犬養毅首相が暗殺されると政党内閣は終焉を迎える。さらに1940（昭和15）年の第二次近衛文麿内閣のもとで、新体制運動における政党の解体と大政翼賛会への再編成により、議会と政党はその機能をほぼ失い、太平洋戦争を迎えることになった。

06 - 08

日本の立法過程

現代社会では行政国家化が進み、政策の立案、法案作成でも、行政諸機関の果たす役割が増えている。わが国でも霞が関の官僚の果たす役割が増大し、「国権の最高機関」たる国会での審議は形骸化していると語られてきた。「国会無能論」（ラバースタンプ説）がそれだが、国会もある程度、審議機能を果たしているという、別の見方もある。　（水戸克典）

国会無能論

国会は、政府の法案に承認のラバースタンプを押すだけの機関だというの

が国会無能論である。国会内の制度や慣行により、法案審議の時間が限られ、年間100本程度の内閣提出法案が、審議の不十分なまま成立していることが多いという、低い評価がそれである。

国会は1年中開かれる通年会期制ではなく、通常国会（常会）、臨時国会（臨時会）と、解散総選挙後の特別国会（特別会）に断片化している。また委員会を中心に法案を審査する委員会中心主義が採用されているが、委員会には定例日制があり、実質的な審査は週に2～3日程度である。法案審議・審査が形骸化していると言われる理由である。

野党の戦術

野党は、政府・与党に反対する場合、討論よりも、時間をかせぎ、審議時間をコントロールする戦術にしばしば頼ってきた。議場封鎖や審議拒否（国会用語で「寝る」と表現される）などにより、会期末までに法案を成立させない戦術である。「55年体制（1955年体制）」下では、内閣提出法案の20％近くが成立しない状態に追い込まれていた。政府・与党は法案が成立しなくなる前に、野党に一定の譲歩を示すこともあった。

こうした与野党間の交渉に着目すると、単なる「ラバースタンプ」だと考えられていた国会も、ある程度の機能を果たしていたといえる。

与党審査

国会であまり実質的な討論がなされていない背景としては、野党の「審議をしない」戦術のほかに、与党審査の問題もある。与党審査とは、内閣が国会へ法案を提出する前に、与党内で政策を審議・了承しておくプロセスである。

与党と内閣が緊密に関係している議院内閣制では、与党審査それ自体は必ずしも特殊なものではないが、わが国では法案を国会に提出する前に与党審査を厳格に行うため、国会審議がかなり形骸化してしまう。自民党では政務調査会の部会で実質的な審議をした後、総務会で党としての決定がなされ、通常、その政策のみが内閣提出法案として国会に提出される。

党議拘束

わが国では、法案が国会で扱われる際、審議の段階から党議拘束がかけられる。この点も、議員間の活発な議論を阻害する要因となっている。

同じ議院内閣制のイギリスでは、日本ほど厳格な与党審査を行っておらず、政党が党議拘束をかけるのは原則として審議段階ではなく採決時である。これにより議会での討論機能を確保しようとしている。国会を「討論の府」とするには、これらの点も検討する必要がある。

06 - 09

アメリカの議会

連邦制を採るアメリカ合衆国の連邦議会は、上院と下院からなる両院制である。連邦制国家なので、州の利益を国の政策形成に反映させる必要があり、上院がその役割を担っている。それに対し、下院は主に各地域の利益を代表する性格の議院である。大統領と議会の関係も相互に独立的で、日本やイギリスのような議院内閣制の国とは大きく異なる。　（水戸克典）

アメリカの選挙制度

アメリカの上院議員は、人口に関係なく各州2名ずつ選出され、定数は100名となっている。任期は6年で、2年ごとに3分の1が改選される。各州の中において小選挙区制で1人ずつ選ばれるが、6年に一度は上院議員の選挙のない年があることとなる。

下院議員は州の人口に応じて定数が決定され、総定数は435名である。任期は2年で、小選挙区制により全議員が改選される。任期が2年なので、大統領選挙（4年任期）の年のほか、その中間の年にも改選される。中間に実施される選挙を「中間選挙」という。これは単に議員を選出するものだが、大統領の施策に対する中間評価との性質も帯びることになっている。

アメリカの両院の権限

アメリカ連邦議会では、下院の優越を認める日本やイギリスとは異なり、両院の権限がほぼ対等となっている。

ただ、条約批准権と高級官僚などの任命同意権は、上院のみが有する権限であり、この点では上院が優越している。他方、歳入に関する議案は下院が先議権を有し優越しているので、上下両院はほぼ対等であるということができる。

アメリカの議会と大統領

アメリカは、厳格な権力分立制を採用しており、立法府と行政府はそれぞれ独立性が高い。議院内閣制の国では議会から首相が選出されることから、立法と行政の関係は緊密だが、アメリカなど大統領制の国では、連邦議会議員も大統領も国民から選出されており、相互に独立的である。

大統領には議会への法案提出権がない。法案提出権を有しているのは議員だけである。大統領は教書を通じて必要な立法措置を議会に勧告するにとどまる。大統領による閣僚の任命でも、閣僚はすべて現職議会議員以外から選ぶことになっており、閣僚と議員は兼職できない。

06 》 議会

不信任決議と解散権

議会と大統領は、それぞれ独立性が高く、議会は大統領に対し、法律上の責任を問う弾劾はできても、政策などの是非を問う不信任決議はできない。他方、大統領は議会を解散する権限を

もたない。解散がないので、原則として議員は任期を全うすることになる。もっとも、フランスの大統領には議会解散権があるから、大統領制だからといって全て解散権がないということにはならない。この点、注意が必要である。

---

06 - 10

イギリスの議会

イギリスは、議会制民主主義の母国であるが、その一方、形式上は、選挙で選出されることのない「貴族院」（上院）をいまだに保持している。議会は二院制で、上院（貴族院）と下院（庶民院）により構成される。1911年の議会法以来、下院優先の原則が名実ともに確立し、実質的には一院制と言っても差し支えない。

（富崎 隆）

政策決定と議会

現代イギリスにおける議会の役割は、ある面では重大であり、ある面では非常に限定的である。重大であるというのは、「討論の場」（アリーナ）としての役割であり、かつてイギリス議会は、「男を女にし、女を男にする以外は何でもできる」と称された。

しかし、「議会の役割が限定的」というのは、政策形成の場としての役割が、主に内閣の法案を承認するだけになっているためである。現代では、成立する法案の80％強、重要法案のほとんどが内閣提出法案であり、この閣法の成立率は、わが国よりもはるかに

高く、100％となる場合すら見られる。

一方、議員立法は、成立10％強、全成立法案の20％弱にすぎず、議会の立法過程は圧倒的に内閣主導・政権党主導である。なお、法案形成の過程は、政権党と官僚の関係でみれば、政権党優位で、現代ではとくに首相と党首脳主導で政治」優位である。

通年国会

会期は、毎年10月末または11月初めに開会し約1年間継続する通年会期制である。各会期の初め、わが国の施政方針演説にあたる「女王演説」が行われる。演説の内容は首相・内閣によっ

て作成されるものであり、政府の1年間の施政方針と立法計画について述べるものである。しかし、女王が「わが政府は……」という形式でそれを議会で演説するという伝統を保持している。

野党の役割

野党である場合、議会の政党は政策形成において無力に近い。イギリス議会においては、55年体制下のわが国と異なり、与党に対し野党が議会で「抵抗」して法案成立を阻止することはほとんどない。「討論」が重要であり、野党は与党への徹底的な批判と代案の提示を行う。そして、この与野党討論こそイギリス議会の中心的機能といってよい。本会議場は、アメリカ、ヨーロッパ大陸各国やわが国議会の形状と異なり、与野党が議長を挟んで対峙するようになっている。

影の内閣

野党第一党は、常に政権を担ったときに対応できるよう、「影の内閣」を組織する。影の内閣の閣僚は、本会議場の最前列たるフロント・ベンチで、政府閣僚と対峙するように席を得て、現首相や閣僚を批判する。政府・与党側にも、もちろんそれに対する反論の機会が許される。

特に、毎週水曜日に実施される首相クェスチョン・タイムは最も重要である。有権者は、その討論を通じて政治上の問題点のありかを知り、次回選挙での判断材料とする。それは、ちょうど討論という手段を通じたゲームのようなもので、最終的な審判はもちろん有権者であり、その結果は次回選挙によって下されるのである。

討論の議会

現代のイギリス議会は、実質的政策決定の場というよりも、政党間の議論・討論の場であり、「アリーナ議会」なのである。

議会は立法府といわれるが、イギリスの議会の「機能」「役割」は単純な立法の議会ではない。現代イギリス議会のありかたは「選挙による専制」と批判されることがあり、選挙で勝利した与党と内閣・首相には立法における強大な権力が保証される。そこでは、野党は立法において「無力」である。一方、これは民主政治の明確なひとつのありかたでもある。

このシステムのもと、政権担当政党と首相には大きな「権力と責任」が与えられる一方、第一野党にも将来の大きな権限の可能性が強く開かれている。そして、両党は国の統治権をめぐり、有権者の全般的な支持を求めて、議会で、マスメディアで、街頭で、選挙区で、そして近年ではインターネット上でも激しく競争するのである。現代イギリスの民主政治において、議会は何よりもそのひとつの主戦場である。

07 » 政党と政党制

07 - 01

政党の成立・発展

議会が独立的に意思決定をする過程のなかで、政党が成立してきた。ウェーバーはその発展過程を、貴族主義的政党、名望家政党、大衆政党の三つに分類している。また、政党は利益を調整し、政策にまとめあげる利益集約機能を中心に、利益表出機能や政治家のリクルート機能など重要な政治的機能を遂行している。 (水戸克典)

政党の成立

国王や貴族、官僚が国家の意思決定をしていた時代には、政党はほとんど存在しなかった。議会が課税同意権や行政監督権を獲得し、国の政策形成に影響力をもつようになって、政党が生まれたのである。

政党が発生する条件としては、議会内で議員の政治活動の自由が保障されることが重要である。身分制議会での議員は各身分の代理人にすぎなかった

が、議員が国民全体の代表として行動する政治的な自由が保障されて初めて政党が生まれた。また、議員がその行動については、次の選挙でのみ政治責任が問われるという、国民代表の理論の確立も重要であった。

貴族主義的政党

政党はイギリスで発展しており、ウェーバーはその発展過程に従い、政党を貴族主義的政党、名望家政党、大衆政党の三つに分類している。当初、政党は貴族とその従属者からのみ構成されていた。これを貴族主義的政党という。

名望家政党

市民階級が台頭すると、聖職者、医師、有産農家、工場主など「財産と教養」のある地域社会の指導層からなる名望家政党が発達し、貴族主義的政党に取って代わった。ただ、名望家政党も議会の外に広がりをもたない院内議員政党であり、主たる活動は議会内にとどまっていた。

大衆政党

19世紀に入ると、労働者階級や下層中産階級にも選挙権を求める普通選挙運動が始まり、政治運動の組織体として院外政党が誕生した。また、民主主義運動や社会主義運動、労働運動が高まりをみせ、議会内の組織だった政党が院外にも組織をもつこととなった。

その後、普通選挙が実現すると、政党は得票増大のために、一般の有権者をその視野に入れて活動するようになる。特に民主主義運動や労働運動が活発だった西欧では、組織化されていなかった都市の下層中産階級や労働者階級を基盤とする社会主義政党も誕生した。こうして大衆に基盤をもつ現代的な大衆政党が発達してきたのである。

政党と利益表出機能

図表7-1 利益表出と利益集約

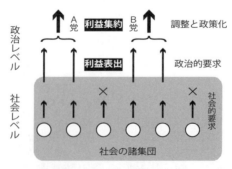

〔出典〕『公務員試験 図解で学ぶ政治学』(実務教育出版、2011年)を基に作成。

07 ≫ 政党と政党制

現代の政党はさまざまな役割を果たしているが、特に重要な機能の一つは利益表出機能である。利害が多元化し、複雑に錯綜している現代社会では、公共問題に関する対立の調整を通じて政策を形成することが政治の主たる役割である。それには社会に発生する問題を政治問題として取り上げ、政治過程のチャンネルにのせていく必要がある。社会問題を政治問題に転換する役割である。これをアーモンドは、利益表出機能とよんだ。この機能は主に圧力団体などが果たしているが、政党もそれに準ずる役割を担っている。選挙での集票に直接つながる活動だからである。

政党の利益集約機能

政治では、表出されてきた利益を整序、集約し、具体的政策へとまとめあげることも重要である。この政治的諸利益を体系的な政策へと凝集する機能を、利益集約機能という。これは主に政党によって担われている。

政党の諸機能

政党は、利益表出機能、利益集約機能のほかにも、さまざまな政治機能を果たしている。党活動やマスメディアを通じて政治的諸問題についての見解を国民に伝え世論を形成したり、広く国民のなかから人材を吸収し、政界に供給するリクルート（人員補充）の機能などがある。

---

07 - 02

政 党 制

それぞれの国では政党の数や勢力関係に相違がある。その状態について記述する場合に、政党制という言葉が使われる。法律上の制度と無関係ではないが、現実にできてきた状態をいうものである。一般にはデュヴェルジェによる平易な類型が知られているが、政治学ではサルトーリの類型がより重要である。

(加藤秀治郎)

デュヴェルジェの類型

政党制の類型では長らくデュヴェルジェの三類型が有名であった。①一党制——一党だけが存在し、支配しているもの。②二大政党制——二つの大きな政党が存在し、政権をめぐって競争しているもの。③多党制——三つ以上の政党が存在し、いずれもが過半数に至らず連立政権が形成されているもの。

▶ 07-02 〜 07-03

だが、これで巧く説明できない国も多く、学問的にはサルトーリの類型に取って代わられている。

サルトーリの類型

サルトーリの政党制の類型ではまず、政党間の競合性の有無を基準に、競合的政党制と非競合的政党制が二分されている。両者を分かつ基準で最も単純・明快なものは選挙での競合の有無である。選挙のルールが競合的な政党制は競合的政党制とされ、民主諸国はこちらになる。それに対して、独裁制がそれに近い国で、選挙競合がルールとして存在しない場合の政党制が非競合的政党制である。

一党制

非競合的政党制のうち、単純な一党独裁の場合をいう。事実上、一つしか政党が存在せず、その党が支配しているもの。旧ソ連、ナチス・ドイツなどは明白にこれだが、サルトーリは他に旧東欧諸国の政党制もこれに数えている。共産党にあたる支配政党の他に、「衛星政党」も存在したが、それは見かけだけのものだったとされている。

ヘゲモニー政党制

あてはまる国は多くないが、非競合的政党制にはもう一類型ある。形式的には複数の政党が存在するものの、実際には一党が支配しているものである。そこでは、政権交代の可能性が排除されており、しかも政党間の勢力関係が、制度的に著しく制限されているものの、多少、政党間の競合があるものをいう。共産主義下のポーランドや、かつてのメキシコがこれに数えられる。

一党優位制

複数の政党が存在し、選挙でも競争が許されているが、結果的に一つの政党が他を圧倒し、競争の意味が薄らいでいるもの。1955年体制の日本や、かつて国民会議派が強かった時期のインドなどがその例。ゲームのルールは競合的だが、実際のゲームの状況では政党間に力の差があって、競合性が低いものをいう。(⇒07-09 戦後日本の政党制)

二党制

二つの大政党が中心をなし、政権交代の現実的可能性があるもの。アメリカ、イギリスが有名だが、西欧ではオーストリアもこれに近かった。日本では「二大政党制」とも訳され、その訳語に伴うニュアンスのためか、二つの党の議席が伯仲していないと二党制ではないと考える人が多いが、誤解である。小選挙区制ではその時々の議席の差は開くことが多く、伯仲状況はむしろ少ない。

穏健な多党制

多党制では三つの類型が数えられ、穏健な多党制と分極的多党制の相違が重要である。穏健な多党制は主な政党

の数が3、4、5ほどで、政党間のイデオロギーの相違が小さいものをいう。戦後ドイツ、オランダ、ベルギーなどがそうで、最近のフランスもこれに近い。

分極的多党制

政党の数が六つ以上と多く、イデオロギーの相違も大きいもの。戦後しばらくのイタリアや、ワイマール共和国の時期のドイツが代表例である。

原子的状況

極めて多くの政党が乱立し、イデオロギーの相違も大きい政党制。マレーシアやタイがこれに近い。

07 - 03

政権の形態

政権には与党が議席の過半数を占める多数政権と、そうでない少数政権がある。当然、少数政権は過半数に満たないので、不安定である。また、与党が一つの政党だけの単独政権と、複数の政党が与党である連立政権がある。議院内閣制の下では、それぞれ政権の安定性と関係し、適度な規模のものが安定するとされる。

(加藤秀治郎)

多数政権・少数政権

議院内閣制のもとでは、政権が安定する基盤として議会の過半数の支持が必要と考えられている。しかし、現実には過半数に満たない政権もあり、それを少数政権という。それに対して、過半数を制している一般的な政権を多数政権という。それぞれ単独政権もあれば、複数の与党からなる連立政権もある。

連立政権

異なる政党・党派が、ある目的のために一時的に協力関係を結び、統一行動をとることを連合(コアリション)といい、選挙や議会など多様なレベルでの連合がある。だが、やはり重要なのは政権レベルでの連合であり、これを連立政権という。連合政権ともいう場合がある。「連合」「連立」はともにコアリションの訳語であり、訳語の相違に過ぎない。

一般に連立政権は不安定とのイメージが強いが、民主諸国の政権の形態と安定度を分析したドッドによれば、このような考えは「神話」にすぎないと

▶ 07-03 〜 07-04

図表7-3　政党の形態と安定性

少数政権	過小規模内閣	[単独政権] ある政党が過半数に満たないまま政権を担当	[不安定] 野党の一部が閣外協力して過半数を確保すれば、安定する場合もあるが、一般にはきわめて不安定
		[連立政権] 連立しているが、それでも過半数に足りないまま政権を担当	
多数政権	必要最小規模内閣 (最小勝利内閣)	[単独政権] 1党で議会の過半数を制し、政権を担当 (例)自民党政権	[安定] 一般的には安定。与党内が分裂しているときは不安定にもなる (例)大平政権
		[連立政権] 連立により議会の過半数を制し、政権を担当。ただし過半数の維持に不必要な政党を閣内に含まない (例)戦後ドイツ	[安定] 1党でも脱落すれば政権は崩壊するが、妥協によりそれを回避
	過大規模内閣	[連立政権] 連立政権の内部に過半数の維持に不必要な政党を抱え込んでいる (例)イタリア	[不安定] 途中で一部の政党が脱落しやすいため不安定

いう。条件によっては連立政権も安定し、不安定とは限らないのである。

政権の類型

政権については、その規模と安定性に密接な関係があり、ドッドは次の三つに類型を分けている。

①過小規模内閣 ── 過半数に満たない、少数政権。②必要最小規模内閣 ── 過半数の維持に必要な政党だけで構成する政権。単独多数内閣と、過半数維持に必要のない政党を含まない連立政権とがある。③過大規模内閣 ── 連立政権内に過半数維持に不必要な政党を抱え込んでいる政権である(⇒図表)。

政権の安定性

政権の安定性については、政権の規模が重要な要因の一つであり、過半数に満たない過小規模内閣が不安定なのは確かである。それに対して、過半数を有し、しかも過半数確保に不必要な政党を含まない必要最小規模内閣(最小勝利内閣)は比較的安定している。戦後の西欧ではドイツがこのタイプである。しかし、過半数確保に不必要な政党をも含む過大規模内閣は不安定な傾向がある。戦後のイタリアが長らくそうであった。

日本の例でいうと、参議院もあって多少複雑だが、衆議院での過半数の有無でみてみる。自民党と公明党との連立は、過半数維持に不必要な政党を含まず、必要最小規模内閣であり、安定している。それに対し、小沢・自由党が加わっていた時には、過半数に同党は不必要であって、過大規模内閣であった。そこでは自由党は不必要だった

ので、しばらくすると切り捨てられ、政権は形成し直されることとなった。

他にも、加わる政党が少ないほど連立政権は安定するとか、与党間の政策上の相違が小さいほど安定するとかいわれる。いずれにせよ、一概に連立政権は不安定というのは誤っている。

両院制での安定性

両院制の場合には、上院・下院の権限が対等か否かによる。日本の参議院は対等ではないものの、かなり強力なので、こちらで過半数割れとなると「ねじれ国会」といい、安定性が低くなる。

07 - 04

アメリカの政党制

共和党と民主党の二大政党制が19世紀半ば以来続いている。大統領選挙があり、議会選挙も小選挙区制なのでこうなった。両党は自由民主制、市場経済など、基本的理念を共有しており、イデオロギー的対立は乏しい。緩やかに共和党が保守的、民主党がリベラルというにすぎない。も党議拘束は緩く、議員は各自の判断で法案への賛否を決めている。 (高杉忠明)

アメリカの二党制

アメリカでは1856年の選挙で共和党と民主党の2党対立が確立して以来、基本的に二党制が定着している。1860年以降の大統領選はすべて民主、共和いずれかの党の候補者が勝っている。大統領選でそれ以外の候補者が10%以上得票したのは4回しかない。

連邦議会の議席も両党が大半を占めている。二党制の定着の理由は、①建国直後に連邦派、共和派の2党が誕生して以来、二党制の伝統があること、②大統領選挙があり、連邦議会選挙も小選挙区制によること、③1974年連邦選挙運動法で、得票率が5%に達しない政党には連邦選挙資金が付与されないことになった、などがある。

共和党

共和党は、減税、規制緩和、連邦政府の権限縮小や歳出削減などを通じ、「小さな政府」をめざす。社会や経済の発展は民間の競争に委ね、個人の自由や民主主義の重要性を強調する。

支持層は、大企業のエリート、専門職、経営者のほか、高学歴・高所得者層などである。反共的で強いアメリカをめざす保守主義者、中絶や同性愛に反対し、

81

▶ 07-04 ～ 07-05

公立学校での祈りの実践を主張するキリスト教右派やプロテスタントに多い。

民主党

民主党は、政府の積極的役割を重視し、より平等で公平な社会の実現をめざす。社会福祉、貧困・失業対策などに力を注ぎ、ときには増税も辞さない。支持層は、労働組合員、移民、黒人などの少数民族、進歩的知識人、失業者、低学歴・低所得者層など、異なる集団の集合体である。同性愛者、フェミニストを含む女性層、カトリック、ユダヤ人に強い。

「ニューディール政策」以来、「大きな政府」の下でのリベラル路線を進めてきた。ただ1970年代以降は、カーター政権を除き、政権奪取に失敗した反省から、「中道路線」を採用してきた。

組織の分権性

アメリカの政党の特徴は、党首が存在せず、地方分権的で全国的組織がないことに求められる。民主、共和両党ともに、組織はきわめて地方分権的で、地方組織が高い自律性をもっている。党中央が全国組織として州や地方の党組織に強い権限を行使することはまず見られない。

政党の限定的役割

アメリカでは「国民政党」の考えがなく、議員は何よりも地元選挙区の利益の代弁者である。そのため、議会でも各議員は、外交問題や下院議長・委員会委員長の選出など、重要な問題を除けば、党中央の方針に拘束されず、独自の判断で行動する。

このように全国政党は、議員の緩やかな連合体にすぎない。共和、民主両党とも、4年に一度の大統領選挙や2年ごとの連邦議会選挙の際に、党代表候補者を指名したり、選挙資金を調達したり、票を取りまとめる集票マシーンの役割を果たすにすぎない。

アメリカの政党不信

1960年代以降、アメリカの社会では、価値観や利益の多様化に伴い、社会福祉政策、人種問題、犯罪対策、環境問題、人工妊娠・中絶問題などが、重要な政治争点として現れてきた。しかし二大政党は、選挙での勝利をめざし、幅広く支持を得ようと「中道路線」をとるので、選挙民のそれらの意志や利益を拾い上げ、それに見合った政策を提示しえないでいる。

そのため二大政党への不満と不信が増大し、政党離れ、無党派層の増大、投票率の低下が見られ、一人の有権者が大統領選では共和党に、議会選では民主党に投票するなど、分割投票が広がっている。

07 ≫ 政党と政党制

07 - 05

イギリスの政党制

　保守党、労働党の二大政党が小選挙区で激しく競争し、勝者が強力な政権を担うのが基本である。各党は政権公約を提示し、勝者は首相を中心に内閣を形成し、政権公約をもとに政策を遂行する。敗者は議会で勝者を批判しつつ、次期選挙での挽回をめざす。ただ、この政党制は近年揺らぎを見せている。

（富崎　隆）

イギリスの二党制

　二大政党の厳しい競争での勝者が政策を強力に実行していくのがイギリス型政党制であり、多数決型民主主義の典型とされる。総選挙では政権公約が示され、第一党の党首が首相になる。総選挙では小選挙区での候補者に投じされるのだが、同時に政策と首相も選ぶことになる仕組みである。

　17世紀後半に名望家政党として成立したトーリー党、ホイッグ党が、19世紀前半にそれぞれ保守党と自由党となり、本格的二党制が出現した。20世紀に入り、労働党が議会に進出して、自由党が衰退し、第二次大戦後、保守党・労働党の二党制となった。戦後、両党間で六度の政権交代があったが、ほぼ単独政権である。

保守党

　保守党はイデオロギー政党というよりも、自然な保守的感覚を基盤とする党として続いてきた。長く続いてきた

ものは、それだけ人間性に合致しており、正しいという感覚であり、国家、君主、教会、家族など伝統への愛着が色濃い。議会主権を唱える自由主義に対抗し王権の擁護を唱えていたが、20世紀に社会主義が台頭すると、自由主義と結びつく形で議会主義と自由市場（資本主義）を擁護した。

　1970年代末のサッチャー党首から経済的自由主義の傾向が顕著となった。その後、EU問題などに関する党内対立に苦しみ、総選挙での敗北が続いた。若いキャメロン党首のもとに政権復帰を遂げたが、EU問題がくすぶり続け、再び低迷状態に陥った。

労働党

　1900年に労働組合や社会主義団体、協同組合の連合体として結成され、第二次大戦後二大政党の一翼となった。労働組合が自らの利益を代表する勢力を議会に送り込むことを目的に結成された。第二次大戦末に成立したアトリー内閣が初の単独過半数政権で、「福

▶ 07-05 〜 07-06

祉国家」路線をイギリスに定着させることになる。

議会民主制のもとでの民主的な社会主義の実現をめざす社会民主主義（民主的社会主義）を標榜する。平等の重視、市場経済の弊害除去を党是としてきたが、1970年代末以降の総選挙で四連敗した。若い党首ブレアが、「社民主義の第三の道」を掲げ、大胆な中道化路線を選択して、政権に復帰したが、その後、再び野党となった。

中小政党

イギリスは選挙制度が小選挙区制なので、第三党以下の存立は容易ではないが、第三党として自由民主党

が残っている。同党は19世紀の二大政党の一角・自由党をルーツの一つとし、20世紀に入って衰退していたが、1980年代に労働党から分裂した社会民主党と合同して、この党の原型ができた。1989年に自由民主党と改名。イデオロギー的には中道だったが、現在は労働党よりも福祉国家色が強く、増税もいとわない。

他には、スコットランド民族党、ウェールズ民族党、アルスター統一党、社会民主労働党といった地域政党がある。地域政党は、地方議会では重要な政治勢力となっている。また、小選挙区のため、一定の勢力になると総選挙での議席獲得が可能で、近年は無視できない勢力となっている。

07 - 06

フランスの政党制

フランスの政党は、一般に規律が緩く、組織化の程度も低く、変化しやすいとされてきた。しかし、戦後、第五共和制における小選挙区2回投票制の導入と、大統領公選制の導入によって、与野党関係が明確化し、政党制は変容している。多党制ではあるが、二つのブロックができ、二党制に近い面も見られる。

(増田 正)

第四共和制での多党制

戦後フランスでも、第四共和制は「分極的多党制」に分類されるものであったが、第五共和制は「穏健な多党制」になった。

フランス第四共和制においては、左右両極に巨大な反体制政党があり、与党中道諸勢力をはさみ撃ちしていた。そのため、与党中道諸勢力は、国民の信任を失えば、政権崩壊を超えて、容易に体制崩壊の危機を迎える可能性が

あった。左の反体制政党は共産党であり、右には反体制に転じたドゴール派があった。

政権の対立構図が、一元的な与党・野党軸に納まらず、多元化していれば、政権の崩壊はより容易になる。そのため、政権の組み換えが促進された。小規模な政党は、極端な場合には争点政党や擬似的な圧力団体となり、死活的な争点では妥協しなくなる。

体制末期には、政党増殖が頂点に達し、統治能力を欠いた政府は、アルジェリア問題を解決しえず、政権とともに第四共和制は崩壊した。

第五共和制の政党制

第五共和制では、国民議会（下院）に小選挙区2回投票制が再導入され、政党の左右ブロック化が進展した。かつて「沼沢」とよばれた中道派は、左右いずれかの勢力に吸収されていった。また、1962年の国民投票によって導入された大統領公選制は、大統領を擁立する存在として政党の意義を高め、政党組織の強化と政党の集約化に寄与した。

70年代には左右二極化のもとで、「主要四党制」が出現した。左から、共産党、社会党、UDF（フランス民主連合）、RPR（共和国連合）である。ただ、UDFは、政党連合・選挙共闘組織としての性格が強かった。UDFはジスカール・デスタン大統領を支える与党として誕生した経緯がある。

1986年に1度だけ、比例代表制が採用され、極右FN（国民戦線）が議席を大量獲得した。しかし、88年の選挙から小選挙区2回投票制に戻され、同党は有力な政党ではなくなった。90年代には、緑の党が左翼連立与党の一角を占めた。その後、欧州議会議員選挙で躍進し、EELV（ヨーロッパエコロジー緑の党）として再出発している。

第五共和制の成立以降、保守はドゴール派が主導してきたが、シラクがUMPに改組し、また、サルコジに継承される中で、巨大保守政党として発展的に解消された。しかし、2012年大統領選挙でサルコジが社会党のオランドに敗北を喫し、党内が混乱した。2014年、サルコジのもとで共和党が結成され、政権奪還をもくろんでいる。中道派は精彩を欠いている。

左翼連合では、社会党は常に優位にあり、共産党の退潮が顕著である。共産党は、メランションの左翼党と選挙共闘を組むことで組織的退潮を補う戦略を採用しているが、党勢回復の起爆剤とはなっていない。

政党制の動揺

2017年大統領選挙において、新星マクロンが勝利した。同氏を支持するREM（共和国前進）および民主運動は同年、国民議会議員選挙において過半数を獲得した。社会党は惨敗し、二大政党制の再編が生じた。

07 - 07

ドイツの政党制

戦後ドイツでは、政党が重要な役割を果たしている。党議拘束が強く、議会の中心は政党である。また、憲法にあたる基本法は「戦闘的民主主義」（「闘う民主制」）の理念から、「自由で民主的な基本秩序」を認めない勢力は違憲政党として禁止できる。また、早くから政党へ公的資金助成を行っている。比例代表制のもと、穏健な多党制が続いてきた。　　　（加藤秀治郎）

■ 社会民主党

戦前から大政党だったが、戦後しばらくはマルクス主義の労働者階級政党とのイメージが残っており、「3割の壁」を越えられないでいた。戦後、急速に再建されたものの、保守勢力に遅れをとって、長らく野党の地位に甘んじていた。その間、1959年のゴーデスベルク綱領で現実路線に転換し、総選挙のたびに議席を伸ばしていった。

3年間の保守との大連立政権をステップに、69年からは連立政権ながらも首相を出すに至った。しかし、その後、青年部などに左傾の動きが出て、路線が混迷し、82年に野党に転落した。以後、僅差ながら政権に復帰できないでいたが、98年の総選挙で政権復帰を果たした。プロテスタントの労働者を主軸に、国民各層から支持を得ている。

■ キリスト教民主同盟・社会同盟

二大勢力の一つで、基本的には保守的な政党。この勢力は正確には、二つの政党の連邦における協力組織であり、連邦議会では常に統一会派を形成してきた。バイエルン州にのみ組織をもつキリスト教社会同盟（CSU）と、それ以外の全部の州に組織をもつキリスト教民主同盟（CDU）という2党の統一会派である。

両党の政治的立場が近いことから、戦後ずっと姉妹政党として、連邦レベルでは一緒に活動しており、単一の政党のように扱われる。CDUがやや中道的で、CSUの方が保守的である。カトリックの中間層を核に各層から幅広く支持を集め、「包括政党」となっている。

■ 自由民主党

戦前の国民党と民主党を前身とする自由主義政党で、略称はFDP。戦前の前身政党は保守とリベラルで開きがあったので、しばらく党内に異質な二つの勢力が共存し、混乱したイメージを与えていた。初めは重心は保守にあっ

たが、大連立政見のもとで野党に転落した時期に、中道路線に転換した。これで社民党とも連立できる政党となり、1969年〜82年に社民党との連立に加わった。82年から保守との連立に戻ったが、長期低落傾向に陥った。世俗的な中間層が支持基盤。

連合90・「緑の党」

1980年前後に住民運動の連合体としてスタートした政党。83年に初めて5％条項をクリアして、連邦議会に進出し、以後10％前後を推移してき

た。ドイツ統一後、東の市民運動グループ「連合90」と合流し、「連合90・緑の党」となった。

妥協を排する「原理主義派」と、多少妥協しても主張の実現をめざす「現実主義派」の対立が続いたが、途中から現実主義派が優位に立ち、支持基盤を拡大した。一時、社民党との連立で政権に参加。エコロジー、反原子力発電、反戦・平和運動、女性解放運動の寄り合い所帯の様相もある。支持層は「脱物質主義」の高学歴の若者が中心である。

07

政党と政党制

---

07 - 08

戦前日本の政党制

明治期には明治維新で中心的役割を果たし、実権を握った薩摩・長州両藩出身者が中心の藩閥政府だった。対抗する形で誕生したのが政党で、当初「民党」とよばれた。その後、幾多の変遷を経たが、翼賛体制に組み込まれ、大戦へ突入していった。戦前期は一般に、保守が既成政党、革新が無産政党とされる。

(神崎勝一郎)

帝国議会開設前後の政党

わが国の政党は、征韓論で敗れて下野した板垣退助らが中心になって、自由民権運動の担い手として始まった。1874（明治7）年1月の愛国公党、翌年2月の最初の全国政党である愛国社などである。

1881年になって、「国会開設の勅

論」が下ると、板垣を中心に自由党が、大隈重信を中心に立憲改進党が結成される。両党の活動は、政府の圧迫もあり、政府への対決色を強めていく。自由党は、のちの政友会、改進党（のちに進歩党）は、民政党に引き継がれていく。両党は一時合流して憲政党を結成し、1898年に大隈を首班とする最初の政党内閣が成立する。

87

政友会

憲政党は結党当初から旧党派間の対立が厳しく、憲政党（旧自由党）と憲政本党（旧進歩党）に分裂した。このうち憲政党を指導する星亨は、藩閥政府最有力者である伊藤博文に接近し、1900年に立憲政友会を結成した。ここに「藩閥」対「民党」の政治対立構図が変わり、1913（大正2）年の「大正政変」を機に、反政友会勢力が立憲同志会を結成した。

1918年、政友会総裁原敬が組閣するが、原は衆議院に議席をもつ初めての首相であり、ここに初の本格的政党内閣が成立した。

民政党

立憲政友会から分裂した立憲同志会は憲政会となり、1927（昭和2）年に立憲民政党へと発展し、政友会との間で政権交代が行われる「憲政の常道」といわれる2大政党制が確立した。

また、1925年には、満25歳以上男子による普通選挙法が成立している。

政党政治の終焉

大正期には次第に「憲政の常道」が慣行化したが、1931（昭和6）年の満州事変、翌年の5・15事件で政友会の犬養毅首相が暗殺されるに及んで、政党内閣が終焉した。代わって軍部が政治的発言権を増すことになる。普選法に伴う有権者の増加により、既成政党の選挙に勝つためのなりふり構

わぬ行動が、国民の政党への不信感を増大させたことがその背景にあった。

方向性を失った政党は、当時国民的人気の高かった近衛文麿が提唱する新体制運動に参加するため、社会大衆党も含め各党が解散し、近衛を総裁とする大政翼賛会が1940（昭和15）年に結成された。ここに、戦前における政党政治は終焉した。

無産政党の変遷

わが国初の社会主義政党は、1901（明治34）年に安部磯雄によって結成された社会民主党であるが、すぐに禁止の処分を受けた。1906年には、初めて合法的に日本社会党が出現した。その後社会主義運動は、政府の厳しい弾圧を受けることになる。1922（大正11）年には、堺利彦らが非合法に日本共産党を結成する。

普通選挙法が成立すると、合法的な無産政党の結成が試みられ、1926年に労働農民党が組織された。しかし、結党当初から左右の対立による混乱が続き、同党は労働農民党・社会民衆党・日本労農党に分裂した。さらには日本農民党も結成され、無産政党運動はこれら4党を中心に形成される。

しかし、軍国主義的潮流が無産政党の危機感を募らせ、1932（昭和7）年に単一無産政党として社会大衆党が結成された。だが、日中戦争への突入とともに、同党も軍国主義的傾向を強め、最終的に大政翼賛会に参加することになる。

07 ≫ 政党と政党制

07 - 09

戦後日本の政党制

戦後しばらく諸政党の離合集散が続いたが、1955（昭和30）年に自由民主党と日本社会党の二党に再編され、二党制が期待された。だが、現実には自民党政権が続いた。1993（平成5）年には小選挙区・比例代表「並立制」が導入され、野党側から民主党が台頭し、一時は政権交代も実現した。その後、自民・公明主軸の政権が続いている。　　　　（本田雅俊）

1955年体制

戦後改革の「民主化」で、女性参政権や選挙制度改革がなされ、多くの政党が誕生・復活した。1945～55年までは、こうした諸政党によって離合集散が繰り返されたが、1955（昭和30）年に、左右両派の社会党が統一されて日本社会党が誕生するとともに、自由党と民主党の保守合同で自由民主党（自民党）が結成された。

自民党と社会党による二大政党の時代を迎えることが期待されたが、実際には、社会党の議席は自民党の半分程度にとどまり、「1 $\frac{1}{2}$ 体制」となった。この政党制は「1955年体制」と呼ばれることとなった。

一党優位制

1955年体制の成立から38年間、自民党が長期単独政権を担った。競合的政党制のもとで、これだけ一党が単独で政権を担うのはきわめて珍しく、「一党優位制」の代表例となった。ただ、自民党は次第に勢力を低下させ、相対的に優位が揺らいでいった。対する野党では長らく野党第一党は社会党だったが、高度経済成長に入ると、価値観の多様化、産業構造の変化などにより、野党の多党化が進んだ。1960（昭和35）年には民主社会党（後に民社党）が、64年には公明党が結成され、徐々に勢力を伸ばした。共産党も少しずつ議席を増やし、野党全体でも議席が増え、与野党伯仲となった。自民党は法案の審議・成立で野党の協力を求めるようになった。（⇒07-02 政党制）

中選挙区制

自民党の一党優位体制が維持されたのは、衆議院に中選挙区制がとられていたことと無関係ではない。3～5人区で単記制という「中選挙区制」のもとで一党が単独で多数を制するには、

▶ 07-09 〜 07-10

各選挙区に複数の候補者を擁立しなければならず、それを実行できたのは自民党だけとなり、社会党には政権獲得の展望が描けなかった。(⇒09-07 日本の選挙制度)

派閥

中選挙区制のもとでは、同じ選挙区で複数の自民党候補が議席を争うことになり、総選挙は政党本位・政策本位から遠くなり、派閥の支援を受けた候補者個人によって争われるようになった。自民党内では派閥が発達し、自民党政権は単独政権ながら、大臣ポストを派閥に比例させて配分するなど、連立政権に近い実態をもつようになり、「派閥連合政権」とも呼ばれた。

「並立制」導入

政治腐敗問題を契機に1994（平成6）年、衆議院へ「並立制」が導入されると、わが国の政党制は大きく変化を遂げることとなった。中選挙区制の下でも自民党の相対的低下が見られたが、新制度のもと、民主党中心の連立政権ができるなど、政権交代も生じた。その後、自民党は政権に復帰したが、単独政権ではなく、公明党との連立政権となっている。

07 - 10

政治資金

政治資金とは政治活動にかかわる金銭の総称をいう。経費をかけずに政治活動は行えないので、政治の活動と資金は密接な関係にある。政治資金の規制は政治上の重要テーマであり、特に政治腐敗が問題化することの多いわが国では重視されてきた。同士討ちが生じる中選挙区制が改められるとともに、政党への公的助成制度が導入された。　　　（岩井奉信）

政治資金

民主制でも、政党の組織化や選挙運動など民主政治の運営、維持、発展のため、一定の資金が必要であり、「民主主義の燃料」、「民主主義の血液」などと言われる。平等選挙では、票は有権者に平等に配分されている。

だが、富は偏在しており、政治資金の在り方によっては政治が富に支配される危険がある。金権政治は、国民の政治への信頼を損なうので、政治資金の問題は、政治上の問題であり続けている。

政治資金の負担

政治資金では誰がどう負担するかが問題となる。今日の民主諸国では、党費や機関紙購読料など政党独自の収入のほか、個人や企業などの政治献金、政党助成など公費補助などでまかなわれている。その割合は国により異なるが、公費については、政治活動への国家の関与との批判もあり、限定的な場合が多い。

政治資金の規制

政治資金では、個人の自発的な献金が理想とされるが、実際にはそれだけでは難しく、企業・団体の献金が大きな割合を占めている国が多い。ただ、企業・団体献金は利益誘導と結びつき、富による政治支配を助長する危険をはらんでいるので、規制が課題となっている。

法的な規制は、量的・質的規制と透明性確保が中心である。政治献金できる個人や企業・団体の資格を規定し、献金の上限を設けるのが一般的である。透明性の確保は、政治資金の収支報告とその公開の義務づけが多い。

政治改革

わが国の政治資金は、西欧のそれが政党中心なのに対し、政治家中心であるのが特徴である。旧中選挙区制では同一政党の候補者による同士討ちが不可避で、政党本位の選挙が難しく、政治家は自前の後援会に頼らざるをえなかったことと、無縁ではない。構造的に多額の政治資金を要したのであり、政治資金を律する政治資金規正法は「ザル法」といわれ、有効性を欠いていた。

1994（平成6）年の政治改革も、政治資金をめぐる問題に端を発していた。政治資金規正法は改正され、透明性を高め、政治家中心から政党中心に改める努力がなされた。衆議院の選挙制度も抜本的に改正され、並立制となった。後援会依存の選挙からの脱却が図られるとともに、公費による政党助成制度が導入された。

日本の政治資金問題

一連の政治改革で、政治資金の透明性は向上したが、政治家中心の政治からの脱却は十分に実現されていない。企業献金こそ大幅に減少したが、政治家は抜け道を活用して多額の資金を集めている。

他方、政党財政は政党助成への依存が強まり、いびつになっている。政治資金スキャンダルも依然、続発し、政治資金制度のさらなる改革が求められている。

column

政治学関連の要注意の英単語　2

● peoples

　誤訳というのではないが、紋切り型に「人民」だけでは困るのがピープルだ。それこそpeople's democraciesは「人民民主主義諸国」で（旧）東欧諸国の自称だったから、「人民」でも正しい場合があるが、それと対極的な用法まで「人民」で通すのは、どうか？

　例えば、米大統領リンカーンの言葉は、人民民主制を推奨しているのではないのだから、「国民の、国民による、国民のための政治」で良いのではないか。英英辞典には the のついた people は「主権を有する人々」とあるから、国民主権でいう「国民」でよかろう。

　もちろん「人民」も左翼的な意味ばかりではないから、断定的なことは言い難い。「人々」「民衆」など、文脈を考えて使うのがよい場合もある。

（加藤秀治郎・永山博之）

08 - 01

圧力団体の発生とその機能

　圧力団体は、自己の利益促進のために影響力を行使する団体をいう。利益の細分化と、社会構造の変化に対応して発生してきた。社会のさまざまな利益を政治の問題として取り上げる利益表出機能を主とする。民主政治を活性化させる面があるとして肯定する考えが、アメリカで支配的だったが、規制を求める議論も出ている。　　　　　　　　　　　（真下英二）

圧力団体

　圧力団体は、自己の集団利益を促進するために政府に対して影響力を行使する団体をいい、「公共政策に影響を及ぼすために形成された私的な任意団体」（V・O・キー）などと定義される。こうした圧力団体を中心とする政治を「圧力政治」と呼ぶ。

　圧力団体と利益集団を分け、利益集団は必ずしも政治的圧力を前提としない、とされることがあるが、両者を区

別して論じることに意味がないとする考え方もあり、その場合は、ほぼ同じ意味となる。

圧力団体の発生

圧力団体は、以下のような20世紀以降の社会構造の変化に対応する形で発生した。

① 工業化・都市化が進展するにつれ、利害の細分化と多元化が進行し、結果として集団間の対立が増加した。

② 利害が細分化された結果、地域の区分を基礎にする選挙では、地域を越えた職業的利益を反映させることが困難になった。

③ 積極政治の展開により、政治が国民生活のあらゆる領域に関与するようになってきた。そのため、積極的な圧力活動を通じて、自らの利益の実現を模索するようになった。

④ 普通選挙権の導入にともなうマス・デモクラシーの登場により、政党は大規模化、肥大化し、民意を十分に吸収できなくなった。そのため社会集団は、利益達成のため政党に限られない多様なルートで政策決定過程に影響力を行使する必要に迫られた。

⑤ 政党組織が硬直化し、内部の寡頭制化が進むと、政治献金や票の支援と引き換えに、少数の党幹部との政治的取引が容易になり、より効果的な圧力をかけることが可能になった。

こうした背景の下、圧力団体は存在感を増し、さまざまな影響力を行使するに至った。

利益表出機能

圧力団体の機能は、アーモンドのいう利益表出機能が中心的な役割となっている。社会に存在するさまざまな要

図表8-1　利害対立のイメージ

マルクス主義

どんな問題についても、資本家と労働者の対立となる。

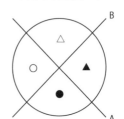

多元的な産業社会

Aという問題では利害の一致する△と▲でも、Bという問題では対立する。逆に、Aで対立していた△と○は、Bでは協力できる。

求や紛争を政治過程のチャンネルに乗せて、政治問題に転換していく機能である。

社会の複雑化によって利害関係が多様化すると、いかにして自己利益を保護・増進するかが重要になる。政府が積極的に国民生活に介入する場面が増えてくると、自己に有利な政府の介入を求め、圧力団体が圧力を行使することにつながった。

政治教育機能

圧力団体は、それぞれの利益に関係する知識や情報を、政党や行政機関だけではなく、一般国民に対しても提供する。それを通じて、問題の所在を知らしめたり、問題に対する理解を深めさせたりする機能を持つ。これは政治教育機能や、政治的コミュニケーション機能と呼ばれる。

圧力団体と政党の相違

圧力団体は、公共政策に影響を及ぼす点では政党と類似性があるが、その他の点では大きく異なる。

①政権の獲得をめざすか否か——政党は性質上、政権をめざすが、圧力団体それ自体が政権をめざすことはない。

②政策の実現に対する責任の有無——政党は、政権をめざす以上、主義・主張を国民に示し、その実現に責任を負うが、圧力団体にはそうした義務はない。

③利益の調整——政党は対立する国民の諸利益を調整し、包括的な政策に転換す利益集約機能がその役割だが、圧力団体は自己の特殊利益のみを追求すればよく、また関心を払う政策領域も限定的である。

民主政治における圧力団体

圧力団体は、自己の特殊利益の実現を図るものなので、否定的にとらえられることがある。だが、社会的利益を政治過程に表出させ、実現しようとすることは、民主政治を活性化するものだという点で、肯定的に評価されるべきものだとされてきた。

特にアメリカではそうであり、圧力団体の行動を規制しない考えが支配的であった。これを「圧力団体自由放任主義（リベラリズム）」という。ただ、それが過度になり、諸問題を引き起こしているとして、一定の規制を求める声も高まってきている。ローウィなどの「圧力団体自由放任主義の終焉（エンド）」である。

08 - 02

圧力団体の理論

　　圧力団体の理論は20世紀に始まる。制度論的政治学を批判し、現実は集団間の対立と抗争、利害調整からなるとして、ベントレーが圧力団体を理論化し、トルーマンに継承された。圧力団体は民主政治を阻害しないという、基本的に肯定的な理論であった。近年では圧力団体に批判が生じ、ローウィは「圧力団体自由放任主義の終焉」を説いた。　　　　　　　　(真下英二)

■ベントレーの圧力団体論

　圧力団体に関する学問的研究の先駆者は、ベントレーである。ベントレーはジャーナリストとして現実の政治を取材した経験から、アメリカ政治がさまざまな利益集団間の利害対立を政府が調整するという形をとっていると考えた。そして、現実の政治現象を、このような社会学的観点から分析する必要があると唱えた。

　ベントレーは、法律や制度のみによって政治現象を説明する従来の制度論的政治学を「死せる政治学」として痛烈に批判し、政治現象は集団間の対立、抗争から利害調整に至るまでの現実の政治を分析しなければ意味がないとした。このベントレーの議論は、同じ2008年にウォーラスが『政治における人間性』で唱えた心理学的アプローチとともに、新しい政治学の出発点となった。

■トルーマンの圧力団体論

　ベントレーの圧力団体を中心とする政治過程論は、トルーマンに受け継がれた。その議論は、ベントレーのように、政治を諸集団の利害をめぐる抗争過程としてとらえ、その抗争は多元的社会における自動調整メカニズムによって次第に均衡していくとするもので、基本的に一致していた。

■集団のクリス・クロス

　多元的な現代社会においては、個人は特定の団体だけでなく、複数の集団と関係を持っている。このため、ある問題について対立関係にある人が、別の問題においては味方同士となることがありうる。その結果、個人が複数の利害対立にかかわることを通じて、集団的利害対立が調整される、とされた。ベントレーはこれを「集団のクリス・クロス」と呼んだ。後にトルーマンは「重複メンバーシップ」という言葉でこれを説明した。

▶ 08-02 〜 08-03

圧力政治の抑制を主張しはじめており、「圧力団体自由放任主義の終焉」を唱えている。

---

08 - 03

アメリカ社会と圧力団体

　アメリカでは地理的、政治的、歴史的条件から諸利益が多元的に錯綜しており、圧力団体が多く存在している。議会での拘束の緩い政党の特質からも、圧力団体は強化されている。職業的ロビイストが存在し、圧力団体のために活発に活動している。しかし、近年では過剰なロビー政治に対する批判も出ている。

(真下英二)

アメリカ社会の多元性

　一般に産業社会では、社会経済的諸利益が多元的に対立・競合しているが、アメリカの場合、地理的に広大であり、また人種的にも宗教的にも多様であったため、利益の多元性はいっそう複雑さを増すこととなった。その結果、圧力団体の活動が活発化し、圧力政治に基づく利益をめぐる競争が、多くの分野で見られるようになった。

アメリカ社会の特徴

　アメリカ社会は、その国の成り立ちもあり、政治的自由を幅広く保障する傾向を強く持つ。これは、集団の結成や圧力政治の成立を後押しするものとなった。また、分権的な政治社会構造を持つことから、それほど大きくない圧力であっても一定の効果を生み出しやすい。こうしたことから、圧力団体が発達しやすく、また、圧力政治による利益の実現を目指すことの誘因となった。

アメリカの政党と圧力団体

　アメリカの二大政党は、いずれも地方分権的であり、党組織そのものが弱体で、党規律もゆるい。合衆国の政党は、連邦レベルで活動しているというよりも、地方政党の連合体という性格が強く、連邦レベルでは実際にはないに等しい。主に大統領選挙に際して活動するだけで、他の時期には名前だけの「幽霊政党」といわれることもある。連邦議会では議員は確かに、共和党や民主党に所属するが、党議で議員を厳しく拘束することはなく、議員は各自

08 » 圧力団体・住民運動

図表8-2 「潜在集団」の顕在化

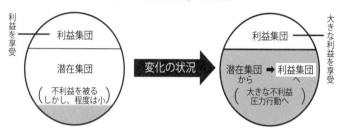

〔出典〕『公務員試験 図解で学ぶ政治学』(実務教育出版、2011年)を基に作成。

潜在集団

圧力団体の中には、強力な団体もあるが、その点につきベントレーらはこう分析した。ある特定の団体の利益が過剰に代表されるようになると、それに反発する動きが現れてくる。強力な団体が過剰な影響力を及ぼすようになると、それを抑えるよう、圧力行動をしていなかった人々が行動を起こすようになる、としたのである。

未組織ではあるが、利害を共にし、普段は表面に現れないような集団があるが、そのような潜在的集団も、利益が強く脅かされるような場合、そうした集団が政治の舞台に登場し、過剰に特定集団の利益が代表されるのを抑制する、というのである。こうした集団を、ベントレーは「習慣背景」「潜在的集団活動」と呼び、トルーマンは「潜在集団」の顕在化と呼んだ。

多元主義と均衡論

自発的に形成された圧力団体の活動は、団体間の競争をもたらし、社会全体としての利益の増進にもつながる。多元的に集団が存在する状態をよしとする「プルーラリズム」(多元主義)は、このような考え方に基づき、圧力政治を肯定的に捉えるものである。

ベントレーやトルーマンの議論は、これを中核としており、基本的には楽観的な立場であった。圧力団体の対立は限定的であり、強すぎる集団が出てくると、対抗的な潜在集団が顕在化して、これを抑制するという均衡論である。

圧力集団自由放任主義の終焉

今日では、ベントレーやトルーマンの楽観的な考えとは別の考えが出てきている。政府が圧力団体からの要求を拒否することが難しくなり、政策の一貫性が損なわれることとなっているというのである。また、市民にはそうした状況が、少数の特殊かつ私的な利益にのみ特権を与えるもののように映るため、政府への信頼が揺らぎ、政府の正当性が低下してきているといわれている。このような意味でローウィらは、

の判断で賛否を決める。このため、利益集団が議員個々人に対して個別的に圧力を行使できる余地が大きくなっている。

ロビイング

　圧力団体による活発な活動を背景として、アメリカ政治でロビイングが発達している。職業的ロビイストの活動のことである。ロビイングそのものは、アメリカに限られないが、アメリカで活動が顕著である。今日では、米国内の圧力団体だけではなく、多国籍企業や海外の企業、さらには外国の政府によっても圧力が行使される。

　「ロビイング」という言葉は、ホテルのロビーで政治家と圧力団体が接触するのを語源とするが、このことからもロビイングが比較的オープンに行われてきたことが分かる。

　ただ、ロビイングが腐敗の温床になるとして、批判する声もある。1946年には「連邦ロビイング規制法」が制定され、ロビイングに対する規制はあるが、活動が禁じられているわけではない。

ロビイスト

　圧力団体が個々の議員にロビイングを行いやすいという、アメリカの議会運営を背景に、ロビイストが誕生した。圧力団体の代理人として、団体に有利な法案の通過・促進や、不利な法案の修正・否決のため、さまざまな形で働きかけを行う。

　ロビイストには、政界や官界に人脈を有し、立法過程や立法技術に関する専門知識も豊富な、元議員や元公務員、元弁護士、新聞記者などの経歴の者が多い。

　ロビイストは、依頼人たる圧力団体の利益のため、議員や官僚に対して接待や情報提供、政治献金などを行う。当然ながら腐敗の温床となりやすく、1946年、「連邦ロビイング規制法」が制定され、登録を義務づけられた。また、活動範囲が定められたほか、収支報告の提出が義務づけられた。

圧力政治

　アメリカでは、各種団体の圧力が政治に強い影響力を持つが、これを「圧力政治」という。その結果、政府の政策は、特定の圧力団体が競争に勝ち抜いた結果、行われると捉えられやすい。このため、対立する団体を含め、民間業界のすべてが政府の政策に協力的とはかぎらず、法律に基づく規制によって、業界活動を誘導することになる。

　大統領制で、大統領が法案を提出できないので、それら法律も連邦議会議員が提出して、制定されることになる。こうしたことも、ロビイングの対象が、行政ではなく、議員に向けて行われることにつながっている。

08 - 04

日本の圧力団体

　代表的な圧力団体には財界、労働組合、農協、医師会がある。政治的団体のはずだが、既存集団を丸抱えしたものが多く、貧弱な政党組織に代わり選挙活動を補完している。活動の対象は主に行政部で、内部は寡頭制化している。政・官・財の「鉄の三角形」は有名だが、癒着の源泉でもある。他の先進国に比べ労働団体の影響力が弱いとみられる。　　　　（真下英二）

■日本の圧力団体の特徴

　日本の圧力団体には、以下の特徴がある。

　第一は、既存集団の丸抱えである。政治的団体のはずだが、既存の集団をそのまま動員し、参加させる。また、既存組織の成員がそのまま参加する傾向がある。

　第二に、主要な政党の組織が貧弱で、選挙活動を十分できないので、圧力団体がこれを補完している。圧力団体は、これを通じて政党に対する影響力を確保する。

　第三に、圧力活動の対象は主に行政部である。行政部が伝統的に政策決定の主導権を握ってきたため、議会よりもむしろ行政部に圧力が向けられてきた。補助金や許認可で強い影響力を行使できる省庁は、主要な対象となっている。官僚制と圧力団体との間に癒着が生じやすく、官界の「天下り」は、この関係を強化している。

■圧力団体の組織

　日本の圧力団体の多くは、構成員の自発性が乏しく、下部では無関心が顕著なため、組織内部では上層部による寡頭支配が進みやすい。労働組合が代表的だが、政治的傾向により分裂しているが、それは頂点だけで、底辺に近づくほど「つきあい」集団としての色彩が濃い。その結果、一般の構成員は、上層部の活動に無関心となる。

■鉄の三角形

　政・官・民（業界）の三者間のネットワークによる、一定の利害関係に基づく強固な結びつきをさして「鉄の三角形」という。（与党）政治家・官僚・業界団体の間に、相互依存関係があり、強い結合関係がみられる。なかでも、政治家では「族議員」や官僚出身議員、官僚では所轄の官庁の高級官僚、民間では財界など、有力な業界関係者が中核を占めている。

図表8-4「鉄の三角形」

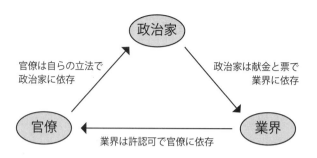

〔出典〕『公務員試験 図解で学ぶ政治学』(実務教育出版、2011年)を基に作成。

相互依存というのは、主に次の関係をいう。①政治家は業界に献金と票で依存し、②官僚は政治家に法案成立で依存し、③業界は補助金と許認可で官僚に依存していることである。三者とも、一方には強く、他方には弱い、という関係である。

自民党が安定的に政権を担当した「55年体制」のもとで形成され、また出来上がってからはこの関係を強化してきた。「55年体制」が動揺を見せた時期には変化の可能性が生じたが、今後どうなるか、断言できない。

労働なきコーポラティズム

かつて財界では、経団連が頂上団体として、政府との協調関係を築くのに成功していた。他方、労働組合は総評と同盟とに分かれていた。欧州諸国、特に北欧では、「ネオ・コーポラティズム」で政府、財界、労働組合の三者間の協調関係が見られたが、日本では労働組合がそれだけの影響力をもてないでいた。ペンペルと恒川惠市はこれを「労働なきコーポラティズム」と呼んだ。

08 - 05

住民運動・市民運動

市民運動と住民運動は、選挙に限られない政治参加の手段を用い、要求・主張の実現を図る社会運動である。非恒常的で非制度的であり、この点で恒常的な組織たる政党や利益集団などと区別される。関与するには時間、費用などのコストがかかるので、やる人が偏るとの問題点があるとされる。

(田中康夫)

住民運動

市民運動と住民運動は、ほぼ同じ意味で使われることもある。「住民運動」は市民運動と区別する場合には、地域の住民を主体として、具体的な生活環境などの地域の問題をとりあげ、要求達成や問題解決を求める運動をいう。生活者としての諸権利を問う地域性の強い運動で、主に地域の住民が組織し、政府や自治体、企業などに対して働きかけをするものである。

市民運動

「市民運動」は住民運動と区別する場合、職業や地域などを越えた担い手が、職業的利益などでない問題につき、共通の要求を掲げる運動であり、政府や自治体、企業などに対して働きかけをするものである。「市民」として、自らがより普遍的と考える諸権利を主張して、運動を展開する。環境、女性や少数派の権利などが取上げられる。

労働組合など既成の組織が対応できないでいる問題が取上げられることが多い。政党との関係は、一線を画するものから、近いものまで多様である。

公害と住民運動

日本は1950年代半ばから高度成長に入ったが、急速な経済開発はまた、人々の健康を損なう深刻な公害を発生させた。「住民運動」は、こうした社会的な背景の下、全国各地で噴出した各種の公害反対運動に始まった。その後、日照権の確立や食品添加物や有害薬品の追放、ごみ処理問題など、地域を基盤とした新たな「生活権」の確立・拡張をめざす運動が提起され、「住民運動」の言葉も社会的に定着した。

市民運動の組織

市民運動は、政党や労働組合などの既成の大組織が主導する大衆動員型の運動ではなく、個々人の自発的な参加

08 ≫ 圧力団体・住民運動

による運動に始まった。それは、ベトナム戦争反対の「ベ平連」に代表される。このような動きは1960年代から先進各国に見られ、原子力発電反対運動やエコロジー運動、フェミニズム運動などにつながった。

個々人が行動様式や価値意識を変革してゆこうという点や、女性がイニシァチブをとるようになった点のほか、地方自治に関与し始めた点などが特徴である。エイズ薬害問題での厚生省への責任追及、情報公開条例を活用した官官接待の実態解明など、旧来の日本型システムの改変を迫るなどの点で影響力を及ぼすようになっている。

▍直接参加の問題点

公的な問題の解決へ向け、住民や市民が積極的に関与することは民主制の理念に沿うものであり、住民運動、市民運動につき、肯定的な評価がある反面、問題解決をめぐり深刻な対立が生じたり、組織としての責任性が曖昧だったりすることに対して、批判もなされる。また、時間、費用、知識など、運動をするにはコストがかかり、社会階層上の偏り（バイアス）が生ずるなどの問題も指摘され、多くの課題も残されている。

08 - 06

圧力政治の諸問題

圧力団体の理論は圧力政治を肯定的にみるものが多かったが、否定的な議論が出始めた。利害関係の調整が困難となり、統治能力（ガバナビリティ）の低下が語られる。また、圧力政治が中上層の社会階層に有利に作用しているとも言われる。オルソンは少数優位の傾向を指摘し、ローウィは圧力政治が政府への不信を高めているとして、見直しを唱えている。　　　（真下英二）

▍圧力政治と統治能力

社会が多元的であれば権力は分散し、より民主的な決定が可能になるという見解が、多元主義的観点からの圧力団体の肯定論であった。しかし、福祉国家化が進んだ状況で、低成長になると、利害の調整は困難となり、多元主義の楽観性が批判されるようになった。

1970年代には、これが「民主主義の統治能力（ガバナビリティ）」の低下として語られた。民主主義を維持しながら、スムーズな政治的調整を行うのは困難になったというのである。

► 08-06

圧力のバイアス

　住民運動などについては、政治参加のコストから、社会的に恵まれた層に参加が偏る傾向が指摘されてきた。「政治参加のパラドックス（逆説）」である。圧力団体の力量についても、同様の偏りが指摘される。

　よく組織された圧力団体の要求は実現されやすいが、それ以外の集団の要求は取り上げられにくい。わが国の労働組合では、最も恵まれた公務員の労組が、政治的発言力でも最も高く、次いで大企業の労組がつづく。救済が求められてしかるべき中小企業の従業員は、労組が弱いか未組織で、政治的には放置されやすい面が否定できないのである。

オルソンの「少数の優位」

　圧力政治では、圧倒的多数を占める消費者の利益よりも、数的には少数派の生産者側の圧力団体が有力で、優先される傾向がある。圧力団体の利益は、当該の構成員には死活問題なので、多大なコストを投じてでも政治過程に圧力をかけられやすい。消費者にとっては、多くの場合、多大なエネルギーを投入するほどでなく、放置されやすい。

　結果的に、「声の大きい少数者」の利益が優先されることになるが、オルソンはこれを「少数の優位」問題と呼んだ。多数者の利益よりも少数者である圧力団体の利益のみが優先されやすくなるという、圧力政治のバイアスの問題点を指摘するものといえよう。

利益集団自由主義

　ローウィは、圧力団体が自由に活動しているアメリカ政治を、「利益集団自由（放任）主義」としてとらえ、その問題点を指摘した。利益集団間の調整をはたすべき政府が、自立的な力を失い、圧力集団の圧力に流されてしまっており、特殊な圧力団体の利益が、「公共の利益」であるかのように正当化されやすいというのである。そしてそれは、国民の政府に対する不信感を強める結果に至っている、と主張した。

09 » 選挙制度

09-01

選挙制度の原則

「国民による政治」という民主政治の理念を実現するには、国民が政治に参加し、多数の意向により政治の方向が決められる枠組みが必要である。今日の巨大国家では代議制民主主義の形をとるのが普通であり、そこには幾つか基本的原則がある。自由選挙のほか、普通・平等・直接・秘密の選挙が原則とされる。

(加藤秀治郎)

投票参加

国民の参政権は、選挙権に限られないが、選挙による政治参加は最も基本的なものであり、その意義は軽視されてはならない。圧力団体や住民運動を通じての政治参加など、他の方法では、時間や費用や労力などの参加のコストがかかり、それだけ余裕のある人に限定され、社会階層上のバイアス（偏り）が生じる。1人1票でコストのかからぬ投票参加には、一般性というメリッ

▶ 09-01 〜 09-02

トがあるのである。

選挙の基本原則

民主主義の理念に照らして公正な競争を実現するには、いくつかの条件が求められる。19世紀を通じて各国に選挙が広まり、1世紀以上に及ぶ数々の経験から、いくつかの基本原則が確立されるようになった。自由、普通、平等、直接、秘密などがそれである。

自由選挙

自由選挙の原則は、立候補の自由の抑制や、選挙運動への干渉を許さないとの原則である。あまりに自明なので、憲法などに明記されていないことがあるが、当然視されているだけである。

ナチスの時代に選挙の自由を侵害された経験をもつドイツは、戦後、憲法（基本法）にこの原則をあげ、強調している。

普通選挙

近代の議会は初め「財産と教養」のあるブルジョワジー（市民階級）の議会であったので、議員の選挙権は一定の財産所有や納税額など、経済条件によって制限されていた。これを制限選挙という。

その後、労働者階級の勢力が増大するとともに選挙権の経済的制限を廃止せよとの要求が高まり、経済的要件が否定されるに至り、普通選挙となった。初め男子普通選挙であったものが、男

女同権の考えから婦人参政権が認められ、今日では男女普通選挙が一般的となっている。

平等選挙

「1人1票」、「1票1価」として、有権者の投票価値が等しくなければならないとする原則を平等選挙という。誰もが同じ影響力を行使できるのはこの原則による。1票1価を大きく逸脱すると、1票の格差という問題が生じ、1票の格差是正が課題となる。

直接選挙

選挙民が（中間）選挙人を選び、選挙人が議員を選ぶという間接選挙を否定するものが、直接選挙である。

アメリカの大統領選挙は、形式的には一種の間接選挙だが、中間選挙人が二大政党の推す候補者のいずれに投票するかを事前に明確にしているため、実態は直接選挙とほぼ変わりがない。

（⇒07-04 アメリカの政党制）

秘密選挙

秘密選挙とは、誰が誰に投票したかを知りえないよう制度とする原則である。社会的弱者が強者に服従して投票したり、金銭による買収に屈して投票したりすることがないようにするためである。有権者が自らの氏名も記す記名投票や、挙手による方法などは否定される。

09 ≫ 選挙制度

選挙競合

　自由選挙の原則が侵されると選挙競合が排除されることになる。旧ソ連邦やナチス・ドイツでは、選挙競合が失われていた。

　例えば旧ソ連邦では小選挙区制で過半数を得たものが当選とされていたが、立候補の自由がなく、立候補者は1人で、単なる信任投票となっていた。候補者を立てる権利が共産党などに限定されていたためである。

　投票所では選挙立会人の前で投票するのだが、賛成者は投票用紙に何もチェックせず投票箱に入れるだけなのに対し、反対者は別に設けられた記入所で意に反する立候補者の名前を消さなければならなかった。このような行為の相違から賛否がわかるので、秘密選挙の原則からも外れていた。

---

09 - 02

選挙制度の類型

　選挙制度は選挙区定数の相違により小選挙区制、中選挙区制、大選挙区制などと分けられることがある。ただ、不正確な面があり、学問的には多数代表制と比例代表制に二分されることが多い。一般には小選挙区制と比例代表制がよく対比されるが、常識的に理解しやすいようにとの配慮からいわれるだけで、小選挙区制は多数代表制の典型である。　　　（加藤秀治郎）

選挙区制

　1選挙区当たりの定数によって、分けるものを選挙区制という。1名の場合を小選挙区制、複数の場合を大選挙区制と分けるのが大原則だが（⇒図表9-2)、日本では大選挙区制のうちで定数が3～5名と、そう多くない場合について中選挙区制と呼び習わしてきた。しかし、これは程度の相違のよる俗称で、中選挙区制も厳密には大選挙区制の一種である。

多数代表制

　民主政治とは多数決の政治であるとの民主主義観に立ち、議会は世論の主要な傾向を概括的に反映すれば十分であるとの考えから、選挙母体の多数派の意思を代表するよう工夫された選挙制度。代表的論者はバジョット。1選挙区から1人の代表を選出する小選挙区制はその典型である。次点以下の候補に投じられた票はすべて死票となるが、少数派にも次の選挙で勝つ機会が与えられており、何ら民主制に反する

107

▶ 09-02 〜 09-03

図表9-2　選挙制度の類型

選挙区 代表制	小選挙区制	大選挙区制
多数代表制	イギリス、アメリカなど	（[完全] 連記制）
比例代表制		ドイツ、イタリアなど

ものではないとされる。採用している国にはイギリス、アメリカ、カナダ、オーストラリアなどがある。

イギリスのように議院内閣制を採っている場合、議会に強力な多数派（ワーキング・マジョリティ）をつくる必要があるとの観点が強調される。わずかな得票差を過大に議席差に反映するので、安定した政府与党の形成に適するといわれる。（⇒09-04 多数代表制）

絶対多数制

多数代表制では、当選の条件として相対多数でよいとする相対多数制のほかに、過半数（絶対多数）を原則とする絶対多数制があり、フランスがこれを採用している。1回目の投票で決まらない場合、上位者で決選投票を行うので、2回投票制とも呼ばれる。この制度では、決選投票の場合に備え、政党間の協力関係が予め想定されていることが多い。

比例代表制

個々の有権者の票をできるだけ生かし、有権者の政党支持の分布が議席比に反映されるように配慮した選挙制度。代表的論者はJ.S.ミル。世論の分布は鏡のように議会に反映されねばならな

いとの民主主義観に立つ。

比例代表制は細部でいろいろ異なるが、実際には名簿式が多く用いられている。各政党の得票数に応じて議席が分配され、その政党の獲得した議席数の枠の分だけ、名簿の上位にある者から当選となる方式である。この場合、政党を選べても候補者を選べないが、それを不満とする立場から、ある程度候補者の選択も可能なように修正された制度が提案され、採用されている例も見られる。

ドイツ、イタリア、オランダ、ベルギー、スイス、スウェーデンなどが比例代表制をとっている。日本でも衆議院、参議院ともに、比例代表制を部分的に採用している。（⇒09-05 比例代表制）

少数代表制

多数代表制、比例代表制という主要な2類型から外れる例外的制度も見られる。かつての衆議院がそうで、1選挙区の定数が3〜5名だったが、有権者は1票しか行使できず（単記制）、上位から定数の分だけ当選となったので、少数派にも当選のチャンスがあり、少数代表制と呼ばれた。だが、特殊日本的な類型で、他の国の文献には見られない。

09 ≫ 選挙制度

09 - 03

選挙制度の政治思想

　それぞれの選挙制度は、民主制で尊重されなければならないものは何か、という観点から主張されており、政治思想との関係は無視できない。バジョットのように安定政権の創出をめざす観点からは、多数代表制（小選挙区制）が主張されるし、ミルのように世論を鏡のように議会へ反映することをめざす立場からは比例代表制が主張される。（加藤秀治郎）

バジョットの多数代表制論

　バジョットは『イギリス憲政論』（1867年）で多数代表制を主張した。比例代表制は死票が少ないなど魅力があるが、「長所をすべて無にするような欠点をもっている」として批判する。議院内閣制では「首相の選出」が最も重要な議会の機能なのだが、比例代表制はその「前提条件と相容れない」という。

　つまり、小党に分裂しては安定した政権基盤を生むという、議会の機能が果たしにくくなるという。多数代表制の「機能する多数派（ワーキングマジョリティ）」の形成作用を重視する立場である。

ミルの比例代表制

　ミルは『代議制統治論』（1861年）で比例代表制を主張した。多数代表制では大政党の候補ばかりが当選し、

「少数派はまったくといってよいほど代表されない」。これは、「事実上、選挙権の剥奪」に等しいことだとした。少数派をも含め、民意を鏡のように議会に反映させることが重要であり、それには比例代表制がよいというのだ。

　多数決は議会の内で行えばよいことであり、その前の選挙の段階でシャット・アウトするのは、民主主義の観点からは問題だとし、批判しているのである。

吉野作造の小選挙区制論

　わが国では戦前に吉野作造が小選挙区制を唱えている。民本主義で知られる吉野は、責任内閣の定着のためには、英国型の二党制がよく、そのためには小選挙区制を導入する必要がある、という立場であった。

▶ 09-03 〜 09-05

美濃部達吉の比例代表制論

わが国では戦前に、「天皇機関説」で知られる美濃部達吉が、比例代表制を主張した。政策中心の選挙を促し、政党政治の発展のためには、投票は政党への投票とするという比例代表制が良いとした。

美濃部達吉
(1873 – 1948)

09-04

多数代表制

選挙制度は、多数代表制と比例代表制に大別されるが、有権者の多数派の代表を議会に送る方式を「多数代表制」という。今日では小選挙区制が多い。「多数」といっても、相対多数でよしとするものと、絶対多数（過半数）を原則とするものがあり、後者ではフランスのように決選投票がなされるものがある。

(増田 正)

小選挙区制

小選挙区制とは、選挙区の面積が小さいもののことをいうのではなく、定数が1である選挙区を基本とした選挙制度のことである。

小選挙区制に対置されるのは、大選挙区制であり、定数2以上のすべての選挙制度のことを指す。したがって、わが国で「中選挙区制」（定数3〜5）とよばれていた衆議院の旧選挙制度も、大選挙区制の一種である。

普通、小選挙区制とよばれているのは、イギリスなどの「小選挙区相対多数制」のことで、選挙区で第1位となった候補者を基本的にその得票にかかわりなく、当選者とするものである。イギリスでは競馬になぞらえて「1着当選方式」と称される。

決選投票制

候補者の当選に対して、有効投票数の過半数を必要とする方式が「決選投票制」である。有名なのはフランスの小選挙区2回投票制である。ヨーロッパ大陸では、比例代表制が考案されるまで、この制度が多く見られた。有権者が多くなく、2回投票させるのも難しくなかったからであろう。

フランスの２回投票制

　決戦投票制のフランスでは、第１回投票で当選を決めるには、絶対多数をとる必要がある。しかし、決選投票に進出するための要件は、有効投票数の８分の１（12.5％）であり、決選投票に３人以上残ることがあり、まれに過半数を獲得しない者が当選することがある。小選挙区２回投票制はハンガリーでも一時採用されたが、現在は廃止されている。

優先順位付投票制

　絶対多数制には、フランスの小選挙区２回投票制のほかに、オーストラリアの優先順位付連記投票制（小選挙区制）がある。優先順位付投票制は、イギリスではAV（オルタナティブ・ボート）とも呼ばれる。

　有権者は当選させたい順に、候補者に番号をつける。最初の集計で過半数を獲得した候補者がいない場合、下位の者から第２位票を再配分し、当選者が出るまでこれを続ける。フランスでは投票を２度やっているが、オーストラリアでは２度目を想定して次善、三善の候補を１回目の投票で記していると考えると、理解しやすい。

完全連記式

　選挙区の定数が複数であっても、その定数すべてに対して、有権者が投票できる形式を「完全連記式」とよぶ。定数３なら３票を行使できる方式である。同一勢力への投票だけが行われる場合、小選挙区制（相対多数制）と同じ結果になる。多数代表制の一種だが、現実には、ほとんど採用されていない。

　また、選挙区の全定数ではなく、一部に限って投票させる仕組みを「制限連記式」という。わが国では、戦後、第１回衆議院選挙のみ、２名または３名の制限連記式で選挙が行われたことがある。

09 - **05**

比例代表制

　比例代表制は、個々の有権者の票を極力、議席に反映させるように考え、全体として票の分布を議会の議席に「鏡のように反映」させることを狙った選挙制度である。代表的論者はＪ・Ｓ・ミルである。、比例代表制の方式には、拘束名簿式、非拘束名簿式などきわめて多くのものがあり、細部はいろいろ異なっており、実態も多様である。　　（梅村光久）

▶ 09-05 ～ 09-06

比例代表制

各政党が獲得した票数に応じて、比例的に議席を配分する選挙制度。有権者の政党支持の分布状況など、有権者の多様な民意が、そのまま議席に反映されるように配慮した制度である。代表的提唱者はＪ.Ｓ.ミルであり、民意を鏡のように議会に反映させることを、「少数者の諸集団も、当然有すべき大きさの力を有するようになる」と強調している。(⇒09-02 選挙制度の類型)

比例代表制の特徴

比例代表制については、一般に次のような特徴が指摘される。

比例代表論者が「長所」とするのは、①集団の大小の規模に応じ、社会の諸集団の意思を議会に反映できる、②死票（議席に結びつかない票）を最小限に抑えられる、③新しい政党、規模の小さい政党の出現が容易である、などである。

逆に批判される「短所」は、①小さい政党が数多く議会に出現し、小党分立となる。そして議会での合意形成が困難となり、決定に時間がかかる、②拘束名簿式の場合、名簿順の決定者たる政党幹部に権力が集中する可能性がある、③選挙・当選手続きが複雑である、などである。

拘束名簿式と非拘束名簿式

比例代表制では、議席を各党に比例的に配分するのは同じだが、具体的に当選者を決定する方式にはいくつかのものがある。

主要なものは「名簿式」で、わが国の参議院・衆議院の比例代表制で部分的に採用されているのは、その一種である。名簿式は「拘束名簿式」、「非拘束名簿式」の二つに大別される。

拘束名簿式は、政党の作成した候補者名簿に当選順位が記載され、獲得議席数に応じて名簿の上位から当選者が決定される方式である。この場合、有権者は政党の選択しかできず、候補者を選ぶことはできない。衆議院は形式上、これを用いているが、小選挙区との重複立候補を認め、その場合、「惜敗率」で順位が決まるので単純ではない。

非拘束名簿式とは、順位がつけられた名簿のない方式である。参議院の比例区では、政党名のみならず候補者個人への投票が可能となっている制度であり、当選順位を個人票の多寡に委ねることを原則としているので、この方式である。

他に、「委譲式」といい、個人に投票し、多くとりすぎた同じ党の候補者の票を、同じ党の他の候補者に回し、全体としてみた場合に、各党が比例的に議席を得る方式がある。

ドント式の議席配分方法

比例代表制で各党が得た票数を比例配分し、議席数を決定する方法には、ドント式、ヘアー式、サンラグ式などがある。細部では異なるが、いずれも比例的に配分するものである。

わが国で採用されている「ドント

09 ≫ 選挙制度

図表9-5　ドント式の議席配分法

得票	A党 6,000票	B党 4,000票	C党 1,800票
1で割る	6,000①	4,000②	1,800⑥
2で割る	3,000③	2,000④	900
3で割る	2,000⑤	1,333⑧	600
4で割る	1,500⑦	1,000	450
5で割る	1,200⑨	800	360
結果	5議席	3議席	1議席

表の見方（9議席の場合の配分法）

（1）「1」で割った商、「2」で割った商
　……という具合に書いていく。

（2）商を見比べ、大きい数から、①、②、
　③……と書き入れる。これは何番目かの
　議席を示している。

（3）定数（ここでは「9」）のところ（⑨）
　まで来たら、やめる。

（4）取った議席を数える（ここでは、5、3、
　1議席となる。

〔出典〕『公務員試験 図解で学ぶ政治学』(実務教育出版、2011年）を基に作成。

式」の議席配分方法をみておく。まず、各政党の得票数を、整数（1、2、3、……）で割っていく。そして、その数値（商）の大きい順に、定数までの議席を配分していくという手順になる（⇒図表）。

09
選挙制度

09 - 06

主要国の選挙制度

　アメリカは上下両院とも小選挙区制だが、連邦制なので上院の定数配分は人口に関係なく各州2名で、下院は人口比例だ。大統領選は形式上、間接選挙だが、州ごとに勝った方が選挙人をすべてとる総取り方式だ。イギリスは小選挙区制、ドイツは5％の敷居のある比例代表制だ。フランス下院選は決選投票のある2回投票制で、大統領選挙も同様である。(井田正道)

■ アメリカ議会の選挙制度

　アメリカの連邦議会（上院・下院）で採用されている選挙制度は、両院とも小選挙区制である。上院は人口と無関係に各州定数2名で、6年任期であり、全体の3分の1ずつ改選される。州により6年に一度は上院議員を選ぶ機会がないこととなる。下院議員は2年任期で、全員が改選される。4年ごとの大統領選挙の中間の年には、議員その他の選挙だけとなり、これを「中間選挙」という。

　小選挙区制は第3党以下に不利な面があり、共和党、民主党以外の政党の力は弱く、他の党は議席がない。また、

113

下院では現職候補が圧倒的に有利な状況が続いている。資金面や知名度で現職が有利な立場にあるためだ。

アメリカ大統領の選挙制度

アメリカ大統領の選挙制度では、有権者は大統領選挙人に投票し、大統領選挙人が大統領を選出するというもので、形式は間接選挙である。ただ、選挙人は支持する大統領候補を明確にしており、実質的には直接選挙と同じだ。ただ、選挙人は州ごとにまとめて選出されることになっており、その州の一般投票で最多得票の側がすべての選挙人を獲得する「勝者総取り方式」である。形式上の間接選挙よりも、こちらが重要である。

各州の選挙人の数は、上院議員数（2名）と下院議員数（人口で比例配分）を合計した数である。当選には総数538の選挙人の内の過半数、つまり270人以上を得る必要がある。そのため、必ずしも有権者全体の一般投票で最多得票の候補者が当選するとは限らず、逆転現象が時にみられる。

イギリスの選挙制度

イギリスの上院（貴族院）は非公選なので、選挙は下院について行われる。小選挙区制で、労働党と保守党の二大政党制だが、アメリカと違い、第3党以下の政党も議席を有している。地域により第3党自由民主党や、地域政党が第1位になっているからである。

戦後の総選挙を概観すると、第1党は常に得票率よりも議席の比率が高く、過剰代表だとなっている。第3党は常に過少代表となっている。また二大政党の議席率の比は得票率の比の3乗に近くなるとする「3乗比の法則」が主張されてきたが、これがほぼ妥当してきた。

ドイツの選挙制度

ドイツの上院議員は州政府代表なので、選挙は下院（連邦議会）について行われる。採用されている選挙制度は、わが国では小選挙区比例代表「併用制」と呼ばれているが、単純な比例代表制に近く、「人物の要素のある比例代表制」などといわれる。

有権者は選挙区と比例区で、それぞれ投票する2票制である。小選挙区では候補者名、比例区は政党名で投票する。小党分立を回避するため阻止条項を設けており、政党が議席を獲得するには、比例区で5％以上の得票をしなければならない。

5％以上を得た政党につき、比例代表での得票率によって各党の当選者数が決まる。その各党の当選者枠に、まず小選挙区で1位となった者が優先的に入り、当選者となる。残りを比例代表の名簿の順に当選枠を埋め、当選者が確定する。

フランス下院の選挙制度

フランスの上院は、各自治体に割り振られた選挙人による間接選挙なので、一般の選挙は下院（国民議会）の議員

について行われる。小選挙区2回投票制という制度で、1位であればよいという相対多数ではなく、過半数（絶対多数）に近い所で当選を決めるものである。

第1回投票で過半数票を得た者があれば、その者を当選とする。いなければ、2回目の決選投票を行い、そこでの最多得票者が当選となるという方式である。第2回投票に立候補できる者は、1回目に12.5％以上の得票の者に限られる。実際は、2回目には政策の近い政党が連合し、右派と左派の有力2候補者の間での争いとなることが多い。

この小選挙区2回投票制のもとで勝つには、各党とも他の党との効果的な連合を形成し維持する能力が要求される。逆にいうなら、第1回投票の際に

は、各党がバラバラに戦っても問題がなく、二大政党化は生じにくい。多党制につながりやすいのだが、2回目の連携を考え、2ブロックになる傾向がある。

フランス大統領の選挙制度

大統領の任期は5年で、選挙制度の基本は、下院選と同じ2回投票制である。第1回投票で過半数の票を得た候補者がいない場合、上位2名で決選投票を行う。そのため1回目の最多得票者が決選投票で敗れることもありうる。議員の選挙では2回目の選挙は1週間後だが、大統領選挙では2週間後になされる。政党間の連合がこの間になされるが、実際には協力関係はほぼ事前に決まっている。

09 - 07

日本の選挙制度

長く中選挙区制という独自の選挙制度だった。複数定数の選挙区での単記制で、上位から当選という制度で、同士討ちが見られた。1990年代半ばに、衆議院は小選挙区制と比例代表制の並立制に変えた。参議院は都道府県を軸とする選挙区選挙と比例代表選挙だが、選挙区選挙に旧中選挙区制の要素が残っている。　　　　　　　　　　　　　　（真下英二）

小選挙区比例代表並立制

衆議院は小選挙区比例代表並立制である。1994年に導入され、翌年の総

選挙から採用された。小選挙区制を主とし、それに比例代表制を組み合わせたものだが、比例代表制は中小政党への配慮から、「旧中選挙区制からの激

変緩和」のためのものと説明された。

定数は当初、小選挙区300人、比例代表200人だったが、比例代表は2000年に180人に削減された。任期は4年だが、解散がある。比例代表では、全国を11のブロックに分割し、それぞれのブロックごとに各党の得票に応じて議席数がドント式で比例配分される。比例代表選挙は拘束名簿式だが、小選挙区と比例代表に重複立候補できる。

重複立候補

衆議院の比例代表選挙は拘束名簿式であるが、小選挙区の立候補者が比例代表の名簿にも登録して、重複立候補することができる。そして小選挙区選挙で落選した場合にも、名簿順位に応じて、比例代表で当選することが可能となっており、「復活当選」などと言われる。

惜敗率

衆議院の比例代表制は拘束名簿式なので、順位を予め決めておくのが原則だが、別の要素を加味しているため、実態はかなり異なる。つまり、重複立候補者については同一順位に並べることが可能であり、その場合は各候補者がそれぞれの小選挙区でどれだけ当選者に肉薄していたかによって、順位が決まる。

これを「惜敗率」といい、その候補の得票が、小選挙区の当選者（最多得票者）の得票数に対する割合のことで

ある。各党とも、同一順位に多くの候補者を並べているため、拘束名簿式ではないかのような印象を与えるほどである。

中選挙区制

並立制は1990年代中盤に政治改革の一環として採用されるまで、戦後の一時期を除き、戦前から採用されていたのが中選挙区制である。3～5の定数の選挙区で、単記制で順位を争う制度であり、中小政党でも下位には食い込め、当選が可能であった。少数派にもチャンスがあり、「少数代表制」などと呼ばれていた。だが、民主主義の観点からすると、理念は不明確であった。（⇒07-09 戦後日本の政党制）

また、中選挙区制では大きな政党が単独政権を獲得するには、同一選挙区で複数の当選者を出さなければならず、同じ党の候補者が争う「同士討ち」が避けられなかった。選挙は政策以外での争いとなって、候補者によるサービス合戦の様相を呈し、政治腐敗の温床となっていた。次第に中選挙区制に対する批判が高まり、選挙制度が改められることとなった。（⇒09-02 選挙制度の類型）

参議院の選挙制度

1983（昭和58）年から参議院の選挙制度は、選挙区選挙と比例代表選挙とを組み合わせた方式である。選挙区選挙は主に都道府県を基準に選挙区が設けられ、それぞれ人口に応じ、改選

09 ≫ 選挙制度

1～6人が単記制で選出される。比例代表は全国を単位になされ、選挙区選挙との重複立候補はできない。

比例代表は当初、拘束名簿式だったが、非拘束名簿式となった。だが、特定枠が設けられたため、単純ではない。定数は、選挙区選挙が152から146へ削減され、比例代表選挙は100ら96となっている。合計では252議席から242議席になった。

参議院の非拘束名簿式

参議院の比例代表は当初、政党名のみの投票とされており、予めつけられた順位で当選が決まっていた（拘束名簿式）。2001年の改正でこれが改められ、政党名でも候補者個人名でも投票できるようになった。政党の中での順位は予め決められておらず、個人名得票の多い順に当選となる（非拘束名簿式）。

ただ、2019年から、各党の判断で「特別枠」を設けられるようになった。選挙区の合区で選挙区を失った候補者を救済するため、比例代表に特別枠を設けることが可能となった。一部の党で利用され、予め上位とされた候補者が当選したので、拘束名簿式の要素が再び入る結果となった。

全国区

かつて参議院では、地方区とよばれていた現在の選挙区選挙と並んで、全国区制が採用されていた。改選50人を、全国を選挙区として単記制で選ぶものであった。学識経験者や職能代表的議員を選出することを目指すものとされていたが、次第に組織へ依存が高まり、選挙費用が増大したり、政治以外の分野で知名度が高い「タレント候補」の乱立などを招いたりするなど、批判を浴びるようになった。このため1983年に比例代表制が導入された。

09
選挙制度

column

政治学関連の要注意の英単語　3

● parliamentary system

　対比的な言葉が近くに出てくる場合は間違えないだろうが、そうで
ない時にはエライ先生方も間違いかねないのがこの単語。大統領制と
の対比の場合は、「議院内閣制」と訳してほしい。「議会制」などでは
曖昧だし、「代議制民主主義」では誤訳となる場合がある。

● liberalism

　国により意味がかなり違う言葉は少なくないが、さしずめこの言葉
など困ってしまうほど、多義的だ。西欧では、今も中道的なニュアン
スで使われるから、日本語では自由主義として良い場合が多いが、ア
メリカでは左派を指す言葉に限られ、主に政府の経済介入を認める立
場に使われるので、「リベラリズム」などとカタカナ書きで区別され
る傾向がある。

　そのように米語の文脈では、リベラルは「進歩的」といったほどの
意味で使われるので、そのまま「リベラル」と書き、自由主義的とか、
自由主義者としない方がよい場合が多い。政府の経済介入を制限する
立場は、「ネオ・リベラル」と別に呼ばれる。

（加藤秀治郎・永山博之）

10 ≫ 投票行動

10 - 01

初期の投票行動研究

有権者がどのように投票の意図を形成し、どう行動するかを投票行動という。ここには棄権も含まれる。この領域研究はアメリカで発達してきた。ラザースフェルドら、コロンビア大学のグループが社会学的研究を始めたのが発端である。次いでキャンベルら、ミシガン大学のグループが社会心理学的に発展させ、政党帰属意識に着目した。　（前田壽一）

コロンビア・グループ

コロンビア大学のグループは、宗教、社会・経済的地位、居住地域など有権者の社会学的要因（社会的属性）と投票行動の関係を分析し、大きな成果を上げた。この研究は、1940年の大統領選挙のときに、ラザースフェルドやベレルソンが行ったエリー調査に始まる。

プロテスタントの高い地位にある、郊外の裕福な家に住む人はまず共和党の候補に投票するのに対して、カトリ

ックの貧しい都心のスラムに住む黒人が民主党へ入れる、というように分析していくものであった。

パネル調査

コロンビア・グループの分析では、一度きりの調査ではなく、同じ調査対象者(サンプル)に、数回の面接をする方法が用いられた。これをパネル調査という。投票がいつ、どのように決定されるのかを、変化も含め、詳しく解明するためである。

調査から以下のようなことが分かった。①キャンペーン以前に投票意思が決まっている人が約半数を占め、選挙戦終盤まで意思が固まらないのは少数である。②キャンペーンの効果は、予め有する投票意図を強める補強効果が主であり、投票意図を変えさせる改変効果は少ない。③同じ有権者に別々の異なる影響が及ぶ場合、投票の決定が遅くなる傾向がある。これを「交差圧力」という。

交差圧力

コロンビア・グループの研究から明らかにされた仮説に交差圧力(クロスプレッシャー)がある。カトリックだと民主党支持になりやすいが、郊外の裕福な家に住む場合、共和党にも近くなる。このように、相反する影響が同じ有権者に及ぶ場合、投票の決定が遅くなる傾向があるというのである。投票行動に影響する諸要因の間に非一貫性がある場合、圧力が交錯(クロス)していると考えられるのであり、これを「交差圧力」というのである。

ミシガン・グループ

キャンベルらミシガン大学のグループは、1956年の大統領選挙の際に社会心理学からの分析を進めた。社会的属性からのみ投票行動を説明するコロンビア・グループを批判し、社会的属性と行動を媒介する心理的要因を重視していった(⇒図表)。

図表10-1 投票行動のモデル

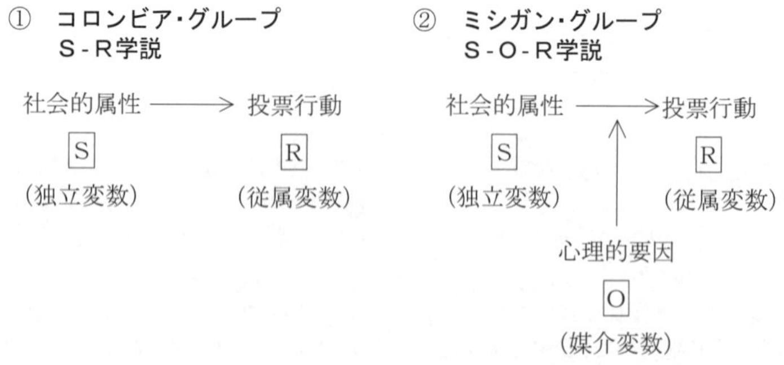

① コロンビア・グループ
　　Ｓ‐Ｒ学説

社会的属性 ——→ 投票行動

　Ⓢ　　　　　　　　Ⓡ

(独立変数)　　　(従属変数)

② ミシガン・グループ
　　Ｓ‐Ｏ‐Ｒ学説

社会的属性 ——→投票行動

　Ⓢ　　　　　　　　Ⓡ

(独立変数)　　　(従属変数)

心理的要因

Ⓞ

(媒介変数)

似たような社会的属性でも個人差があり、それだけではうまく説明できないからだ。個々の有権者の政党との結びつきを「政党帰属意識」（政党支持態度）と呼び、この要因を中心に投票行動が分析された。

彼らはまた、政党帰属意識の発達過程を次のようにとらえた。政党帰属意識は、未成年期における両親の影響を主要な源泉として形成され、生涯にわたり、持続される傾向がある。また、成人後は投票経験を蓄積するにしたがい、より強化される。このような理論は、ミシガン・モデルや政党帰属意識モデルと呼ばれ、投票行動理論で古典的地位を占めるに至った。

政党帰属意識

ミシガン・グループは、個々の有権者の政党との結びつきを「政党帰属意識」（政党支持態度）（パーティ・アイデンティフィケーション）として捉え、この要因を中心に投票行動を分析した。日本でいう「支持政党」を精緻化したものといってよい。例えば貧しい黒人の高齢者には、予想外に共和党支持者が多いが、これは「黒人解放の父・リンカーン」の党が共和党だから、共和党に一体感を感じ、共和党の候補に入れるというパターンである。

(⇒ 11-01 政治意識・政治的態度)

---

10 - 02

投票行動理論の新展開

アメリカでは政党を基準とする投票行動から、1960年代に争点重視の投票へ変化が見られた。ただ、ベトナム戦争など当時の問題を反映していた面があり、その後は業績投票モデルが唱えられた。経済を中心に、現政権を評価するなら与党へ、しないなら野党へ、という投票だ。下院については候補者への評価が投票を分けるとする説も有力だ。　（井田正道）

争点投票モデル

1960年代中盤から、アメリカ人の投票行動は顕著に変化した。ナイ、ヴァーバらは、時系列分析をもとに、政党を投票基準とする政党投票から、政策争点を基準とする争点投票への変化を指摘した。政党間、候補者間で意見の対立する政治問題にもとづく投票である。

背景の第1は、有権者の政党離れである。「強い政党支持者」が減り、無

党派層が増大した。また、民主党支持でありながら共和党に投票するような「逸脱投票」が増大した。第2は、投票行動での争点志向の増大である。候補者評価の基準として、所属政党をあげる有権者が減り、争点をあげる有権者が増大し、争点態度と投票行動との一致率が増大した。

だが、争点投票は1960年代という時代状況の産物の面があった。ベトナム戦争や人種問題の噴出といった争点が国民の関心を喚起したことに起因するところが大きかったのである。

業績投票モデル

1970年代中盤になると、争点投票モデルは有効性を低下させたが、50年代のように政党投票に戻ることもなかった。そのなかで注目を集めたのが、フィオリーナのいう業績投票モデルであった。投票行動は個々の政策争点に基づくよりも、現政権の業績を回顧し、それに対するラフな評価によって決定されるというものである。

業績評価の内容で比較的重要性が高いのは、景気状況に現れる経済面での業績である。景気が上昇し、現政権の業績に肯定的なら与党に投票し、景気が悪化し、経済政策に否定的なら野党に投票する、というものである。経済面が重視されるのは、アメリカでは外交問題よりも内政問題を重視される傾向があるからである。また、過去の業績の評価は、未来における業績期待を規定する。過去の業績に肯定的なら、未来における高い業績期待につながりやすい。

ただ、フィオリーナは、ミシガンの政党帰属意識モデルを全否定せず、業績評価を政党帰属意識モデルに組み入れる立場をとっていた。

個人投票モデル

個人投票モデルは、下院選挙での投票行動につき、ケイン、フェアジョン、フィオリーナが提唱したもので、現職候補者個人に対する業績評価が、投票を決定するという理論である。下院選挙では、党派を問わず現職候補が断然有利な状況が続いているが、それは選挙活動と選挙民サービスに関して現職が挑戦者に対して有利な立場にあることを示すと考えられる。そのような状況が有権者に、現職に対する肯定的評価を抱かせ、さらには現職に対する業績期待にも結びついているとするのである。

10 ≫ 投票行動

10 - 03

日本人の投票行動

　まず政党支持態度との関連が分析されてきた。だが政党が英米ほど社会に根を下ろしておらず、固定的支持は少ない。多少の幅をもって投票先を決めているとされる。政党制が大きく揺らいでからは無党派層が急増している。旧中選挙区制の影響が残り、政策との関連はやや弱い。自民支持は農林漁業や自営で多く、高齢者ほど強い。　　　　　　（井田正道）

政治的態度

　アメリカの投票行動研究で重要なのは政党帰属意識だったが、わが国の類似概念は政党支持態度である。一般にいう「支持政党」に近く、その重要性は確認されているものの、投票行動を規定する要因としては、英米ほど強くはない。英米のような伝統的な二大政党制ではないので、安定性を欠くのである。三宅一郎は、日本人の政党支持が英米のように一つの政党への固定的な支持というよりも、複数の政党に選択の可能性があることに注目し、「政党支持の幅」仮説を提示している。有権者は、許容範囲にある政党の中から選んで投票しているというのである。
（⇒11-01 政治意識・政治的態度）

無党派層

　わが国では、政党制が大きく揺らいだ1990年代に、支持政党をもたない「無党派層」が増大し、近年ではおよそ5割に達している。脱政党時代ともいわれ、選挙ごとに投票を変える「浮動層」の割合が増えている。近年はわが国でも投票行動に対する政党支持態度の規定力は減退している。

　無党派層の増大は、職業別でも年齢別でも、あらゆる層にみられる。国際的には冷戦構造の崩壊、国内的には自民党分裂と相次ぐ新党結成、そして政党制の不安定が、大きな原因とされる。
（⇒10-05 無党派層）

旧中選挙区制の影響

　1993年の総選挙まで衆議院で続いた中選挙区制では、政党中心の選挙というよりも、個人後援会を中心的主体とした候補者個人本位の選挙運動スタイルが発達した。その後、小選挙区比例代表並立制が採用され、政党重視の投票者が若干増加した時期もあったが、小選挙区の選挙では人物本位の選択という面が色濃く残っている。

　また、中選挙区制では長い間、選挙

▶ 10-03 ～ 10-04

戦が候補者や政党の抱える諸組織の間の闘いという色彩が濃かった。業界利益や地元利益の誘導が、当選のための重要な要因となっていたのであり、政策争点が投票行動に及ぼす影響は小さかった。

徐々に変化が生じ、1970年代後半以降、政治倫理や税制改革が主要争点となると自民党が議席を減らすという結果がみられた。消費税率引き上げなどをきっかけとし、景気悪化の懸念から、自民党が敗れることもあった。業績投票理論に近い結果とみることもできる。

ただ、新選挙制度の下でも、時期により多様である。政党重視が強まってはいるが、総じて投票行動が一変したとは言いにくい状況である。

社会的属性と投票行動

社会的属性と投票行動との関係では、職業、年齢の重要性が指摘できる（非自民が流動的なので、民主党⇒民進党の流れにつき述べることとし、民主党と書く）。

自民党は特に農林漁業者に強く、自営業者からも高い支持を得ている。他方、民主党は被用者、とりわけ事務職や専門・技術職に比較的強い。そのため自民党は農村部で圧倒的な強さを誇り、民主党は被用者の多い大都市部で強い。

年齢については、年齢が高いほど自民党の支持率が高い。それに対して、民主党は20歳代から50歳代あたりの現役世代で比較的支持が高い。年齢が高いほど保守化するとともに、生活の拠点が職場から地域に移行し、地域に根ざした個人後援会の強い自民党議員の支持者となる、といった点が指摘される。

10 - 04

アナウンスメント効果

選挙で投票の前に、結果についての予想が公表されると、それに影響される人が出てくる。泡沫候補とわかれば、投票してもムダだと思い、入れない。公表（アナウンス）による効果として注目されているが、日本でも、当落線上と思われると支持が増えるなどといわれる。メディア環境の変化とともに再注目されつつある。 （佐々木孝夫）

アナウンスメント効果

投票行動におけるアナウンスメント効果とは、候補者や政党の状況に関す

る何らかの情勢報道が、有権者の投票意図や、実際の投票行動に何らかの変化をもたらすことをいう。

一人しか当選しないなら、勝ちそうな方に入れる「勝ち馬」効果（バンドワゴン、楽隊車）が有名だ。また、「負け犬」効果（判官びいき・アンダードック）など、同情が有権者の投票行動に影響を与えるとも語られてきた。

旧中選挙区制の下では、情勢報道が「当落線上」と報じられた候補者に予測以上の票が集まる、との分析がなされた。ただ、確定的なことは言えない状況にあった。また、政党を単位として、マスコミが「自民党単独過半数の勢い」と報じると、自民党に入れるつもりだった人も他党に入れたりするなどとも語られた。

ただ、近年はインターネットの登場により旧来の新聞・テレビだけでは予測できない変化が次第に生じているものと思われる。

予測公表の禁止

諸外国では、このアナウンスメント効果の影響を問題視し、投票日前の世論調査に規制をかけている国もある。世界世論調査協会によれば、フランス、ロシア以外にも2017年現在79カ国以上で禁止期間が設けられている。世論調査協会によれば、フランス、ロシア以外にも、2017年現在79カ国以上で禁止期間が設けられている。

図表10-4 中選挙区でのアナウンスメント効果
（予測順位と得票順位との差の大きさ）

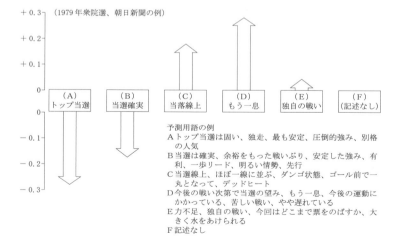

予測用語の例
A トップ当選は固い、独走、最も安定、圧倒的強み、別格の人気
B 当選は確実、余裕をもった戦いぶり、安定した強み、有利、一歩リード、明るい情勢、先行
C 当落線上、ほぼ一線に並ぶ、ダンゴ状態、ゴール前で一丸となって、デッドヒート
D 今後の戦い次第で当選の望み、もう一息、今後の運動にかかっている、苦しい戦い、やや遅れている
E 力不足、独自の戦い、今回はどこまで票をのばすか、大きく水をあけられる
F 記述なし

10 - 05

無党派層

無党派層とは、特定の支持政党をもたない有権者層、「政党支持なし層」である。世論調査で「あなたはふだん何党を支持していますか?」などと問われたときに、「なし」と回答する有権者のことである。近年の日本では、無党派層が最大勢力となっており、有権者の5割から6割程度を占めている。

(石上泰州)

日本における無党派層の推移

時事通信社の長期にわたる毎月の世論調査によると、戦後、無党派層は緩やかに増加し、1970年代後半以降は3割程度の横ばい状態が続いていた。しかし、1990年代になると無党派層は急増して、5割から6割程度を占めるようになった。政党支持率は、最も高い政党(ほとんどの場合は自民党)でも3割程度のことが多いので、無党派層は、支持率が最も高い政党を大きく引き離す「第1党」という状況が続いている。

ただ、世論調査の質問の仕方などによって、「政党支持なし」と回答する割合はかなり違ってくることもあるので、無党派層の割合については、注意が必要である(調査を実施した新聞社やテレビ局ごとに「支持なし」の割合が大きく違うことが多い)。(⇒10-03 日本人の投票行動)

無党派層の増加の背景

無党派層は1993年の自民党分裂以降、急増したが、政党の離合集散が活発になり、基本政策を変更する政党も現れたことなどから、従来支持していた政党から離れていった有権者が増えたことによるものと考えられる。その後、政党再編は一段落したが、一度政党から離れた有権者はなかなか戻らず、無党派層が5割から6割程度を占める状況が続いた。

無党派層の類型

政治学者の田中愛治は、無党派層を「政治的無関心層」「政党拒否層」「脱政党層」の三つに分けている。

①「政治的無関心層」は、そもそも政治への関心が低く、投票に行くことも少ないような有権者である。②「政党拒否層」は、政治への関心はあるものの、支持政党はもたない有権者である。③「脱政党層」は、かつて支持政党をもっていたものの、1993年の政党再編以降に政党支持を捨てて無党派になった有権者である。

90 年代以降の無党派層は、政治的無関心層が約 3 割、政党拒否層が約 4 割、脱政党層が約 3 割を占めるという。

無党派層の属性

無党派層が多いのはどのような属性の人か（近年の明るい選挙推進協会の世論調査結果による）。性別では男性よりも女性の方が無党派の割合が比較的多い。年齢では基本的には若年層ほど無党派層が多い傾向があるが、18歳・19歳は、20代、30代よりも少ない。居住する都市の規模では、かつて無党派層は大都市部で多く、町村部で少ないという顕著な傾向がみられたが、最近では町村部における無党派層が増加したため、都市規模による差異は縮小している。

無党派層の政治的影響

かつて無党派層は、政治への関心が低く、投票にも行かないような有権者（「政治的無関心層」）が多いとされていたので、政治的にはさほど重要視されなかった。しかし最近では、無党派層の中には、政治への関心も高く、投票に行く者も多くなっていると考えられ、その動向が選挙の結果を大きく左右するようになっている。

そのため、政党にとっては、自らの支持層を固めるだけでなく、無党派層からの支持を得ることが、政権を獲得するための重要な要素になっている。もっとも、自らの支持層の利益と無党派層の期待とは時に衝突することもあり、どちらに重点をおくべきか、政党にとっては悩ましい問題でもある。

10 - 06

合理的選択論

人は自分にとって効用が最大となると信じる選択をする、という前提から社会現象を分析するものを、広く合理的選択論という。経済学に始まるが、ダウンズなどにより、政治現象に適用された。今日の政治学では有力な理論となっている。ここでは、投票に行くか棄権するかの面に絞って、合理的選択論に基づく解釈を提示する。　　（井田正道）

合理的選択論

合理的選択論は、人が自分にとって効用が最大となると信じる選択をする、

という前提に立って広く社会の現象を扱う理論で、合理的選択理論ともいう。

経済学での発達を受けて、政治学にも導入され、今日では政治学での有力

な理論となっている。個人を単位に行動を分析するので、方法論的個人主義に立つものとされる。

その本質は、複数の行動から選択できる余地がある場合、人は自分の効用が最大化すると考えるものを選択する、との観点から分析する点にある。ただ、効用の評価はあくまで主観的なもので、本人の有する情報量に制約されるとの観点に立つので、その人の選択が客観的な合理性を実現する、といったことをいうものではない。

投票参加のコスト

有権者の投票参加を合理的選択論から考える場合、棄権することがその有権者の効用を最大にする場合は、投票せずに棄権することが合理的となるので、合理的棄権という概念が成り立つ。この問題を扱ったダウンズは、合理的有権者は投票から得られる効用がコストを上回るならば投票し、そうでなければ棄権することになると論じた。

そこでは、投票参加のコストと効用の内容は何かが、まず問題となる。ここでいうコストには、狭い意味の費用だけでなく、時間と労力も含まれる。投票は国民の権利であり、投票に参加する費用は徴収されないため、投票それ自体の費用はゼロである。だが、車で投票に行く場合の燃料費のような費用が発生することが考えられる。

時間では、投票所と自宅との往復時間、投票所での待ち時間などがある。労力に関しては、投票所までの距離、天候、本人の体力によって異なる。雨

の日の投票率が下がる場合、投票所に行くコストが高いと考えられる。高齢者は体力的に投票コストが高いと思われる。また一般に、支持政党のある者の方が、無党派層よりも投票率が高いが、それは投票を決めるために情報を得る時間や労力の違いによるものと考えられている。

投票の効用

投票から得られる効用とは何かだが、合理的選択論では、効用を量化するのに適するのは経済的利害であることもあって、効用の主たるものは経済的利害とされている。消費税の導入や年金制度の変更で、不利益をもたらすと認識されると、それを阻止するような投票がなされるのである。自分の地元や自分の職業利益にプラスをもたらすと考える政党に投票するのも、効用である。「どの政党も同じで違いがわからない」という人の棄権が高くなるのは、政党選択での自分への効用の評価が困難で、効用が低くなるからである。

投票率の低下

近年、多くの先進諸国では投票率が低下の傾向にあるが、合理的選択論では例えば、その背景は政党の変化にあるとされる。今日では社会が複雑化したことにより、かつての階級制政党のように大括りにしたアピールが減り、政党は包括政党化し、あらゆる階層にアピールするようになった。

このことが、投票者の認識次元で、

政党間差異の縮小を生じさせ、その帰結が投票率の低下現象であるという見方が成り立つのである。

政党側にすれば、大きな政党が幅広く各層にアピールするのも、政権獲得を目的とした場合の合理的選択として分析できる面がある。

column

政治学関連の要注意の英単語　4

● constitution

　ふつう、「憲法」と訳すことが多いが、この語は法規である「憲法典」を指す場合と、統治機構の構成、統治機構の各部（例、立法部、行政部、司法部）の間、各部内の諸機関の関係などの「国のしくみ」を指す場合がある。憲法典の意味であれば憲法と訳してよいが、国のしくみの意味であれば、国体、政体、または政治体制などの訳語を採るべきである。

● balance, parity

　バランスや均衡を意味する言葉はいろいろあり、単純でない。権力分立でのチェック・アンド・バランスは、ほぼ「抑制と均衡」でよいが、国際政治では単純でない。よく言われる「勢力均衡」はバランス・オブ・パワーであり、「パワー」の均衡を図る政策を言う。バランス（均衡）に配慮する政策ということである。その先で「パワー・バランス」という場合は、力関係のような意味であり、二国や二グループの、均衡だけでなく、較差ある状態も含んでの力関係である。

　ここでの「バランス」は、「てんびんにかける」との意味に由来し、「収支バランス」などと同じで、均衡ではない。「ミリタリー・バランス」も同様だ。そのような関係の場合には、バランスが均衡状態にある場合につき、パリティ（parity）という別の用語をあてて呼び分ける。較差も含めた関係（バランス）につき、均衡状態をパリティとし、誤解が生じないようにしている。

（加藤秀治郎・永山博之）

11 - 01

政治意識・政治的態度

　日本でいう「政治意識」の研究領域は、欧米では政治的態度、価値観などとして論じられる。社会心理学の影響を強く受けており、投票行動研究で発展した。特に「政党帰属意識」が重要であり、その規定要因など、研究されている。党派心の弱体化傾向のなか、争点態度や候補者評価が焦点となってきている。　　　　　　　　　　　　　　　　　　　　　　　　（富崎 隆）

政治意識

　政治意識は一般に、政治的な事柄に対する人々の心理的な態度や意見、選好をいう。欧米の政治学で政治意識(コンシャスネス)という概念が使われることは稀だが、日本語の政治意識は一般の言葉として定着していることもあって、学術的にも多く使われる。政治的態度、信念、価値観、見解など、さまざまな政治的な心理的傾向の総体をいうものであり、包括的で有用な概念と考えられている

のであろう。

政治意識の構造

政治的意見、態度、価値観については、理論上の規定関係や安定性の観点から、層をなしているものとされることがある。変化しやすい個別的な「意見」、やや安定的な心理的傾向たる「態度」、基底的で変化しにくい「価値観」を、包括的構造として捉えるものだ。

①政治的意見は、比較的短期に変動しやすい、政治的問題に対する、その時々の人々の政治的見解で、個々の争点に対する賛否、内閣への支持などである。②政治的態度は、政治的対象に対する一定の安定的な心理傾向で、政党帰属意識や、政治的有効性感覚や政治的関心・無関心など、政治一般に対する態度である。③政治的価値観・政治的イデオロギーは、さらに基底的で変化し難いと考えられる心理的傾向であり、「○○主義的価値観」など、政治的意見・態度が構造化し、一定の体系性を示している状態をいう。

政治的態度

政治的態度の概念は、社会心理学の社会的態度の概念を政治的側面に適用したものである。社会的態度は社会心理学の中心概念で、オルポートは「精神的・神経的な準備状態であり、経験によって組織化され、関係するすべての対象や状況に対する個人の反応に直接的あるいは動的な影響を及ぼすもの」と定義している。この定義にある

ように、行動の準備状態とされ、社会的行動と関連づけて論じられてきた。政治的態度も政治行動と連続するものとされ、その研究は投票行動研究と共に発展してきた。(⇒10-03 日本人の投票行動)

政党帰属意識

アメリカの投票行動の研究の中で、キャンベルら初期のミシガン学派は「政党帰属意識」(PID)の概念を発展させた。人々は比較的若い頃から、自分を共和党派、民主党派、無党派のいずれかであると意識するようになるとし、それが政治的態度・行動の基盤になっているとしたのである。PIDは、「特定政党との心理的一体化から生じる当該政党への愛着感」と定義され、アメリカにおける投票行動を規定する最も重要な政治的態度変数とされた。

日本でも、「政党支持態度」という概念が重要な政治的態度変数として扱われた。ただ日本では政党制が安定しないこともあって、一般にアメリカより安定性に欠けると指摘されてきた。また、こうした党派心は先進国において弱体化する傾向が多く見られる。(⇒10-01 初期の投票行動研究)

政党帰属意識の規定要因

政党帰属意識を規定する要因として、職業階級への帰属意識など、社会集団帰属意識が重要なものと指摘されてきた。国により相違もあり、アメリカでは「自分はアフリカ系である」という

11 ≫ 政治意識

自己認識など、さまざまな社会集団への帰属意識が重視される。

イギリスでは、主として職業に基づく労働者階級・中産階級への帰属意識が、党派心や投票行動を規定する重要要因となってきた。欧州大陸諸国では言語・宗教・階級などの社会的亀裂（クリーヴィッジ）が重要な集団帰属意識として作用してきたとされる。

▌争点態度・候補者評価

アメリカでは 1970年代以降、党派心や社会集団帰属意識が弱体化する傾向が生じ、そのなかで、時々の政策争点や、大統領・議員の候補者に対する認知・評価が重要になってきたと言われる。特に投票行動の研究で、争点評価、候補者評価が投票行動を規定する上でより重要になってきたという議論がなされてきた。

---

11 - 02

政治的価値観

人々の政治的意識の基底にあって、個々の政治的意見・見解を規定するものが政治的価値観である。イデオロギーや信条体系ともいう。右派・左派が良く知られる次元だが、心理的な次元を加えたモデルが調査から引き出されている。アイゼンクのモデルが最も有名で、硬い心、柔らかい心の次元が加えられた。

（富崎 隆）

▌政治的価値観

広義の政治意識はいろいろな要素からなるが、「政治的価値観（ヴァリュー）」、「政治的イデオロギー」「政治的信念体系（ビリーフ）」という場合、政治意識のなかでも基底的なものが考えられている。個別の政治的意見や態度より、基底的なもので、変化し難い心理的傾向が想定されている。個人のさまざまな政治的意見や態度の間に、ある程度の一貫性・体系性・

安定性が存在する場合、それらを規定する基底的心理傾向、政治的価値観が想定されているのである。

コンバースは、信念体系を「個人のさまざまな意見や態度がある種の規定関係によって結び合わされている状態」と定義している。またダウンズは、イデオロギーを「よい社会のイメージ、およびそのような社会を建設する主要手段に関する言葉によるイメージ」と定義している。

▶ 11-02 〜 11-02

政治的価値観の調査・分析

個々の人が、例えば「自分は保守主義者だ」とか「私は自由主義者だ」などと意識することは、まれである。政治的価値観・イデオロギーは、さまざまな質問調査の結果として、大きくまとめられる心理的傾向であり、そうしたものとして分析されるだけである。

具体的には、さまざまな政治的意見・態度について分析（因子分析など）を加え、そこから抽出される次元を、ある種の価値観・イデオロギー尺度であると解釈する。政治的価値観はその意味で、さまざまな政治的意見・態度の「束」であるといってよい。

左右軸

人々の政治的価値観・イデオロギーを比較するとき、一般には左右軸上に位置付けられることが多い。その内容は時代や国によりさまざまに異なるが、通常は経済的、政治外交的、社会文化的な左右軸に分類される。

経済的左右軸では、一般に右派が資本主義・自由市場経済に肯定的で政府の経済介入を警戒し、小さな政府を指向するのに対し、左派は市場経済に否定的で再分配と計画経済を積極的に肯定し、大きな政府を指向する。政治外交的左右軸では、国家主権を重視し、外交安全保障の軍事的側面を肯定的にみる右派に対し、国際協調を重視し、外交安全保障の軍事的側面を否定的にみる左派が対峙する。社会文化的左右軸では、右派が家族、教会、王朝などの伝統社会がもってきた価値観を保持・復活することに肯定的であるのに対し、左派は伝統的価値観をむしろ拘束とみなし、一般にそれに否定的という特徴を持つ。

アイゼンクのモデル

イギリスの社会心理学者アイゼンク

図表11-2　アイゼンクのイデオロギー図式

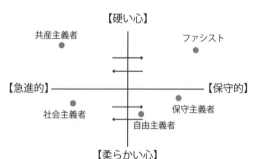

〔出典〕永井陽之助「政治意識」（篠原一・永井陽之助編『現代政治学入門』有斐閣、1965年）、p.32等を参考に作成。

は、人々のイデオロギーを分析するのに、左右軸以外の重要な要素を考慮する必要があるとした。伝統的な左右対立軸である「保守的vs.急進的」とは独立に、「硬い心vs.柔い心」の心理的対立軸があるとし、この二つの軸が交差する二次元図式を提示した。

「右翼―左翼」では、ファシスト・保守主義者・自由主義者・社会主義者・共産主義者の順に並ぶが、そこで対極に位置づけられるファシストと共産主義者は、硬直的心性（硬く、排他的な傾向）では共通する。そして、心理的傾向では最も対照的な柔軟な心性をもつのが自由主義者とされた。また、左右軸に沿ったイデオロギーの転換はあり得るが、硬直的心性から柔軟な心性への転換は生じがたいとした。そこでは、急進的共産主義者・極左から、ファシズムや急進的復古主義者・極右への「転向」がよく説明できる。

イングルハートのモデル

価値観の対立軸も、時代により変化している。イングルハートは豊かな先進民主諸国で、新しい「脱物質主義的価値観」が主に若年層の間で増大しているとの仮説を提出した。

工業化以後の「豊かな社会」の下で成長した先進諸国の若者が、経済的・身体的安全を求める旧世代の物質主義的価値観から離れ、帰属・評価・自己実現への欲求を重視する脱物質主義的価値観に傾いてきているとした。そして、そこに新しい価値観対立軸が生じつつあるとしたのである。

キッチェルトのモデル

近年では、キッチェルトが欧州における新しいイデオロギー対立図式を提示している。従来の「資本主義的政治vs.社会主義的政治」の対立軸に加えて、新しい「リバタリアン政治vs.権威主義的政治」の対立軸を加えた二次元のイデオロギー図式である。個人的自由を徹底して求める側と、それを抑制的に考える軸である。

column

政治学関連の要注意の英単語　5

● deterrence

　「抑止」を意味し、国際政治や安全保障で頻繁に使われる。相手国（またはグループ）に対し、自らが望まない行動を自制させる意味である。講義のなかでは学生に、試験での不正行為をさせない、自制させる、という意味と説明する。好機があればやりかねない不正行為を、コストの高いものにすることで自制させるということだ。

　広い意味では、相手に強制（coercion）するのだが、何かをさせるということではないので、日本語では強制に類する言葉では適切ではない。抑止に対して、相手に何かをさせるという場合については、強要（compellence）と言い分けられる。正確に理解しておきたい。

（加藤秀治郎・永山博之）

12 » 政治過程と政策過程

12 - 01

政治過程の発展

　政治過程論は、政党、世論、圧力団体、選挙・投票行動など、動態的な政治現象を対象とし、20世紀にアメリカで発展した。創始者ベントレーは『統治過程論』で、政治制度の静態的研究への批判から政治過程に着目した。後にトルーマンがそれを発展させた。その後、政治過程をステージに分け、詳細に分析する政策過程論も生まれた。　　　　（中村昭雄）

ベントレー

　政治過程論は、20世紀初頭にアメリカの政治学者ベントレーが『統治過程論』（1908年）を著したことに始まる。彼は「アメリカ政治は利益集団間の利害の対立と相互作用、政府による調整の過程である」と述べ、政治社会での集団の権力闘争を実証的に分析した。19世紀までの政治制度の形式的な研究（制度論的政治学）を「死せる政治学」と厳しく批判し、政治現象、

▶ 12-01 〜 12-02

集団現象の実態を分析しなければならないとした。政治研究に社会学的な視点を導入したものといえる。(⇒17-02 現代政治学)

トルーマン

ベントレーの政治過程論は長い間注目されなかった。それを再発見・評価したのは、トルーマンの『政治の過程』(1951年)である。トルーマンらの政治過程論は、公共問題をめぐる利害の対立、調整、合意形成を分析するもので、集団や社会全体を扱うのでマクロ政治学ともいわれる。政党、世論、圧力団体、選挙・投票行動といった政治現象などが研究対象である。

政策過程論

行政国家・福祉国家を背景に、1950

年代にアメリカで政策の研究が本格化した。1960年代に政策科学、公共政策分析、政策分析など新しい分野が盛んになり、政治を政策の視点から捉え直す動きが出てきた。政治の過程を公共政策の決定過程として分析するもので、政策過程論という。

政策過程論は、政策過程を各ステージに分けてアクターを論じたり、政策の類型による相違に着目して類型化(モデル化)したりするなど、政治過程論よりも詳細に分析する。政治過程論と政策過程論は、対象が重なる部分があり、厳密に区別するのは難しいが、政治過程論がマクロ的(巨視的)な視点が強いのに対して、政策過程論はよりミクロ的(微視的)に分析する点に特徴がみられる。近年の用語法では政策過程論の方が多く使われる傾向がみられる。

---

12 - 02

コーポラティズム

北欧諸国など、巨大な利益集団が政府の決定に強く参加・編入されている場合があり、コーポラティズムや団体協調主義という。特に政府・労組・経営者団体の三者協議制が知られる。戦前のコーポラティズムとは別の意味で、当初ネオ・コーポラティズムと言われたが、今ではネオを付けなくても、こちらを意味することが多い。　　　　　(桐谷 仁)

コーポラティズム

コーポラティズムは、一般に、労働組合、経営者団体、農業団体など、巨

大な利益集団が、政府の政策過程に参加したり、包摂・編入されたりする政治形態をさす。典型的には、政府・労組・経営者団体という、政労使の三者協議制の形をとる。

新旧のコーポラティズム

コーポラティズムは、かつてイタリア・ファシズム期やポルトガル・サラザール体制などの独裁型の政治体制に関連して用いられていた。だが最近では、北欧諸国を典型例として、先進諸国における利益集団や、利益集団と政府との関係を比較分析する理論的枠組みとしてネオ・コーポラティズムという用語が使われてきた。「ネオ」（新）という修飾語がついているのは、戦前の概念とは区別するためであった。

戦前の独裁型のコーポラティズムとネオ・コーポラティズムとを対比させる形で、「国家コーポラティズム・対・社会コーポラティズム」と呼ばれることもある。その場合の「社会コーポラティズム」は、ネオ・コーポラティズムとほぼ同義である。

コーポラティズムの特徴

コーポラティズムの特徴は、大きく二つの側面がある。①利益代表ないし利益媒介としてのコーポラティズム、②政策過程の制度化としてのコーポラティズム、である。スウェーデンやデンマークなどの北欧諸国やオーストリアなどがコーポラティズムの代表的な諸国である。

図表12-2　ネオ・コーポラティズム

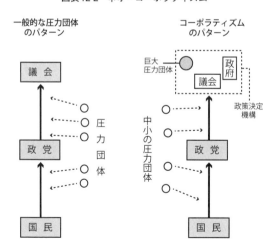

〔出典〕篠原一「団体の新しい政治機能」（岩波講座『基本法学2─団体』岩波書店、1983年）、p.342の図の一部に手を加えた。

▶ 12-02 ～ 12-03

利益代表としての
コーポラティズム

　コーポラティズムの諸国の特徴は主に三つある。

　第1は、労組の組織率が高いことである。それと関連して、労使間の協定や政労使間の合意事項が、どの程度、労働者側に拡張されるか、がある。第2は、各労組の頂上組織であるナショナル・センターや、全国的な経営者団体が、高い独占度や集中度・集権度を有していることである。第3に、利益集団間（とくにその頂上団体間）の調整度ないし団体交渉の集権化の高さがある。利益集団間の調整行為や協調行動が積極的になされ、賃金などの労働条件をめぐる団体交渉などの中央集権化が進んでいることである。

政策過程の制度化

　コーポラティズムでは、有力な利益集団の代表が、政府の委員会や審議会などに参加する割合が高い。そして、政策形成に関与するだけでなく、政策執行にも関わる。このように利益集団代表の参加・抱き込みが制度化されているのが特徴である。

　政府は、職能団体の代表を政策過程の内部に包摂することで、政策の実効性を高めることをめざしている。インフレ期の所得政策がその例で、国により相違はあるが、政府は賃金上昇の抑制をめざして各種の委員会などに労働者代表を参加させ、政労使間での取引や交換を通じ、三者間の協調体制の制度化を図っている。

12 - 03

政策過程論

　公共政策が形成、決定、実行され、フィードバックされていく一連のプロセスを政策過程といい、その研究分野を政策過程論という。いくつか政策ステージが想定され、政党、官僚、利益集団などのアクターがどう作用をしているかが扱われる。官僚主導とか政党主導というように単純化せず、政策ステージごとに主なアクターが分析される。　　　（中村昭雄）

政策ステージ

　政策過程論では、公共政策が立案、決定、実行され、フィードバックされ

ていく一連のプロセスが扱われるが、一般には五つのステージからなる循環過程と考えられている。

　①課題設定──政策課題を形成する

段階。社会的諸問題のなかから政治の課題とすべきものを認知し、政治の課題として、政策を準備する段階。

②政策立案——政策課題の解決の方策を考案するため、情報を収集・分析し、政策原案を策定し、具体化する段階。

③政策決定——政策決定の権限を有する機関が原案を公式に審議し、解決策につき採用、承認、修正、拒否などを決定する段階。

④政策実施——決定された政策（法律など）を実施に移す段階。

⑤政策評価——実施された政策の効果を評価し、必要に応じて修正し、再び課題設定のステージにフィードバックする段階。

政策過程とアクター

政策過程にはアクターが多元的に存在し、代表的なアクターは、政党、官僚、利益集団、世論・有権者（選挙）などであり、他にも時に作用を及ぼすアクターがある。例えば、首相が特定の政策に特に強い関心を払う場合は、そのリーダーシップが重要となる。審議会の答申、裁判所の判決などが、政策過程に影響を及ぼすこともある。また、わが国の政策決定では、外国からの圧力で、変更、決定されることがある（「外圧」）。ほかにも、NPO（民間非営利組織）などが、政策過程で重要な役割を果たすこともある。

政党と政策過程

戦後日本の政策過程では、「55年体制」のもと、長期にわたり政権を担当してきた自民党が中心的な役割を果たしてきた。自民党の政策立案機関は、政務調査会とその部会であり、政調会・部会を舞台に特定の政策分野で強力な影響力をもつ議員が「族議員」である。

官僚と政策過程

戦前の日本では、官僚が政策過程で重要な役割を果たしてきたので「官僚政治」などとも言われた。戦後も長らくその傾向が続き、政治過程論では官僚優位、官僚支配の「官僚優位論」が有力であった。ただ、政治家の台頭など（政党優位論）、変化も指摘される。

図表12-3　政策過程の五つのステージ

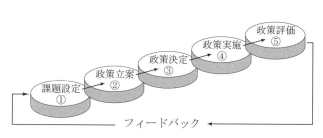

141

▶ 12-**03** 〜 12-**04**

利益集団と政策過程

利益集団は、政府の決定に関心をもち、圧力行動をとる。わが国では財界、農協、医師会などがあり、それぞれの集団を有利に導こうと影響力を行使する。他の先進国に比べ、労働組合は相対的に弱いとの指摘がある。

世論・選挙と政策過程

選挙の結果は、政策過程に重要な影響を及ぼすことがあり、有権者の動向は無視できない。そこから、主に世論調査に現れる数字など、世論が政策過程にも影響する。また、テレビ、新聞などマスメディアの論調やキャンペーンなども独自の影響力を有する。

政策ステージとアクター

政策ステージとアクターは、次のように関連づけて分析される。

①課題設定のステージは官僚主導だが、ほかに首相、内閣、与党、審議会、裁判所の判決、外圧なども影響しうる。②政策立案ステージでは、専門的・技術的知識、情報などを有する官僚が主導的である。③政策決定のステージでは、国会が舞台なので政党、議員が中心となる。④政策実施のステージでは、まさに行政活動なので、行政機関、官僚が中核となる。

---

12 - **04**

現代日本の政策過程

戦後日本の政策過程については、二つの理論モデルがある。辻清明らの官僚制優位論と、1970年代に登場した多元主義理論がそれで、その代表的な理論は政党優位論である。官僚制優位論は、戦前からの「官僚政治」が続いているとの説であり、継続性を強調するものである。政党優位論は戦後の自民党の影響力を重視するものである。　　　　(中村昭雄)

官僚政治

近代日本は官僚システムを有効に活用し、急速な発展を遂げてきた。明治政府から戦後に至るまで多くの政策は、中央政府による集権的な管理と指導の下に展開された。中央集権型行政システムによるものだが、その強力な担い手が官僚であり、それを強調する場合「官僚政治」という。

12 ≫ 政治過程と政策過程

官僚制優位論

戦前は官僚優位との見解が強かった。戦後は、占領下で他の政治指導者が公職追放にあうなか、政策遂行の必要上、官僚だけが追放を免れた。そして追放された政治家に代わり、官僚出身者が政界に多く進出したので、官僚の役割はさらに強化された、との見方である。

辻清明は『日本官僚制の研究』で、明治以来の官僚制は戦後も温存され、政策決定過程で強い影響力を有するととらえ、官僚制が権力の中心に位置するとした。この学説は60年代末まで通説となった。戦前と同じ特徴が戦後も続いているとするので、「戦前戦後連続論」ともいわれる。

政党優位論

戦後、特に55年体制下で、変化が生じてきた。村松岐夫は『戦後日本の官僚制』で辻の官僚制優位論を修正・批判し、政党優位論を展開した。55年体制のもと、自民党の長期政権化などにより同党の政治家も次第に政策能力を身につけ、政策過程で大きな影響力を持つようになり、従来の官僚制優位論では説明できなくなったとした。

ただ、官僚の影響力がまったく低下した、ということではない。今日も依然として、官僚が予算編成や政策立案過程で重要な役割を発揮し相対的な官僚支配が継続しており、政党（自民党）の影響力の増大は、相対的なものだというのである。

立法過程

政策は法律という形をとることが多く、政策過程は立法過程と関連づけて分析される。日本の立法過程をみると、法案では政府立法が多く、成立する法政府提出法案（政府立法）と議員提出法案（議員立法）の2種類があるが、諸外国に比べ日本では政府立法がきわめて多い。

提出件数でも成立件数でも、政府立法が圧倒的に多く、議員立法は少ない。立法過程では政府主導の傾向がきわめて強く、政策立案過程が終始、官僚主導で進められていることを意味する。ただ、最近の傾向として、議員立法も多少、増えていることに留意したい。

図表12-4　政府立法・議員立法の提出件数と成立件数

	提出件数	成立件数	成立率
政府立法	9190	7856	85.5%
議員立法（衆院）	3500	1178	33.7%
議員立法（参院）	1294	186	14.4%
合　　計	13984	9220	65.9%

〔注〕第1回国会（1947年）から第173回国会（2009年）までの、政府立法と議員立法の提出件数と成立件数を示したもの。

column

政治学関連の要注意の英単語　6

●left, right

　主に国内政治で使われる用語だが、ニュアンスの相違を意識して
おく必要がある。レフト‐ライトは文字通り、政治的立場の分類とし
ての「左」「右」だが、「左翼」「右翼」としてしまうと、日本語では
「極左」「極右」に近い意味となってしまう。欧米での「左」「右」は、
「中道左派」から「中道右派」にあたる、穏健な立場をいうことを意
識しておいていい。

　1990年代以前なら、日本では「革新」「保守」という言葉が使わ
れており、レフト‐ライトにそれに当てはめられこともあったが、現
在では「革新」という言葉はあまり使われない。

　わが国の主要政党も欧米に近くなっており、日本の政党についてレ
フト‐ライトが言われている場合、単に「左」「右」とするか、「左派」
「右派」くらいがよいだろう。

（加藤秀治郎・永山博之）

13 » 現代社会の政治

13 » 現代社会の政治

13 - **01**

大衆社会

　現代社会は「大衆社会」として把握されることがある。近代民主主義は、合理的・理性的存在である「市民」を前提としていたが、工業の発展と民主化の進展は、非合理的存在である「大衆」を生み出し、民主主義の基礎が大きく揺さぶられることとなった、という理解である。大衆は操作される可能性があるとされ、大衆社会の民主政治たる大衆民主制には脆弱性がともなうとされているのである。 (川口英俊)

▌市民

　近代西欧の民主主義は、当初すべての成人を対象としてはいなかった。投票権は、地方名望家や裕福な商工業者といった一定の税金を納めた者のみに限られていた。「市民」とはこれらの層を前提とし、教養と財産を持ち、合理的・理性的判断を下せる者と仮定されていた。

145

▶ 13-01 〜 13-02

群集

19世紀後半に民主化が進んで、参政権が労働者階級にまで拡張されると、参政権の適格性が問題となり、「群集」や「大衆」という言葉によって否定的側面が論じられた。ル・ボンは、人は一人でいる時と、集団に集合している時とでは異なる性質や心理的特徴をもつとした。「群集」は衝動的で、暗示を受けやすく、誇張性や偏狭性がその特徴であるとした。

大衆

「大衆」（マス）は、「市民」や、良識をもつ集団としての「公衆」とは、明確に区別され、ほぼ反対の概念として語られる。「群集」とは明確に区別されない場合もあるが、区別する場合は、群衆が集合して存在するものとされるのに対し、大衆は特にそれが条件とされない。

工業化が進むと、人々は農村を離れるようになり、農業社会にあった共同体の人間関係から解き放たれた。会社や工場で働く人々は、かつては明確だった自己の存在意義と、共同体の仲間を失い、他人との関係が希薄になった。そこでは、ばらばらの個人の集まりとなり、孤独と不安を抱える存在となった。こうして生まれた大衆は、他面、他人との同一化を求めるようになったとされる。

大衆社会と全体主義

大衆社会は大量生産・大量消費の社会でもあり、マスメディアによる一方的な情報発信と、その受け手たる大衆という関係を生み出した。他人との同一化を求め、他人と同じような行動・生活習慣、情報を求める大衆は、与えられる情報に操作されやすい存在とされる。

第一次大戦後のファシズムの台頭には、このような大衆の操作があったと分析される。ヒトラーは大衆への宣伝を重視し、ドイツ敗戦のショックと不況による不安を煽り、大衆に支持を広げた。そこに生まれたのが「全体主義」とされるのである。全体主義は個人という存在を認めず、全体のなかに個を溶解しようとする。理性よりは感情に訴え、強力なカリスマ的人物との一体化、そして国家や民族などとの同一化を強制する。

フロムの『自由からの逃走』

全体主義は、顔のないバラバラな大衆を巧みに惹きつけた。ドイツの社会学者フロムは『自由からの逃走』（1941年）を著し、現代に入って共同体からの自由を得た大衆が、孤独な存在ともなり、やがてその自由の重さに耐えかね、自由な立場を捨て、逃走しようとした、と分析した。

13-02

大衆社会の政治

　大衆社会の理論には、主に二つの系譜がある。大衆が社会を揺り動かし、混乱をもたらしている、というオルテガなどのものと、大衆がエリートに操作される、脆弱な社会だという理論である。二つの見方を総合したのがコーンハウザーであり、大衆社会から共産主義やファシズムなど全体主義が発生する諸条件を解明した。それに対し英米のような多元的社会が、安定をもたらすとした。

(荒木義修)

大衆社会の理論

　現代社会を大衆社会と把握する理論につき、コーンハウザーは二つに大別している。一つは、オルテガなどのもので、エリートが大衆によって侵食されており、混乱した社会の面を強調するものである。もう一つは、自立性を失い、原子化した大衆が、エリートに操作される面を強調するものである。

　コーンハウザーは、この二つの見方を総合し、大衆社会を「エリートが非エリート（大衆）の影響を受けやすい」面と、「非エリート（大衆）がエリートによる動員に操作されやすい」面の二面性がある社会とした。

エリートへの接近可能性

　コーンハウザーは大衆社会の一面を、「エリートへの接近可能性」が高い社会とした。接近可能性とは、非エリー

図表13-2-A　前近代社会と多元的社会

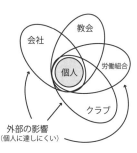

〔出典〕『公務員試験 図解で学ぶ政治学』(実務教育出版、2011年)を基に作成。

▶ 13-02 〜 13-03

図表13-2-B　エリートと非エリート

| | | 非エリートの操縦可能性 | |
		低い	高い
エリートへの接近可能性	低い	共同体的社会	全体主義社会
	高い	多元的社会	大衆社会

トたる大衆が、エリートになれる可能性（機会）がどれだけ開かれているか、ということと、大衆がエリートに及ぼす影響力のことである。

前近代の伝統社会ではこれが低く、非エリートからエリートに入り込める可能性は低く、また非エリートはエリートに影響を及ぼす可能性が低い。それに対して大衆社会では、大衆からエリートに入り込めるし、大衆はエリートに影響を及ぼせるというのである。

非エリートの操縦可能性

操縦（操作）可能性とは、エリートが非エリートを操縦・操作する可能性である。前近代の伝統社会では、イエ、ムラなどの伝統的集団の拘束が強く、中央のエリートが非エリートたる庶民を直接コントロールできなかったので、操縦可能性は低い。それに対して現代社会では伝統的集団の拘束から外れるので、高くなる可能性があり、大衆社会はそうである。

四つの社会類型

コーンハウザーは、エリートと非エリートの関係についての二つの基準から、社会を四つの類型に分けた。「接近可能性」と「操縦可能性」の二つに基準の組合せで四つの社会類型ができるのである（⇒図表13-2-B）。

操縦可能性と接近可能性がともに低い社会が、前近代の「共同体的社会」であり、近現代の社会は残りの三つのいずれかである。操縦可能性と接近可能性がともに高い社会が、「大衆社会」であり、そこでは大衆民主制は不安定となる可能性がある。

接近可能性が高いまま、操縦可能性が低くなれば民主制は安定的となり、これが英米などに見られる「多元的社会」である。逆に、独裁が確立して、接近可能性が低くなり、操縦可能性が高いままの社会は、ナチスドイツやソ連のような「全体主義社会」である。

なお、一般に現代社会を大衆社会ということがあるが、ここでの「大衆社会」はそれよりはずっと狭義であることに注意されたい。

中間集団

コーンハウザーの社会類型では、英米のような多元的社会が安定的な自由民主制に適しているとされている。独立的な集団が多元的に存在し、競争が行われている場合、個人は原子化されにくく、多元的な影響力が保持されると考えられるからである。中間集団が自由民主制の社会的基盤をなし、その中で大衆は操縦されにくくなるのだ。

さらに、中間集団の「強弱」と「包括性」という要因で詳しく論じられる。中間集団の強弱とは、集団が自律的かどうか、であり、包括性とは、中間集団が成員の生活領域をどれだけ包括しているか、である。多元的社会では、中間集団に自律性があり、個人を包括する程度も低い社会で、そのような集団が多い社会では民主制は安定する、としたのである。

大衆運動

大衆社会では大衆運動が発生しやすいといわれる。コーンハウザーはその社会的原因として、①既成の権威や共同体が急激に崩壊する、②大規模な失業（経済危機）が生じる。③軍事的敗北に直面する、などをあげている。社会階層でいうと、社会的絆が欠如した下層階級は動員されやすい。無所属のインテリ、境界的な中産階級、孤独な労働者も同様であり、ナチズムなどの大衆運動の虜になってしまった、とされる。フロムがナチズムの台頭を社会心理学的に解明したが、ほぼ同じ指摘である。

---

13 - 03

マルクス主義の階級支配論

マルクス主義の理論では、社会経済的な不平等にもとづく階級が中心的位置を占めている。国家はそこでの支配関係を維持するための暴力装置たる支配機構とされる。階級対立が重視され、あるがままの即自的階級から、階級闘争を通じて階級意識ある対自的階級へ変化が説かれる。国家は階級支配の装置とされている。

(佐治孝夫)

階級

一般に、経済・政治などの社会諸領域での不平等にもとづき形成される上下関係で、相互に対立する支配＝従属関係に組み込まれた人々の集団を、階級という。政治体制とその変動を理解する上で重要な概念であるが、必ずし

も一義的な定義はなされてはいない。

広義には、前近代的な「身分」も階級であるが、身分は地位・職業の世襲性、生活様式の特殊性などの結果として形成されるものをいう。

それに対して、狭義の階級は、法的・政治的平等が実現された近代以後の市民社会にあって、実質的な社会経済的不平等が顕在化したものをいう。近代において社会的分業の発達と私的所有の成立の後、法的・政治的平等にかかわらず存在する社会経済的不平等から抽象された概念である。

マルクス主義の階級

マルクス主義では、階級は特定の歴史的発展段階にある社会的生産体系において、生産手段の所有・非所有によって相互に区別される社会集団とされる。それは、地位、資格、機能、所得源泉、所得額などの点で異なり、かつ相互に対立するものとされる。

生産手段の所有者が、非所有者の剰余労働を取得するとされ、両者の間には搾取関係が成り立っている、とされる。そのためには搾取者にとっては、被搾取者の意思を自己の意思に従属させる支配関係が不可欠だという。　したがって、搾取・被搾取の経済的関係（富の分配の不平等）と、支配＝被支配の政治的関係（権力の分配の不平等）が重なり合って、異質的・敵対的な階級が形成されている、という。

このように、マルクス主義の階級概念は、近代資本制社会の自立的再生産機構において占める地位や役割によって、理論的に規定されている点に特徴がある。

即自的階級と対自的階級

マルクス主義では、階級も単に集合的な差別状態であるうちは、意識にかかわりない客観的状態であるが、そこにとどまっていてはならないとされる。単に客観的な状態としての階級を「即自的階級」というが、それと区別して、階級闘争を担う意識ある「対自的階級」が考えられているのである。

対自的階級は、階級間に存在する越え難い断層について自覚し、それを基盤に、利害の同一性によって連帯し、共通利害を実現するために運動する集団なのである。ここでの階級は、利害対立をめぐる〈経済闘争〉から、国家権力の奪取を目的とする〈政治闘争〉に至るまで、階級闘争を展開する集団である。一定の意識性と組織性を備えた集団である。

マルクス主義と階級支配

社会を構成する諸階級のうち、特定の階級が政治権力を掌握して、社会全体のためではなく、自らの階級利益のために、その権力を行使し、他の諸階級を支配する状況を「階級支配」という。

階級支配の目標は、国家の法律制度や権力機構、イデオロギー装置などを用いて、支配階級の権力的地位を確保することにおかれる。そこでは、被支配階級の抵抗を未然に防止し、体制内に編入して、現行秩序を維持するもの

とされる。国家もまた、そのための装置とされる。

マルクス主義の国家

マルクス主義では、国家は抑圧機構として把握される。これを「階級国家」といい、このような規定を与えたのは、マルクスとその協力者エンゲルスである(⇒2-4 社会主義の思想)。

マルクス主義では、国家とは、社会の「土台」をなす基本的生産関係に照応した「上部構造」であり、一定の発展段階で生産力の増大にともなって現れる階級分裂と対立の所産、とされる。国家は階級間の対立や闘争の過程から派生し、敵対的階級の抵抗を抑圧して、支配階級の特権や搾取を維持・強化す

るための支配機構（暴力装置）にほかならないという。

このように、国家は「土台」たる基本的生産関係の上に存在し、生産関係の変化とともに変わっていく。資本主義国家は最後の階級国家とされ、階級関係が消滅し、無階級社会になると、国家もまた死滅するとされる。その過程で「社会主義国家」が誕生するが、それは階級対立が止揚される「共産主義社会」への過渡的段階に位置づけられる。それまで、無階級社会実現への過渡期に、「プロレタリア独裁」（労働者階級の独裁）が生じるとされる。

ただ、国家をどう把握するかは、マルクス主義者の間でもいろいろな立場があり、論争が続けられている。

13

現代社会の政治

13 - 04

エリート理論

エリートという言葉は一般にも使われるが、政治学の重要な概念である。まず古典的エリート論者が登場し、エリートによる少数支配の法則などが唱えられた。パレートは、社会が革命ではなく、エリートの周流で変化するとした。20世紀にはアメリカで新しいエリート理論が唱えられるようになり、ミルズの「パワー・エリート」論などが生まれた。（佐治孝夫）

支配階級

支配階級は、一般の言葉では、富や権力などの社会的価値配分において、ピラミッドの優越的な階層を指すもの

である。

学問的には、階層理論のいう支配階級はこれに近く、統計的に分類された上位集団をいう。支配階級はまた、それとは別に、マルクス主義において中

心的概念となっている。

マルクス主義での支配階級は、独自の階級理論に立つものであり、生産手段を所有し、生産物を専有して、被支配階級を支配するため、国家権力を掌握する階級とされる。生産手段の所有と生産物の占有から、物質的利害対立が生じるが、この敵対的矛盾のもとでは、被支配階級を支配するには国家権力を掌握している必要があるとされるのである。

エリート

一般にエリートは、社会において優越的な地位を占める少数者を指す。ただ社会科学の文脈では、「エリートと大衆」という対概念として用いられる。エリートの優越の根拠は、社会的資源の独占、意思決定機能の独占、少数者の属性など、理論によって異なっている。その地位が権力に依拠する場合がパワー・エリート（政治エリート）である。

古典的エリート理論

市民社会で中核をなす「公衆」は、現代の大衆社会で二極分解し、一方には大衆が生れ、他方には少数のエリートが生れたとされる。政府、政党、軍部、企業などで、意志決定や管理を担う、少数者である。

パレート、モスカ、ミヘルスが代表的論者であり、古典的なエリート理論といわれる。マルクス主義の階級理論に対抗し、大衆社会化の進行を捉えて

いるのが特徴で、「エリート―大衆」の間に支配関係があるとし、「少数支配の法則」を説いた。支配関係を支えるイデオロギーや社会の変化について独自の理論を唱えている。

マルクス主義の階級闘争論では、被支配階級は、主体的な自己組織化と変革主体への転換により、支配階級を打倒することが説かれるが、古典的エリート理論では、大衆はもっぱらエリートに動員・教化される操作客体にすぎないものとなっている。エリート理論は実証的立場から展開されたが、反民主主義、反社会主義的なイデオロギーとして機能した面がある。

寡頭制の鉄則

エリート理論では、民主制であれ独裁制であれ、政治社会には常に少数の支配層と多数の大衆が存在し、「エリート―大衆」の支配構造が共通して見られるとされた。「少数支配の法則」と言われるが、なかでもミヘルスの「寡頭制の鉄則」が有名である。

組織の効率的運営のため、不可避的にエリートに権限が集中する傾向が生じるとされ、ドイツ社会民主党という、民主主義を唱える政党の内部でも少数支配が貫徹しているとされた。ミヘルスは「鉄則」と呼び、それを強調した。

イデオロギーでの武装

古典的エリート論者は、人間の組織では指導・意思決定が不可欠であり、個人の資質、資格、属性の差異は常に

不均等である以上、エリートと大衆の分化は避けがたいとした。

そして、エリートはその権力を、普遍的な道徳的原則・正当性神話でイデオロギー的に武装するとされる。モスカの「政治的フォーミュラ」、パレートの「派生体」がその例である。

エリートの周流

マルクスは革命によって社会が変動するとしたが、これに対抗してエリート論者は次のような説を唱えた。パレートの「エリートの周流」が代表的である。

つまり、階級闘争や革命ではなく、「エリートの周流」によって、社会は変化し、再均衡が達成される、としたのである。エリートの没落、興隆、交替、補充、追放などの現象は、歴史的・社会的に循環して生起するとされる。例えば、パレートのいう「狐型」と「ライオン型」の統治エリートの周流論がそうである。

現代のエリート理論

エリート理論はその後、アメリカに移り、ラスウェル、ミルズらによって広められた。ただ、その政治的意味合いは古典的エリート論者とは異なるものであった。

まずラスウェルは、諸価値を最大限に獲得する者をエリートと呼び、それは社会のあらゆる組織体、意思決定の諸段階に恒常的に存在すると主張した。またミルズは、経済・軍事・政治の三制度の頂点にあるエリートが、融合して、支配的地位を占めているとし、パワー・エリート論を唱えた。

パワー・エリート

ミルズは、マルクス主義とは異なる前提に立って調査を行ったが、その結論はマルクス主義に近いものとなった。まずミルズは、マルクス主義が支配階級の概念で、政治を自律的なものとしていないこと、その階級概念も社会の一元的な経済規定性を重視するものであること、について批判した。

経済・軍事・政治の三つの制度秩序（官僚制組織）は自律的なものであるとしたのだ。だが、戦後のアメリカでその頂点にあるエリートは、相互に融合して支配的地位を占めるに至っている、とされた。これが、「パワー・エリート」である。

ミルズは、現代アメリカ社会の政治的現実のうちに、権力と地位が国家体制に組み入れられ、政治構造が集権化する傾向を読みとろうとしたのである。
（⇒13-05 現代社会の権力構造）

▶ 13-**05** ～ 13-**05**

13 - **05**

現代社会の権力構造

　権力が小さな集団に集中しているか、多くの集団に分散しているか、という問題は権力構造論で扱われる。大きく全国レベルと地域レベルにわかれるが、それぞれ集中説と、分散説がある。全国での集中がミルズ、全国での分散がリースマン、地域での集中がハンター、地域での分散がダールと分かれるが、調査方法も異なる。　　　　　　　　　　　　　　（佐治孝夫）

権力構造

　権力構造は一般にも曖昧な意味で使われているが、学問的には「統治機構を動かしている支配的な政策決定集団の構造」（ハンター）をいう。ただ広義には、権力関係の相対的に安定したパターンを指すことが多い。

　国家、地域などの各レベルで相対的に自律的な権力構造が成り立ちうると考えられるので、権力構造の分析も各レベルについてなされてきた。アメリカの国家レベルを扱った分析では、権力の集中を結論づけたミルズの分析や、権力の多元化・分散化を説いたリースマンの分析がよく知られる。

　地域レベルでは、より詳細な分析がなされ、権力の集中を結論としたハンターの説や、権力の分散を説いたダールの説が代表的な例といえよう。

パワー・エリート

　アメリカの国家レベルの権力構造については、ミルズが「パワー（権力）エリート」論を唱えた。重要な地位に着目し、その地位を占める人々の動きを分析して得られた結論である。

　経済・軍部・政府の三つの制度的領域の頂点に、それぞれ存在していた権力者集団が、戦後、相互に結びつきを深め、一元化・集権化された巨大な権

図表13-5　権力構造の分析

レベル　　　　　見解	権力集中	権力分散
全体社会	ミルズ （パワー・エリート）	リースマン （拒否権行使集団）
地域社会	ハンター （声価法で調査）	ダール （争点法で調査）

〔出典〕『公務員試験 図解で学ぶ政治学』（実務教育出版、2011年）を基に作成。

力構造を形成しているとしたのである。

これらに対抗しうる有力な「対抗エリート」は存在せず、パワー・エリート以外の人々は無力な大衆として底辺に広がっているとした。

(⇒13-04エリート理論)

拒否権行使集団

ミルズのパワー・エリート論を批判して、国家レベルで権力の分散を説いたのはリースマンである。アメリカでは、権力の中間水準にあって、自己の利益を要求し、自己利益の侵害には抵抗できる、強力な圧力団体が多く存在しており、それを「拒否権行使集団」と呼んだ。それら集団は、強力に自己利益を主張できるものの、権力を行使できる範囲は限定されており、その範囲内でのみ権力を行使しているので、全体として見た場合、権力は分散している、との結論になった。

この場合にも、底辺には無力な大衆が存在しているのは、ミルズの場合と同じである。

地域権力構造のエリート論

地域権力構造については1950年代から調査が行われ、まずハンターが『コミュニティの権力構造』を著した。

彼は住民に有力者の名前を挙げてもらうという方法を用いた。評判を聞くもので、「声価アプローチ」という。その結果、経済エリートを中心とした少数の有力者の名前が挙げられ、一枚岩的なピラミッド型権力構造が存在するとした。

これに対して一般市民は抵抗力をもたないとした。ミルズの説に近い結論を地域権力構造の分析で得たのである。ただ、その調査方法には批判も出され、ダールの挑戦を受けることとなった。

地域権力構造の多元論

ハンターの一枚岩的な地域権力構造論を批判し、別の結論をえたのはダールである。彼は、リースマンの主張するように、分野別の有力者が存在する可能性がある以上、ハンターのような設問では地域権力構造は分析できないとした。彼は市長選、再開発、教育という問題（争点）ごとに、影響力のある人物を尋ねた。「争点アプローチ」や「（政策）決定アプローチ」と呼ばれる。

その結果、争点ごとに別々の有力者が挙げられ、複数のリーダーへ権力が拡散しているのが分り、多元的権力構造の存在が確認された（『誰が支配するか』）。多元論と呼ばれる。

13
現代社会の政治

column

政治学関連の要注意の英単語　7

● regime

レジームは、もともと政治体制を指す意味で使われていた言葉で、権威主義体制（authoritarian regime）のように、体制と訳すことが多かった。しかし、国際関係論の分野では、国家間に成立している制度、規則、ルールのような意味で使われる。この場合は、カナ書きで「レジーム」とする。例えば、「WTOは国際貿易レジームのひとつである」というように使う。両者とも、秩序を成立させている仕組み、ルールの集合体ということでは同じ意味である。

● institutionalism

20世紀前半までの政治学は、国家の基本的制度を叙述するもので、その内容はかなりの程度、憲法学などと重なっていた。このような政治学は「制度論」的政治学という。その後、政治システムの各部分が「実際にどのように動いているのか」を研究する「行動論」ないしは「行動科学」的政治学が主流になると、制度はあまり注目されなくなった。

しかし、経済学の影響で、1990年代には、制度が人間行動や政治システムの動作に強い影響を与えていることが注目されるようになり、再び制度は、政治学の中心的な研究対象となった。この場合は、「新制度論」（neo-institutionalism）という。

（永山博之）

14 » 政治的コミュニケーション

14 - 01

世 論

　世論といっても多様な性格のものが存在し、情緒的・感情的なものから、理性的なものまで含んでいる。世論についての考察としてはリップマンの『世論』が有名である。そこでは、「擬似環境」や「ステレオタイプ」といった重要な概念が展開された。世論では、世論操作にも注意が求められる。「熟慮型世論調査」という新しい手法も試みられている。（小川恒夫）

世論

　世論の定義はいろいろあるが、一般に、何らかの解決を必要とされる問題につき、その国の国民が表明した意見、と考えられている。国のほか、地域社会について「住民の世論」というように、いろいろなレベルについての世論も考えられる。また、「表明した意見」とは「外に表した意見」であり、心で思っているだけでは世論とはならない。

　民主諸国では、世論は最大限尊重さ

れなければならないとされているが、それ以外の国のいかなる為政者も、世論に反して政策を長期的に遂行することは難しいと考えられている。しかし、だからこそ、世論はさまざまな情報操作により時の為政者に利用され、正確な状況認識を欠いたまま、暴走する危険性がある。

世論と輿論

世論は「輿論」とも表記されるが、争点に対し集団構成員の討議や熟慮などを経た輿論と、一時的な情緒的判断や漠然としたイメージというニュアンスの世論が区別されることがある。

明治時代の英語の辞典では、「輿論」（パブリック・オピニオン）、「世論」（ポピュラー・センティメント）と区別されていた。

擬似環境

リップマンは『世論』（1922）で、第一次大戦中に行われた検閲と情報操作の問題を取り上げ、新聞報道がつくり上げる現実は、必ずしも客観的現実とは同一のものではないことを強調した。彼は、新聞というマスメディアがつくり上げた「現実のようなもの」が、そのまま読者の頭のなかでは、正確な客観的現実として印象づけられるということを重視し、人々の「頭のなかの映像」を「疑似環境」と呼んだ。「世論」がマスメディアの手によって特定の方向に誘導される危険性を指摘していたのである。

例えば、外国の主要メディアが、戦争時に一部の軍人が行った人権抑圧行為や蛮行を繰り返し報道することで、その国の人々の「頭のなか」には、漠然としたものながら、蛮行を行った国の国民性や文化イメージが形成されることがある。これが疑似環境である。

ステレオタイプ

リップマンは、主に次のような主張をした。①ニュース報道機関のなかには、真実を報道する責任に対して組織的曖昧性があること。②取材・記事作成・編集のすべての過程で一種の「検閲」が行われ、特定の考え方を宣伝するための装置として利用される可能性があること。③人々は、情報を帰属集団のなかで確立されている固定的・画一的な基準やイメージから情緒的に評価しがちなため、その内容と対立する実証的証拠を冷静に受け入れることに抵抗を示しがちであること。

その結果、形成されるのが固定的・画一的イメージであり、「ステレオタイプ（固定観念）」と名づけられ、社会心理学上のキー概念となった。

世論操作

民主政治との関連では、人々のなかに形成された疑似環境と、「ステレオタイプ」を通して、報道が「世論」を操作する装置となりうる点が重要である。特にニュース報道に特定の立場だけを多く取り上げるという偏りがある場合や、不公平さを修正する責任部局

もなく、読者・視聴者もその偏りを冷静に判断する主体的パーソナリティや知識を欠いている場合が問題となる。

人々を取り巻く現実の環境は、巨大かつ複雑で移ろいやすいため、人々は真実を直接知ることは困難である。そのため、真実としての環境に直接反応するのではなく、頭のなかにつくり出した表象である疑似環境やステレオタイプにもとづいて判断し、行動する。ここにマスメディアが「デモクラシーの危機」を生じさせる危険性があることを、リップマンは読み取っていた。マスメディアが世論形成に果たす役割は、重要だが、重大な危険性をも併せ持つ「双刃の剣」だというのである。

▌熟慮型世論調査

マスメディアによる意図的な世論操作の危険性を低減させるため、近年注目されているものに、「熟慮型世論調査」がある。争点の中には、高度に専門的で複雑な問題があり、特に関心が強いわけでない有権者に、ただ世論調査をしても、「意見」としてどれだけ固まったものか、判断がつかないことがある。

そこで、十分な情報がない状態で、無理に回答を迫るのではなく、専門家からの説明を受けながら討論を重ねた結果としての意見も把握するのが、熟慮方世論調査である。予め、無作為抽出された有権者に、多様な情報を与え、討論してもらいながら、意見を尋ねていくものである。世論の本質を捉えようとする試みとして、注目される。

14 - 02

マスコミの機能

マスコミが社会で果たす機能については、ラザースフェルドとマートンの議論と、ラスウェルのものが、古典的な学説として知られる。ラザースフェルドらは地位付与の機能などを重視した。また、ラスウェルは、マスコミ研究の図式を整理し、環境の監視、社会的諸部分の調整、社会的遺産の世代的伝統という三つの機能をとらえた。　　　　　(佐々木孝夫)

▌ラザースフェルドとマートンらのマスコミ機能論

マスコミュニケーションの社会的機能について、ラザースフェルドやマートンは、①地位付与の機能、②社会的規範の強制、③麻酔的逆作用、の三つの機能を挙げた。

地位付与の機能

地位付与の機能は、人物や政策、組織などがマスメディアで取り上げられると、注目を浴びることによって社会的立場が引き上げられ、重要な人または出来事として受け手に印象づけられることをいう。よくテレビなどでみかける有名人を地位のある人と考え、ありがたがるようなことである。

社会的規範の強制

社会的規範の強制とは、マスメディアなどによって報道されることにより、違反や事件などが規範として社会的認知されることである。マスメディアの流す情報は大量だが、社会的に重要な問題は一体何か、ニュースとして流すべき情報は何で、どの優先順位で流せばよいのかを、送り手であるマスメディアは検討しながら情報を送っている。それが規範の判断につながっているというのである。

また、病院の医療過誤問題、公的機関の不正や公金横領疑惑などについての番組を報道し、社会的制裁が加えられる過程を受け手にも認知させる。その結果、人々は社会的ルールについて再認識させられる。

麻酔的逆作用

麻酔的逆作用とは、社会的規範の強制のような顕在的な効果とは異なり、潜在的な効果である。マスメディアは日々大量の情報を流し続ける。そのす

べてを理解し、活用している人はおらず、事件、事故、社会的諸問題に対して、無関心になってしまう。また、マスメディアの報道にふれるだけで行動したかのような気分になってしまう。このような状況を、麻酔的逆作用と呼ぶ（麻酔的逆機能とも呼ばれる）。

ラスウェルのマスコミ機能論

ラスウェルは、コミュニケーションの行為について説明するためには、以下の問いに応じて考えるのがよいとした。「誰が、何を、誰に、どんな効果をともなって言うのか（話し手分析、内容分析、聞き手分析、媒体分析、効果分析）」の4点である。

また、マスコミの社会的機能につき、次の三つを提示している。① 環境の監視、② 社会的諸部分の調整、③ 社会的遺産の世代的伝達、である。

環境の監視

「環境の監視」とは政治家や公務員などの公的権力をもったものに対して厳しい追求を行うことがある。これを環境の監視と呼んだ。これは、社会システムの内外に起きた事態や変化をシステムの成員に伝える機能ともいえる。

社会的諸部分の調整

メディアは環境への反応にあたっての社会的調整も行う。複雑な現代社会では、国民の要求を国会での政策決定過程に反映させるための公聴活動や、

決定された内容を成員に説明し納得させる広報活動などのようなコミュニケーション・ルートが不可欠である。マスコミはこの機能を担い、社会システムが、環境に反応する場合に重要な媒介機能を果たす。

社会的遺産の世代的伝達

　社会的遺産の世代的伝達とは、既存価値や規範の再認識、再確認を行い、個人を社会化する機能である。

マス・コミュニケーションのモデル

　ラスウェルは、マスメディアを情報の伝達者とみなす簡潔な伝達モデルを提唱した。このモデルでは、送り手がコミュニケーション過程の中心であり、その結果は受け手に与える効果である、と仮定する。効果は送り手から受け手にダイレクトに流れ、受け手から送り手への影響は無視をされる。このモデルは送り手中心であり、送り手の意図した効果があったのか、または意図しかなかった結果が現れたのかが焦点となる。

14 - **03**

マスコミの効果

　マスコミの効果について、主要なメディアの変化とともに多くの理論仮説が提示されてきた。かつての中心的メディアはラジオであり、ついでテレビとなった。現在ではネットに移ってきている。その効果についての学説は、三つの時期が分けられ、初期の強力説から限定効果説へ、そして新強力効果説に変化してきたと、されている。　　　　　　　（佐々木孝夫）

初期のマスコミ効果研究

　マスメディアの効果研究は、政治的プロパガンダ研究から始まった。ファシズムが台頭した経緯について、米国などで研究がなされ、政治宣伝が重視された。マスメディアは国民総動員体制下のナショナリズム意識を高める最たるメディアであった。

　メディアと受け手の関係は直接的で一方的なものと考えられた。また、新聞学、宣伝学、政治的プロパガンダ研究へと研究者の関心も移った。

マスコミ効果研究の３期

　一般にマスコミの効果研究は、大きく３期に分けられる。第１期は20世

▶ 14-03 ～ 14-04

紀初めから1930年代末の強力効果説の時代である。弾丸理論または弾丸モデルと呼ばれる。

第2期は1940年代から60年代までの限定効果説の時代である。主な仮説としては、ラザースフェルドとカッツによるコミュニケーションの2段階の流れ仮説、説得コミュニケーション研究などがある。クラッパーの一般化も同期における研究成果である。

第3期は、1960年代以降に登場してきた新強力効果説の時代である。主な仮説としては、議題設定機能仮説、沈黙の螺旋仮説（⇒14-05マスメディアの新効果論）などが挙げられる。

第1期ほどに強力とするものではないが、第2期よりは強力としている。

クラッパーの効果類型

クラッパーは、マス・コミュニケーションによる説得の効果を、次のように定式化した。①まだその問題について何らの態度も有してない人に対して、特定の意見や態度をつくり出す「創造」の効果、②既存の態度を強化する「補強」の効果、③態度の改変までには至らないが、既存の態度の強さを弱める「減殺」の効果、④既存の意見や態度を変更させる「改変」の効果、⑤何らの効果も起こさない「無効果」、この五つが考えられるとした。

クラッパーは、実際には効果の多くは「補強」にとどまり、「改変」にいたるケースは少ないと一般化した。マスメディアの効果を限定的とする学説である。

---

14 - 04

コミュニケーションの2段階の流れ

マスコミの効果についての仮説は、ラザースフェルドらの選挙研究『ピープルズ・チョイス』から得られた。「2段階の流れ」仮説など、マスメディアの直接的な影響よりも受け手が属する小集団の内のオピニオン・リーダーの影響力を重視するものである。他にも、先有傾向から選択的接触がなされるとの仮説が得られた。

(佐々木孝夫)

『ピープルズ・チョイス』

投票行動でのマスコミの影響力の代表的研究は、コロンビア大学のラザー

スフェルドらによる『ピープルズ・チョイス』（1948年）である。

調査方法の上でも、同一の対象者に何回か同様の調査を行うパネル調査が

用いられたことで知られる。目的は1940年大統領選挙において投票意図の変更、投票意図変更者の特性、投票意図変更理由、投票意図変更に対する宣伝効果などを解明することであった。調査以前は、マスメディアの強い影響力を予想していたが、結果はその逆であった。

他にも、政治的先有傾向から、選択的接触がなされるとの仮説が説かれた。また、マスコミュニケーションの効果につき、オピニオン・リーダーを重視したコミュニケーションの2段階の流れの仮説が示された。

政治的先有傾向

政治的先有傾向とは、社会的属性や過去の経験、記憶などにより、人が予め有している態度、意見、関心をいう。選挙への関心が高かったり低かったり、投票意図が固まっている有権者もいると考えられる。そこから、自分の考えに近い政党の情報に多く接触する傾向がみられる。これを選択的接触という。投票行動の際にはマスメディアの情報が決定的なわけではなく、補強的効果をもつにとどまるものと考えられる。

2段階の流れ

ラザースフェルドの研究では「コミュニケーションの2段階の流れ」の仮説が示された。個人の周辺にはオピニオン・リーダーが存在し、影響力を有するとされた。新聞・ラジオ・テレビなどへの接触が比較的多く、マスメディア以外の情報ソースを一般人より多くもっている人のことで、小集団の中で周辺の人々への影響力を有するとされた。

マスメディアから送られた情報は、ダイレクトに受け手に伝えられるというよりも、解説力のあるオピニオン・

図表14-4　コミュニケーションの2段階の流れ

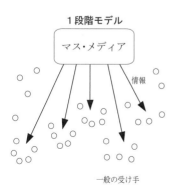
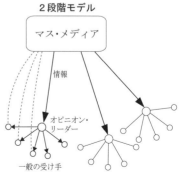

▶ 14-04 ～ 14-05

リーダーによって解釈される。そこで、口伝えなどのパーソナルなコミュニケーションによって情報が伝えられ、その過程で影響力が生まれるとの仮説である。

調査結果では、「マスコミュニケーションよりも個人的影響力が優位にある」との結果になっており、オピニオン・リーダーが存在し、人々の意思決定に対し、その影響力が重視されることになった。

14 - 05

マスメディアの新効果論

マスコミュニケーションの効果研究では、まず1920年代に強力効果説が唱えられ、続いてそれを実証研究で修正する限定効果説が台頭した。1970年代に入るとさらに強力効果説を再評価する新効果論の動きが見られた。なかでも「議題設定機能」仮説と「沈黙の螺旋理論」仮説は重要である。

（岩渕美克・加藤秀治郎）

▌議題設定機能

マックームとショウが提唱した「議題設定機能」仮説とは、マスメディアは現在の争点が何であるかという点で、有権者に影響を与えている、とする説である。政治の争点、テーマ、アジェンダ（議題）に、マスメディアが影響しているという説である。初期の強力説では、賛否など、人々の意見までをも規定するとされたが、ここでは、そこまで強力ではなく、テーマを規定する影響力ということである。

この仮説の契機となったのは、1968年のアメリカ大統領選挙の際の調査である。有権者の争点認知、候補者の公約（争点設定）、マスメディアの争点

設定の三つの関係が調査され、そこから、有権者の考える争点（争点認知）は、候補者の訴えている公約（争点設定）よりも、マスメディアが顕出している争点（争点設定）と相関が高いとの結果が得られた。

このことは選挙の争点に限られるものではなく、さまざまな社会的争点についても言えるとされ、マスメディアの議題（争点）設定機能と呼ばれた。マスメディアのキャンペーンが、公害などテーマの設定で重要な影響を及ぼしているというのである。

▌沈黙の螺旋理論

ドイツの世論研究者ノエル＝ノイマ

ンは、1965年のドイツ連邦議会選挙でみられた「どたん場のなだれ現象」などから示唆を得て、この説を唱えた。世論形成過程についての、彼女の基本的な考え方は、次の社会心理学的な仮説に立つものである。

人々は自らの孤立をおそれ、他者と違う立場にあると表明するのを避けると考える。そこから、自分の意見が多数の意見なのか少数の意見なのかに関心を払うとし、そこにマスメディアが介在するようになるという。少数意見だと思うと沈黙するようになると考えられることから、「沈黙の螺旋理論」と呼ばれる。

山本七平の唱えた「空気の支配」に近い現象を扱っているので、わが国ではこの説に関心を払う学者が多い。

▌意見の分布の認知

ノエル＝ノイマンによれば、人々は孤立を恐れることから、周囲を観察し、ある意見についての世論の賛否の分布状況に関心を向ける。その時、重要な役割を果たすのがマスメディアであり、優勢な意見（あるいは将来優勢になるであろう意見）と、自分の意見が同じものかどうかを確認する。自分の意見と社会の優勢な意見が同じなら、自信を得て、自分の意見を表明できる。逆に自分の意見が劣勢だと認知すると、自らの意見を公表することで孤立してしまうのを恐れ、意見を公にしようとはしない。

自分の意見を周囲の状況に照らして、主張したり沈黙したりするのであり、このことから優勢な世論が螺旋状にどんどん作り上げられていく過程を「沈黙の螺旋理論」としたのであるが、この過程で、人々の状況認識に大きな影響をもつのが、マスメディアである。このような形で、世論形成の過程において人々の認識にマスメディアが大きな影響を与えるとしたのである。これもマスメディアの、「新強力効果説」に数えられる。

column

政治学関連の要注意の英単語　8

● nation

　翻訳が最も面倒な単語のひとつ。語義は「自分たちをネーションだと考える集団」のことだ。ネーションとは、「自分たちが他の集団とは違う特別な集団であり、かつ、分かつことができない一体性を持つ集団」だという概念を意味する。

　このネーションは、文脈次第で「国民」（自分たちの国家を持っているネーション）とも、「国家」（統治機構を持っている、ネーション全体）とも、「民族」（自分たちの国家を持っていないネーション）とも訳せる。これらの意味から、「ネーションステート」（ネーションがつくっている国家＝国民国家）などの派生語が生まれる。

　どの訳語を使うかは文脈次第であり、原語では同じ言葉が、訳者の解釈により別の訳語を当てられる場合もある。ナチ党の正式なドイツ語名は、「国家社会主義ドイツ労働者党」のほか、冒頭部分が「民族社会主義」「国民社会主義」とも訳されている。

（永山博之）

15 ≫ 国際政治

15 - 01

近代の国際社会

国際社会は中世から近代にかけ変化した。宗教改革と30年戦争の後、ウェストファリア会議で主権や外交権が認められ、その後、主権の不可侵性や対等性、内政不干渉などが認められた。グロティウスが国際法秩序を説き、国際法が整備された。主権国家は常備軍を備え、植民地争奪戦を繰り広げた。自国への脅威には他国との同盟の政策がとられた。

(高杉忠明)

中世欧州の国際社会

中世の欧州には、神聖ローマ帝国が存在し、ローマ教皇の宗教的権威と神聖ローマ皇帝の世俗的支配のもとに、

キリスト教的な普遍世界の実現と拡大が模索されていた。しかし現実には、皇帝の権威と実効的支配はドイツなど帝国の一部に及んでいたにすぎず、そのドイツでも、各諸侯が中央集権的な

領邦を形成し、皇帝の支配に反抗するようになっていた。教皇と教会の搾取（さくしゅ）に苦しむ農民や中産階級も、教皇の支配に反発を強めていくこととなった。

宗教改革

15世紀ドイツでは、世俗化し腐敗したローマ・カトリック教会（旧教派）に対し、ルターらが宗教改革を始めた。新教派（プロテスタント）は教皇と教会制度を批判し、聖書中心主義の信仰を主張して、教皇の至高性を主張する旧教側と対立した。皇帝に反発する諸侯らが新教側を支持したため、宗教改革は政治上の問題に発展した。

皇帝の調停も功を奏さず、17世紀初頭には「新教派同盟」と「旧教派同盟」に分裂し対立を深めた。新教側にはフランス、イギリス、オランダなどが、旧教側にはスペインとローマ教皇が支援して、対立は国際的な戦争となる危険性があった。

ドイツ30年戦争

新旧両派の対立のもと、1618年に旧教派のローマ皇帝とスペインが、ドイツ中部ボヘミア新教徒の反乱を弾圧したのを機に、ドイツ30年戦争が始まった。戦況は周辺諸国の干渉により政治的な色彩を強め、大規模で長期的な戦争に発展し、多くの犠牲者と国土の荒廃をもたらした。ウェストファリア会議まで続いた。

主権国家

中世最大の宗教戦争を終結させたウェストファリア会議では、神聖ローマ帝国の一部で、新教派が多かったスイスの独立や、スペイン支配下にあった新教国・オランダの独立も承認された。ドイツ内で新教派は旧教派と同等の立場を得て、各諸侯の信教の自由も承認された。

各諸侯は皇帝が独占していた裁判権、徴税権、外交権などを譲渡させ、自らの支配地域では事実上の主権（立法権、裁判権、徴税権など）が認められた。対外的には皇帝の支配から独立した「事実上の国家」として外交権も行使できるようになった。その後、国際法の整備に伴い、国家間関係では主権の不可侵性や対等性、内政不干渉などの原則が適用されるようになった。

近代国際社会

ウェストファリア会議の結果、神聖ローマ帝国は名目上は残ったものの、ローマ・カトリック教会の普遍的権威や皇帝権は完全に有名無実化した。ドイツは多くの小国家や都市に分割され、国内統一は著しく遅れた。

一方、国家は領土内のあらゆる個人や集団に対して最高・絶対の支配権をもつという「国家主権」の概念が承認され、これ以後、西欧諸国に適用されるようになった。ここに主権国家を基礎単位とする近代的な西欧国際社会の基盤が誕生した。

15 ≫ 国際政治

国際法の誕生

ドイツ30年戦争の悲惨な結末は、戦時に守られるべき正義の必要性を痛感させた。戦争中、「国際法の父」グロティウスは『戦争と平和の法』を著し、平和な国際関係構築のためには自然法にもとづく国際法秩序構築の大切さを指摘した。その後、国家主権を基礎に国家関係を相互に規制する近代的国際法が整備されてゆく。(⇒17-01 伝統的政治学)

勢力均衡政策

17～18世紀の西欧の主権国家は、国内では中央集権化と経済統合を進め、対外的には政治・経済的利益を求め植民地争奪戦をくり広げ、常備軍と官僚制度を整備していった。

各国が国家利益を追求してゆく中、安全に脅威となる国家の出現が予想される場合、他国と同盟を結び軍事力を強化し、潜在敵国との力の均衡を保って、互いに攻撃しにくい状態をつくる「勢力均衡政策」を進めた。ウェストファリア会議以降、国家主権、国際法、勢力均衡政策など、近代国際社会の基礎をなす概念や政策が徐々に築かれていったのである。

---

15 - 02

国際政治理論の類型

国際政治をみる時に、いくつかの基本的な視点がある。国際政治の理解には、これらの異なる視点を理解し、複数の視点で事象をみるようにできることが重要である。主な理論には、リアリズム、リベラリズムがある。ついで、マルキシズム、コンストラクティヴィズムも重要である。

(永山博之)

国際政治理論の役割

国際政治を説明する理論とは、理論を形成する基礎となる事象の見方＝パラダイムのことであり、最も重要なものに、リアリズム、リベラリズムの二つがある。それに加えて補助的な重要性をもつものに、マルキシズムとコンストラクティヴィズムの二つがある。

国際政治理論は、中央政府が存在せず、各国がバラバラに決定を行う国際社会において、どのような要因が国際社会に起こる事象を決めるのかということを説明しようとする。その際、各国が「バラバラである」程度をどう見積もるのか、「バラバラな国家が協力できる範囲」をどの程度だと考えるのか、国際社会を構成する主体として、

15
国際政治

169

▶ 15-02 ～ 15-03

国家とそれ以外の組織や個人をどの程度重要だとみているのか、といったことが理論によって異なる。

国際政治に複数の理論が存在するのは、現在、将来の国際社会がどのような状態にあるのか、どのような方向に向かっているのか、について、見解が分かれていることの結果なのである。

リアリズム

リアリズム（現実主義）という考え方によれば、そうしたバラバラな状態では国際社会を構成する諸国家の役割が重要であり、諸国家が自国の利益（国益）を実現しようとして、相互に争うのが国際政治の基本的なパターンだと考える。国家は自国の安全や独立性を守ってくれる究極的な存在は自国以外にはないと考えるので、他国を基本的に信用することができない。したがって、法や制度が国際社会で果たす役割は限定的なものでしかないという立場をとる。

また法や制度の役割が限定されているため、国際社会の出来事を決める主要要因は「力」であるとする。国際社会とは、諸国家が力を媒介にして、国益を追求する闘技場だと考えるのである。

リベラリズム

リベラリズム（自由主義）という考え方によれば、基本的に国家は重要であるが、国際機関、企業、NGO（非政府組織）、個人といったものも国家に次ぐ重要性をもつ場合があると考える。

国家やほかの組織、個人は確かに自己の利益を追求するが、その際に法や制度が存在し、一定の機能を果たすから、国家間、組織間の対立はそれだけ緩和されると考える。国家は自己の安全や利益を自国の力だけに頼るのではなく、法や制度の信頼性に頼ることができるので、その分厳しく対立しなくても済むようになるとする。

国家間、組織間の関係に「力」は確かに重要だが、その「力」の実体は場合によっては変わりうるものであり、むき出しの「実力」＝軍事力の重要性はリアリズムの立場がいうほど大きくはないとも考える。リベラリズムからみると、国際社会は複数の国家が自立的に行動する社会ではあるが、同時に、法や制度を介して安定的な関係を築くことが可能であるような社会なのである。

マルキシズムと コンストラクティヴィズム

マルキシズム（マルクス主義）は国際政治において国家を超える企業の役割を重視しており、国際政治を動かすものは実は世界市場における対立関係なのだと考える。一方、コンストラクティヴィズム（構築主義）は、リアリズム、リベラリズム、マルキシズムの各々の立場が主張する枠組みが形成される途中の過程がどのようなものかを知ることが大切だと考える。リアリズムなどの立場は人間が国際社会をみるときの枠組みであって、その枠組みは長期的には変わる可能性があると考えるのである。

15 ≫ 国際政治

国際政治諸理論の関係

国際政治理論の間の相違は、社会や人間の基本的な性格について、異なる考え方があることの反映である。それぞれの理論で説明しやすい時代や対象があり、単一の理論で国際政治のすべての現象を説明するのは難しい。

一方、特にリアリズムとリベラリズムの間では、理論の一体化がある程度進み、理論の違いはリアリズムとリベラリズムの前提の違いを反映するにすぎず、結論の相違はそれほど決定的な問題ではないとする立場も出てきている。重要なことはこうした考え方を同じ現象に適用してみることである。「この現象はリアリズム、リベラリズムのどちらで説明できるのか、それはなぜか、その結論はほかの現象の解釈にどういう影響をもつか」という疑問をもつことで、国際政治の出来事を、より広く、体系的に理解できるようになる。国際政治理論の重要性はそこにある。

---

15 - 03

国際システムの安定

国際システムがどのような場合に安定するかの理論では、勢力均衡論と覇権安定論が良く知られる。勢力均衡論は複数の勢力の間でほぼ均等が維持されると安定するというものである。覇権安定論は、突出した大国が存在し、その大国の主導によって平和が維持されるという理論であり、モデルスキーやギルピンの理論に代表される。　　　　　（渡邊啓貴）

勢力均衡

近代欧州の国際関係は、力の均衡（バランスオブパワー）であった。各国は権謀術数を駆使して国益を追求し、同盟などによって巧みに関係を調整し、力の均衡を維持していこうとした。哲学者ヒュームやヴァッテルがその理論を説いた。勢力均衡は、いくつかの諸国（同盟）の間でパワーがほぼ平等に配分されている状態、と定義され、その場合に国際関係の安定がもたらされると考える。国際関係論ではリアリスト的アプローチの代表とみられている。

勢力均衡の歴史

勢力均衡論の歴史は古く、古代ギリシアの都市国家の関係についてのツキディデスの議論に遡る。ルネッサンス期のイタリア都市国家では、これがシステムとして理解された。15世紀後半にフィレンツェのルチェレらが、ヴェネチアの単独支配を避け、勢力均

171

衡によって安定が維持できると主張している。1648年に欧州で主権国家体系が形成されてからは、ウィーン体制を経て、第一次大戦に至るまで、合従連衡（同盟関係）による均衡が機能した。18世紀初めに、オーストリアやスペインの覇権に対して結成された複雑な同盟関係や、20世紀初めの「三国同盟・対・三国協商」が代表的である。それが破綻して第一次大戦となったとされる。

勢力均衡の条件

勢力均衡が機能してきた歴史的条件には、次のようなものがある。

①圧倒的に優勢な主権国家が存在せず、三つ以上の同等の列強（パワー）が存在する。②列強間の決定的衝突を回避できる国際環境がある（植民地拡大が可能など）。③科学技術で大きな格差や不均衡が存在しない。④指導層に共通の価値観・了解があり、目標・手段が等質的である。⑤外交がナショナリズムやイデオロギーなどの国内的影響を受けない。⑥強大な国力を背景にイギリスがバランサーとなっていた。

第二次大戦後の米ソの二極構造をどう見るかは、見解が分かれる。歴史的な議論では二極構造は不安定だとされていたが、結果的には冷戦終結まで45年間「長い平和」が維持された。

覇権安定論

突出した大国主導による平和をめざすのが覇権安定論であり、1970年代に国際政治学の論争的テーマとなった。西欧と日本が経済面で台頭したのに対し、ドル暴落とベトナム戦争の失敗で「米国の下の平和」が凋落したことが背景にあった。

だが冷戦終結後は、アメリカが一極支配（覇権）を強めた。ただ、イラク戦争などをめぐり、アメリカ・EU・中国・インドなど、各地域大国やグループによる、世界的規模での勢力均衡論も出ている。

モデルスキーの覇権サイクル論

アメリカの衰退期に、政治的アプローチから歴史的分析をしたのが、モデルスキーの覇権サイクル論である。そこでは、世界は百年サイクルで、大戦を境に覇権国が誕生するとされる。覇権国とは、時代の牽引車として制度やルールづくりに最も影響力をもつ国のことであり、歴史上、ポルトガル、スペイン、イギリス、アメリカがそうであったとされる。

ギルピンの国際的公共財

ギルピンは「国際的公共財」を提供する覇権国を重視する覇権安定論を唱えた。国際的公共財とは、「航海の自由」など、各国が国際的に利用するものだが、何もせずに維持できるものではなく、何らかの形での国際社会の努力が欠かせないものである。

国連のような国際機構を重視する立場もあれば、各国の協力を重視する論

者もある。ギルピンは覇権国の役割を強調し、国際政治経済の安定には、覇権国が存在し、自由貿易体制、安定的な国際通貨制度、国際安全保障などを維持・提供される必要があるとした。そして今日の世界では、自由市場を確保するため、アメリカの覇権が不可欠だとした。

コヘインの相互依存論

ギルピンの覇権安定論に対してコヘインは、国際政治経済の安定の存続には覇権は不可欠ではないと批判した。

国際制度によるルールや規範は、覇権時代に形成されるにしても、国家間の協調や国家行動の規制を自然と実現させていくものであり、覇権が不可欠なわけではない、とした。アメリカ覇権時代の産物であるGATTやIMF体制も、アメリカとは無関係に機能しているという。

覇権論の多くは、リアリズムの系譜に属するものだが、コヘインの議論では軍事的パワーの意味が薄くなっており、リベラリズム的な非軍事的な平和安定論になっている。

---

15 - 04

戦後の国際政治

第二次大戦後に成立した国際政治のパターンは、1989年まで約40年以上続いた。超大国としての米ソ二極構造が成立し、それが動揺をみせ、解体に至るプロセスであり、これを「冷戦」という。現在は「ポスト冷戦」といわれる。　　　　　　　　　　　　　　　　　　　　　　　　（永山博之）

冷戦と二極化

第二次大戦が終わるとまもなく、戦争中は同盟国であったアメリカとソ連の関係は、悪化しはじめた。アメリカは、西ヨーロッパの民主制をとる同盟国を束ねて、ソ連の進出に対抗するための軍事同盟「北大西洋条約機構（NATO）」を1949年に結成した。ソ連も、東ヨーロッパの社会主義体制をとる同盟国（実質的にはソ連がコント

ロールする「衛星国」）を束ねて「ワルシャワ条約機構」という軍事同盟を55年につくった。

アジアでは、日本、韓国、台湾、フィリピンなどがアメリカ側に、中国、北朝鮮、北ベトナムなどがソ連側についた。米ソを中心とした二極化構造のもとでの対立関係、いわゆる「冷戦」が始まったのである。

15

国際政治

173

▶ 15-**04** ～ 15-**05**

戦後の主な紛争

東西対立の最も厳しかった地域は、ヨーロッパである。米ソと同盟国は軍隊の主力をヨーロッパ中央部に集中させた。だが、ヨーロッパで戦争が起これば核兵器を使用する第三次大戦に発展する危険性が大きく、実際の戦争はヨーロッパ以外の地域で起こった。朝鮮戦争（1950 ～ 53年）、インドシナ戦争（1946 ～ 54年）などである。

対立の最高潮は62年のキューバ危機であった。キューバに持ち込まれたソ連の核ミサイルをめぐって、米ソ両国の関係は核戦争の一歩手前にまで至ったのである。

第三世界と南北関係

第二次大戦が各地域のナショナリズムを高揚させた結果、ヨーロッパ諸国の植民地となっていた地域では独立運動が活発になった。アジア、アフリカ地域を中心に60年代末までにアジアで20カ国以上、アフリカで40カ国以上の独立国が誕生した。これら諸国は、米ソの東西二大陣営から距離をおき、「第三世界」を形成して独自の立場をとった。

55年にバンドン会議（アジア、アフリカ会議）が開かれ、アジア、アフリカなど29カ国の代表が集まって、植民地主義に反対する「平和十原則」を採択した。これらの諸国にとっては、米ソの東西対立に巻き込まれることは自国の独立性をそこなうものであり、東西両陣営から中立的な立場をとることによって、社会、経済的に遅れた自国に大きな援助を引きつけることになると期待していたのである。

デタントと多極化

1962年のキューバ危機の後、米ソ関係はやや好転し、デタント（緊張緩和）状態が始まった。一方、戦争で疲弊していた西ヨーロッパ諸国と日本が急速に復興して発言権を強め、中国はイデオロギーや領土問題をめぐってソ連と対立を始めた。米ソの二極に集中していた力が、ほかの国にも拡散しはじめたのである。この現象を多極化という。

アメリカはインドシナ戦争の後、ベトナムに介入してベトナム戦争（1960 ～ 75年）を引き起こし、国力を消耗して疲弊していった。この状態を立て直すため、アメリカは従来敵視していた中国との関係を改善し（1973年）、ソ連の力を相対的に弱めようとした。二極対立は拡散し、複雑さを増していった。

新冷戦と冷戦の終わり

1979年に、ソ連がアフガニスタンに侵攻したことでデタントは終わった。アメリカは軍事力の大増強を開始し、米ソ関係は再び悪化した。これを新冷戦という。80年代前半を通じて米ソ対立は厳しくなったが、85年にソ連共産党書記長にゴルバチョフが就いてから、対立は急速に弱まった。ソ連が自国の社会経済的停滞を建て直すため、

15 ≫ 国際政治

アメリカ、西側陣営との関係改善を図ったからである。89年に東西二極対立の象徴だったベルリンの壁が崩され、米ソ首脳がマルタ島で会談して冷戦の終わりを宣言した。

一方、東西対立が終わったことで、第三世界という概念の存在意義も希薄になった。第三世界は急速に経済発展を遂げた東アジアやラテンアメリカの一部の国と、停滞状態から抜け出せない一部のアフリカ諸国などに分裂し、実質的に解体した。だが、最も発展が遅れた国（最貧国）の問題は解決されておらず、冷戦後も世界における不安定の重要な要因として残っている。

15 - 05

国際機構

紛争を国際機構による解決の手段として設立されたのは、国際連盟であった。第二次大戦後は、国際連合（国連）となっている。しかし国際社会において国際機構にできることには限界があり、構想と現実の隔たりは大きい。国連の歴史は、大国支配と小国の数を頼みとする意見の間で、国際社会が揺れ動いてきた歴史である。　　　　　　　（永山博之）

15

国際政治

▌国際連合の創設

第二次大戦の結果がまだ見通せない1941年、米英はすでに戦後の新たな国際秩序を構想していた。特に、大戦の原因が国際連盟の失敗と大恐慌にあるとみていたアメリカは、国際平和のための新たな機構が必要だと考えていた。第二次大戦における連合国の間で調整が行われ、1945年4月から開かれたサンフランシスコ会議で国際連合憲章が採択された。国際連合（国連）が正式に発足したのは45年10月24日である。

▌安全保障理事会

国連は、前身の国際連盟が加盟国間の対立で機能不全に陥ったことを教訓として、大国支配の原理にもとづく「安全保障理事会」（安保理）を最も重要な機関として設置した。安保理は連合国のうちの主要五カ国（アメリカ、イギリス、ソ連、フランス、中国）を「常任理事国」とし、安保理の決議は、常任理事国のうち一国でも反対すれば成立しないことを決めた。安保理における常任理事国のこの権利を「拒否権」という。

安保理は、侵略行為を認定し、加盟国が国連に提供する軍隊を指揮して、

175

侵略国を罰することができる権限を持つ。国連は、五大国を中心とした国連軍により世界平和を守る仕組み（集団安全保障機構）として、成立したのである。（⇒16-01 安全保障の類型）

国連の目的

国連ができてまもなく、米ソを中心とする冷戦が始まったため、国連が前提としていた安全保障の構想は実質的に機能しなくなった。安保理は米ソによる拒否権の応酬で何も決められなくなり、国連に対して軍隊を提供する国もなかった。国連の役割は、侵略への懲罰よりも戦争が起こったときに、解決策を話し合うための場に変わっていった。そして、安保理事会のほか、全加盟国が話し合いをする場である総会や国連の活動を支援する事務局などもそれなりに重要な役割を発揮するようになった。

人権、開発援助、環境と国連

国連が国際社会で現実に果たしてきた機能は、人権擁護、開発援助、環境保護といった面であった。米ソの対立にあまり影響を受けない分野だったからである。国連には、このような問題に対応するための専門機関がおかれ、国連貿易開発会議（UMCTAD）、国連難民高等弁務官事務所（UNHCR）などは、それぞれの分野で重要な貢献を行った。

平和維持と平和構築

安全保障においては、武力による侵略国の抑圧という当初の任務を実現することができず、むしろ紛争後に停戦監視、兵力引き離しなどの安定化任務を、国連旗をつけた各国軍が行う、平和維持活動（PKO）が国連の重要な仕事になった。この活動は国連憲章に

図表15-5 国際連合の組織

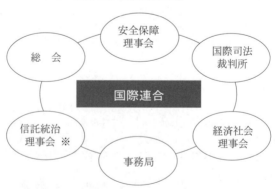

※「1994年11月1日、国連の最後の信託統治地域であるパラオが独立したことを受けて、信託統治理事会はその作業を停止した」（国際連合広報センターのWebサイトより）

明確な規定がなく、憲章第6章（紛争の平和的解決）と第7章（平和破壊に関する行動）の中間にあるものとして、「6章半の活動」と言われる。

平和維持活動の範囲は、冷戦後、拡大されてきた。文民の保護、人道復興支援、紛争勢力の武装解除や社会復帰、選挙や法の支配の確立の支援など、紛争を終わらせ、社会を安定化する広範な活動が平和維持活動に含まれるようになった。これらの活動を「平和構築」と呼ぶこともある。

国際機構と国家間協調

国際機構は、国家と次のような関係にある。国際機構は国家が資金を出し、権限を与えて活動させる機関だから、基本的には国際機構を構成する諸国家の意思に従属する。国家を主体としな

い国際活動を行う組織は、非政府機構（NGO）と呼ばれ、国際機構とは別の存在として扱われる。

問題は、主要国の意思が統一されなかった場合だが、国際機構は有効な活動ができなくなる惧れがある。国連が果たすべき任務とされていた国際の平和と安全の維持に対して、国連が主要な役割を果たすことができなかったことはその一例である。しかし、対立する問題について合意ができなかった場合でも、国際機構が何もしてこなかったわけではない。人権擁護、開発援助、環境保護や、平和維持活動は、国際機構が、国家間で一致できる活動を発見し、創造していった結果である。この場合、国際機構があることで国家間の意思が調整されやすくなるという、国際機構の意義が重要である。

15 - **06**

国際経済と国際政治

国際政治は国内政治と同様、「安全」と「富」を追求する場であり、そこでは、政治と経済は分かちがたく結びついている。国境を越える経済取引＝「通商」には、政治がからみ、国家が取引の統制に関与する局面が多いのである。ここで、経済をめぐる政治対立が生じる。グローバリゼーションのなかで大きな問題となっている。　　　　　（永山博之）

国際経済の政治的意味

国際政治とは、国際社会における国

家や他の主体の決定に関わる現象のことである。では、国家や他の主体は何をめざして決定や行動を行うのか。そ

れは主に「安全」と「富」の追求である。「安全」の追求は主に戦争や同盟に関係する。これに対して「富」の追求は通商に関係する。ここでは、通商が国際政治においてどういう意味を持っているのかを考えてみたい。

市場における政治の役割

我々が富を追求する場は主に「市場」である。市場でカネやモノ、サービスをやりとりすることによって、我々は富を手にする。しかし、その市場には取引のルールがあり、取引の場所や取り扱うモノやカネの種類を決めなければいけない。これを決めるのが「政治」なのである。我々は普通店に売っているモノを、カネを払わずに持ち去ったりはしない。それはそうした行為を禁じるルールがあり、違反者は罰を与えられることになっているからである。

では、国際社会において、日本の水産企業がベトナムでエビを養殖するとき、その利益は誰の手にわたるのか、アメリカの石油企業がイラクの油田採掘権をどうやって取得できるのか。そのような取引の枠組みとルールを決める場合、それは国際政治が関わる問題になる。

グローバリゼーションと市場

グローバリゼーションとは、国境を越える市場が大規模に成立し、取引が国境を越えて行われることがあたりまえになるような状態をいう。そうしたことが起こる理由は、国境など関係なく安いところからモノやカネを手に入れることが富を追求するための効率的な方法だからである。日本でつくれば1パック250円かかるシイタケが中国でつくれば100円で済むのなら、中国から買ってきたほうが消費者に多く買ってもらえる。あらゆるモノやカネにこのことが成り立つのなら、富を追求するためにはグローバリゼーションを進めることが近道だということになる。

グローバリゼーションへの政治的抵抗

グローバリゼーションには反対する人々も少なくない。中国でシイタケをつくるほうが安いから中国から買うのだということになると、日本でシイタケを栽培している農家は収入を失う。彼らは国会議員に働きかけて、シイタケ輸入の数量を制限したり高額の関税を課したりすることを要求するだろう。

また、日本の農業生産が減少すると、もし日本に食料が輸入できないような事態が起これば日本の安全そのものが脅かされることになる（このような考え方を食料安全保障という）と考える人もいる。この立場をとる人々は、日本の「食料自給率」を引き下げないように、農業を保護すべきだというだろう。

また、シイタケを中国で栽培する農家で働く人々が長時間、低賃金で働いていることを問題視する人々もいるかもしれない。この立場をとる人々は、日本にシイタケを輸入する場合、原産国の農業労働者の労働条件を一定水準に保障することを条件とすべきだというだろう。

15 ≫ 国際政治

このように、「安いところから買う」ことを不利益だ、社会的に望ましくないと考える人々がいる以上、「ではどのような取引のルールを決めればよいのか」をめぐって政治的な争いが起きる。これが、国際経済が政治とかかわるということの具体的な意味である。

国家と富の追求

政治権力は、富を含めた社会的資源の配分を決定する。税の徴収、市場制度の設定、紛争の裁定などは、「政治権力＝国家」が行う。国家は、社会の誰かから富をつかみ取り、その富を他の誰かに与えることができるのである。

また、人間が富を生み出すことは、政治権力が決める制度に左右される。自分が生み出した富が税として持ち去られる割合、自分の仕事が法によってどこまで許されるのか、自分の仕事に

競争相手が参入してくるのかどうか、ということが、人間の生産や労働を左右し、社会が生み出す富を決める。

このことが、政治が経済と関わる問題の基本である。現在の民主主義国家は、一定の領域とそれを支配する政府からなる。そのなかには国際的な市場競争で有利になる人々と不利になる人々がいる。それぞれの人が投票権を持ち、政治にカネを献金し、組織的に団結して政治に影響力を行使する。

国家は、自国民の富が他国民の富に優越することを望むだろう。しかし、自国民の富を最大化することが、自国民の誰にとっても利益になるとは限らない。そこで、自国内の利害対立と、外国との利害対立をともに調整しながら、自国民の富の拡大を図るという複雑な作業が国際経済をめぐる政治の目的となるのである。

15
国際政治

15 - 07

国際政治と日本外交

第二次大戦に敗れた日本は戦後、西側諸国との講和を優先させ、外交ではほぼ一貫してアメリカとの同盟関係を維持しながら、経済的利益を追求してきた。講和とともに日米安全保障条約を結び、西側陣営に与する立場を明確にした。講和で残された課題も多くは解決された。しかし、アメリカの覇権衰退と冷戦終結により、この方針の内実も少しずつ変わってきている。　（永山博之）

講和条約

第二次大戦に敗北した日本は、アメリカを中心とする連合国の占領下にお

179

かれた。1951（昭和26）年に日本は
サンフランシスコ講和条約を締結し、
翌年、主権を回復したが、東西冷戦が
始まっており、ソ連とその衛星諸国は
講和条約に参加しなかった。また中国
も、内戦により北京政府と台北政府に
分裂しており、講和条約に加わらなか
った。

講和条約とともに、日米安全保障条
約を結び、日本はアメリカの政治的、
軍事的傘下に入った。西側陣営（自由
陣営）に与する立場を明確にしたので
ある。

戦後外交の基本方針

日本の外交政策は、第二次大戦以前
は、軍事力中心、大陸進出、アジアで
の覇権確立を特徴としていたが、戦後
は全く方針を転換した。

①軍事力は比較的小規模で、国土
防衛目的の自衛隊を保持するにとど
め、アメリカとの同盟関係によって安
全保障を図る。②経済発展を国力の
基盤として重視する経済立国をめざす。
③日本国外の植民地はすべて放棄さ
せられ、中国における権益も消滅した
状態で、アメリカその他の国々との貿
易によって国の発展を図る。④アジ
アにおける覇権の追求を放棄し、対等
な一員としてアジア諸国とゆるやかな
協力関係を模索する。

これらが、日本外交の基本路線とな
った。

ソ連、中国、韓国、東南アジア との関係

講和条約ではいくつか積み残された
課題があり、その解決が独立後の課題
となった。ソ連とは北方四島の帰属を
めぐり対立があったが、領土問題を一
時棚上げし、日ソ共同宣言（1956年）
によって戦争状態を終結させ、関係を
改善した。このことでソ連は日本の国
連加盟への反対をとりやめ、日本は
56年に国連加盟を果たした。

中国との関係は、アメリカに同調し
て台北の中華民国を中国の正統政権と
して承認し、52年に日華平和条約を
締結した。北京の中華人民共和国との
関係は積み残しの課題となった。植民
地状態から新たに独立した東南アジア
諸国との関係は、おおよそ50年代に
賠償協定を伴う平和条約を締結するこ
とで解決された。

韓国との関係改善は長引き、65年
の日韓基本条約締結により、ようやく
関係が正常化された。北朝鮮との関係
は積み残しとなった。

経済発展と経済外交

経済の発展には、日本が国際経済体
制の一員となる必要があった。1952
（昭和27）年には国際通貨基金、世界
銀行に加盟し、55年には関税・貿易
に関する一般協定（GATT）に加盟し
た。アメリカが自国市場を開放したこ
とを生かし、日本経済は順調に発展し、
64年には「先進国クラブ」たる経済
協力開発機構（OECD）にも加盟した。

日本の順調な経済発展は、同盟国ア

15 ≫ 国際政治

メリカにとっても歓迎すべきことだったが、60年代後半から経済成長の鈍化で、アメリカの経済問題の解決に協力するよう、対日圧力がかけられ、日米経済摩擦が大きな政策課題として浮上した。対米関係は60年の安保条約改定、68年の沖縄返還などで引き続き良好だったが、経済摩擦が日米関係の障害として、両国政府の悩みの種となった。

日中国交正常化

中国の北京に1949年に誕生した中華人民共和国とは、日本は関係改善に及び腰だったが、71年にアメリカが北京政府との関係を電撃的に改善したこと（ニクソン・ショック）で、日本も北京との関係改善を本格的に追求するようになり、72年の日中共同声明となって結実した。これにより北京政府を中国の正統政権として承認し、78年には日中平和友好条約を締結し、関係を強化した。台湾とは断交し、経済社会関係のみが継続された。

日米同盟の強化

日米関係では断続的に経済摩擦が発生し続けたが、さらにアメリカは、日本に安全保障での責任分担の強化を求めてきた。アメリカの国際政治での圧倒的な地位が相対的に低下したことで、同盟国に「応分の負担」を求めるようになったのである。

日米関係は公式的にも「同盟」と呼ばれるようになり、1980年代を通じ、関係強化が進められた。

冷戦後の日本外交

冷戦終結は日本外交にも衝撃となった。1990～91年の湾岸危機で日本が資金拠出の外に協力をできず、批判されたことは、大きな挫折となった。以後、国際社会の秩序形成に、より積極的に協力する「国際貢献」の方法を模索していく。

日米安保の再定義で、日米関係の建て直しを図る一方、国際的・地域的枠組を通じてアジア諸国との関係強化の方針がとられた。しかし、北朝鮮問題、イラク戦争、中国の台頭、中・韓との歴史問題での摩擦など、次々と課題が現れ、日本はアメリカとの同盟強化で、これらを乗り切ろうとしている。

日本には高度成長期のように、防衛費を増大させたり、対外援助を増加させたりする余裕はない。日米同盟関係の重要性は高まり、オーストラリア、インドなどとの協力も必要となっている。戦後外交の枠組自体が、試練にさらされているのである。

15
国際政治

column

政治学関連の要注意の英単語　9

● power

　一般的には「権力」と訳されることが多い。ダールは、「Ａが、ＢがしたくないことをＢにさせること」だと考えたが、フーコーは、「人が特定の考え方や振る舞い方をするように仕向けること」だと考えた。この二つの考え方はかなり異なる。

　また、これらのような、影響力、人間関係に働く力という意味ではなく、ナマの実力、つまり暴力や軍事力に近い意味で使われることもある。この場合は、そのまま「力」とした方がよい。さらに、国際政治の文脈では「力を持つ国」＝強国、大国の意味で使われることもある。

（永山博之）

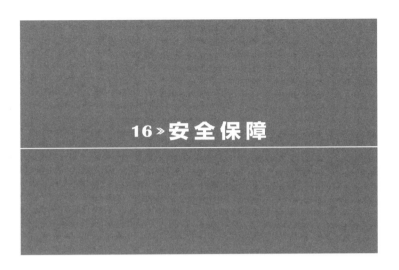

16 ≫ 安全保障

16 - 01

安全保障の類型

国や集団・個人が自己の安全を確保することを「安全保障」という。国際政治では、他国による侵略を防ぎ、また、侵略された場合にそれを排除することをいう。各国が独自に行うもの、同盟国と共同で防衛するもの、国際措置で集団的に行う集団安全保障がある。それぞれ自衛権との関係など正確に理解しておきたい。

(永山博之)

国際連合

二度の世界大戦で悲惨な戦禍を経験したことから、第二次大戦後、それを繰返さないため、国家の自由に任されていた戦争に枠をはめなければならない、との考え方が強まった。すでに第一次大戦後の1928年の不戦条約で戦争は違法とされていたが、この規範をより強め、国連憲章で戦争に対する法的規制が定められた。

具体的には、国際紛争の武力での解

決が違法とされ、これに違反する国には、国連が集団的措置で対抗することとなった。ただ、国連憲章も各国の自衛権を留保している。

集団安全保障

国連憲章は第6章で、国際紛争を平和的に解決すべき義務を定めている。国際紛争を武力で解決することは違法とされた。だが、実際にこの義務に反し、侵略戦争を行う国が出てきた場合、憲章第7章は加盟国の「集団的措置」をもって対抗すると定めている。国連加盟国は、平時に国連に自国軍の一部を提供し、侵略が行われた場合、安保理事会がこの軍隊を指揮して、侵略行為に対抗することが定めた。

このように国際社会が共同して侵略者に対抗することを「集団安全保障」という（⇒16-4 集団安全保障）。ただ現実には、憲章が想定していたような常設の国連軍は設置されないまま現在に至っている。

自衛権

国連の集団安全保障は、完全に機能するという保証がないので、国連憲章では各国が自力で防衛する権利（自衛権）が留保されている。自衛権には、自国が攻撃された場合に実力で自国を守る権利（個別的自衛権）と、他国が攻撃された場合に他国防衛に参加する権利（集団的自衛権）が、ともに含まれている。個別的、集団的自衛は安保理が必要な措置をとるまでの間に限り認められ、各国はそれについて安保理に報告しなければならないとされている（国連憲章第51条）。

このように法的には、国際紛争はまず平和的解決が図られるべきであり、仮に侵略行為が行われた場合は集団安全保障でこれを解決し、補助的手段として各国の自衛権が認められている、ということになっている。

しかし、第二次大戦後の現実の国際政治では、こうした法的枠組みはあまり有効でなかった。紛争の平和的解決

図表16-1　安全保障の類型

3類型	2分法	自衛権	例
個別的安全保障	個別的安全保障	個別的自衛権	江戸時代までの日本
対抗的安全保障（同盟・勢力均衡）		集団的自衛権	NATO ワルシャワ条約機構 三国同盟（独伊墺） 三国協商（英仏露）
集団安全保障	集団安全保障		国際連合 欧州安全保障協力機構 国際連盟

が行われないケースが非常に多く、国連の集団安全保障も事実上ほとんど機能していない。結果として各国が自衛権を行使して自国の安全を守っており、実際には、自衛を名目として国際紛争を武力で解決しようとする行為が後を絶たない。

安全保障理事会

集団安全保障は国連による安全保障の基盤であり、国連の安全保障理事会（安保理）の常任理事国（5大国）が中心となって、侵略国に対抗する。しかし、現実にはこの方法での安全保障は、国連発足後ほどなく冷戦が始まり、ほとんど機能しなくなった。理由は、国際社会の基本的構造に由来している。国連の集団安全保障は、国際社会の共通の意思、少なくとも安保理5大国が侵略を罰する共通の意思をもつことを前提としているが、見解の一致が極めて難しい。つまり、利益を異にする諸国家が何を侵略とし、どの行為を罰するべきかにつき、見解の一致に至るのは非常に困難なのである。国連憲章に書かれていることをどう解釈すべきかで、大国の見解が異なる以上、その規定を実際に執行することはできない。

冷戦期には、米ソを中心とする東西対立によって、国連は実質的に機能しなかった。冷戦が終わり、イラクのクウェート侵略に安保理が中心となった多国籍軍が武力で対応した湾岸戦争（1991年）で、一時的に集団安全保障が復権するかと思われたが、そうした期待もすぐに消え去ることとなった。

（⇒15-05 国際機構）

平和構築、平和維持、予防外交

集団安全保障がうまく機能しない一方、安全保障に国際社会が関与するさまざまな手段が模索されている。紛争を未然に防ごうとする「予防外交」、武力紛争がいったん終わった後、停戦状態を維持し、紛争再発を防ごうとする「平和維持活動」、紛争後の社会再建と安定化のための活動としての「平和構築」などである。

国際社会は、紛争自体を止めさせることはできないでいるが、紛争の可能性を減らし、再発を防止することには一定の貢献が可能であり、国連もその面で一定の成果を挙げている。

自衛隊の国際活動

わが国では、1990年代以前は、戦闘行為をともなう自衛隊の海外活動はすべて憲法に反するとの解釈が一般的だったが、1992年のPKO協力法で、平和維持活動への自衛隊の参加が認められた。だが「PKO五原則」という厳しい制約があり、自衛隊の活動範囲や武器使用は限定されていた。

これを若干変えたのが、2015（平成27）年の平和安全法制である。そこではPKO協力法の一部改正で、安全確保業務（巡回・検問・警護）に「駆け付け警護」が追加された。他国の部隊、国連、NGO要員などを、武器を使用して保護するのが可能になり、平和維持活動に自衛隊が応じられる範囲は拡大した。

16 - 02

個別的安全保障と同盟

個別的安全保障は、自衛と同盟からなり、それぞれ個別的自衛権と集団的自衛権として、認められている。いずれも古くから安全保障の基盤であり、それは現在も変わらない。国際関係で国際的な制度が必ずしも信用しきれない状態では、国家は伝統的な自衛と同盟で安全を追求せざるをえず、戦後もNATOなどが重要な役割を担った。　　　　（永山博之）

伝統的安全保障

個別的安全保障は、各国がばらばらに安全保障の途を探ることをいい、自国の力で自国を守る自衛と、他国を仲間に引き入れ共同で守る「同盟」からなる。伝統的な方法ではあるが、現在でも標準的な安全保障の手段である。

第一次大戦後、戦争の発生を国際的に規制する法や制度が発展していく中で、「集団安全保障」（⇒16-4）という新しい安全保障の方式ができたため、従来からの伝統的な方式を個別的安全保障という名称で呼ぶようになった。

自衛と同盟

国際社会には正当な武力行使を独占する中央政府が存在しないので、各国は基本的に自力で自己の安全を守らなければならず、自国を守る軍隊を一般に有している。また、すべての国が同じ規模の国民や富を有しているわけで

はないから、各国には力の差があり、自国だけでは他国に対抗できないとなれば、他国と協力してお互いを守ることになり、同盟を結ぶ。集団で防衛をするので、「集団防衛」ともいうが、「集団安全保障」とは異なる。

国際連盟や国際連合といった集団安全保障の仕組みができた後も、伝統的な個別的安全保障の仕組みは、なくならないばかりか、相変わらず安全保障の中心的な方法であり続けている。個別の歴史的事情もあるが、基本的には伝統的安全保障に、より信頼性があり、確実であると各国が考えてきたからである。

同盟の形態

同盟は他国を安全保障の仲間とすることである。正式な条約が同盟の基盤である場合もあるが、条約関係がなくても同盟は成り立つ。アメリカとイスラエルの関係がそうである。また、条

約があれば同盟関係が存在するわけではない。条約は破られることがあるし、条約が手続上、存続していても、関係が悪化すれば実質的な同盟関係はなくなってしまうからである。

1950年に結ばれた中ソ友好同盟相互援助条約が、効力を失ったのは80年だが、中ソの同盟関係は50年代のうちに既に消滅していたと考えられる。同盟は約束であり、実行の意思がないと見なされれば、実質的に同盟は消えたこととなるからである。

同盟と国益

同盟とは、「仲間であろうとする意思を同盟の双方が持ち続けること」によって初めて成り立つ。

2003年のイラク戦争でアメリカに与して、イギリスが参戦し、日本が米英側を支持したのは、アメリカとの同盟関係を確実にするのに必要と考えたからである。逆にアメリカに反対したドイツ、フランスとの間では、アメリカとの同盟関係が打撃を受けた。独仏両国の判断の裏には、自国の長期的利害にかなうかどうかの判断があったろうが、以後アメリカは、「有志連合」と呼ばれる、状況に応じて形成される同盟関係を重視するようになった。

同盟も、自国の国益に対する計算の上に成立しているのである。国家間の同盟関係は感情的なものではなく、国益の共通性の上に成り立つものなのである。

冷戦と同盟

第二次大戦後、アメリカと西欧諸国などからなる北大西洋条約機構（NATO）と、ソ連と東欧諸国からなるワルシャワ条約機構が、対立関係にあった。それに対しアジアでは、アメリカと日本、韓国、フィリピンと個別に同盟を結び、ソ連もまた中国、北朝鮮と個々に同盟を結び、2国間同盟が一般的な形態となっていた。形態はこのように違ったが、同盟関係が重要だったことに変りはない。

だが、米ソの冷戦構造が1980年代末に終わったことで、同盟関係には大きな変化が起きた。ワルシャワ条約機構は解体し、ソ連、中国、北朝鮮の同盟関係も事実上なくなった。また、それまで社会主義陣営への対抗を主目的にしていた、NATOや日米同盟のような西側諸国の同盟関係も、「敵がいないのに、同盟を維持する必要があるのか」と、存在意義を問われるようになったが、性質を変え、再編を経て存続している。

現在の同盟

NATOは東欧諸国を新メンバーとして迎えた。ソ連を引き継いだロシアを一時的にパートナーとしたが、イラク戦争や2014年のウクライナ紛争により、NATOとロシアの結びつきは実質的に終わり、結局、ロシアの取り込みは失敗した。米欧関係も動揺している。

アジアでの問題は、軍事力を増強し、アメリカと同盟国の安全を脅かすレベ

▶ 16-02 ～ 16-03

ルに達した中国である。しかし、アメリカとフィリピンの同盟関係は大きく揺れており、米韓同盟も北朝鮮危機の後、安定していない。日本は、単独では中国に対抗できず、結局日米同盟を

安全保障の基軸として選択することになった。オーストラリアとの実質的同盟、インドとの提携も模索されている。アジアでも同盟関係の再編が図られている。

16 - 03

集団的自衛権

　伝統的安全保障には、独力での自国の自衛のほか、他国との協力で防衛を図る同盟があるが、その法的基礎を集団的自衛権という。戦後の国際法的な枠組に一致させるため、この言葉が使われる。戦後日本ではその行使に非常に厳しい制約が課せられてきたが、冷戦後、再検討が迫られ、2016年、平和安保法制で集団的自衛権の部分的行使が可能となった。

(永山博之)

集団的自衛権

　集団的自衛権とは、「他の国家が武力攻撃を受けた場合、これと密接な関係にある国家が被攻撃国を援助し、共同してその防衛にあたる権利」をいう。自国が攻撃にさらされた場合は個別的自衛権で対応するが、集団的自衛権は、自国が直接攻撃されていない場合でも、同盟国への攻撃に対して共同防衛を行える権利とされる。

　国際法上、同盟による安全保障を正当化する意味を付与するもので、どの国家も保有している権利とされている。日本政府も国際法上の保有については認めてきたが、憲法上その行使は不可というのが以前の解釈だった。2016

年の平和安保法制により部分的行使が可能となった。

集団的自衛権と憲法9条

　集団的自衛権につき、日本政府は憲法上その行使は不可と解釈してきた。その解釈は自衛隊創設期の1950年代前半の国会答弁に現れ、1981年の政府答弁書から継承されてきた。それは、国際法上、日本が自衛権を有していることを認めながら、憲法9条により、自衛権の行使は日本防衛のための必要最小限度にとどまるべきで、集団的自衛権はその限度を超えるとされてきた。

　このような憲法解釈は、自衛権行使に強い制限を課すものであったが、冷

戦期には大きな問題とはならなかった。日本の主な仮想敵はソ連であり、ソ連が日本を攻撃するのは、世界戦争規模の大戦争以外にはないと考えられていた。そこでは日本防衛と米軍への協力は同時に行われるはずで、日本が自衛隊の活動を制限しても大きな問題にならなかったのである。世界戦争では、個別的自衛権と集団的自衛権の違いは実質的にはなくなると考えられていた。

冷戦後の安全保障環境

米ソ冷戦後、ソ連による大規模攻撃の可能性が低くなったが、多様な形で日本が武力紛争に関わる可能性が浮上してきた。1991年の湾岸戦争での多国籍軍の武力行使、2001年の9・11テロ事件に関連するアフガニスタンでの多国籍軍の武力行使、2003年の対イラクの多国籍軍の武力行使などがそうである。自衛隊の活動を、日本が直接攻撃される場合に限定するのは、日本の安全保障政策に強く拘束するため、再検討の議論が高まった。

湾岸戦争以後の日本

1991年の湾岸戦争で日本は、武力行使への参加を拒否し、協力を資金供与に限定して、国際社会の評価を低下させた。だがその後、テロ事件後のアフガニスタンやイラクで、「武力行使と一体化しない」という条件付ながら自衛隊を派遣して、多国籍軍への補給活動や、復興支援任務を行ってきた。このような活動は、国内では「武力行使そのものではなく、集団的自衛権の行使ではない」と説明されたが、国際的には実質的に多国籍軍への参加であり、集団的自衛権の行使に等しい活動だと見られた。

さらにはミサイル防衛への参加や、NCW（ネットワーク中心の戦い）に見られる技術変化により、自衛隊のネットワークを、アメリカなどのネットワークと直接、接続する必要が生じ、自衛権行使を厳格に制限する憲法解釈が大きな問題となった。

平和安保法制

2015年（平成27年）に「平和安全法制」が国会に提出され、成立した（施行は16年3月）。それにより、外国への攻撃によって、日本の存立や国民の生命、自由、幸福追求の権利に重大な危険が及ぶ場合には、自衛権行使が可能とされた。「我が国と密接な関係にある他国に対する武力攻撃が発生し、これにより我が国の存立が脅かされ、国民の生命、自由及び幸福追求の権利が根底から覆される明白な危険がある」場合についても、自衛権行使が可能になったのである。

一般には、集団的自衛権行使にこのような厳格な条件がつけられることはなく、同盟国が攻撃された場合には集団的自衛権行使が可能なのだが、日本では「限定容認」という形で可能になったのである。この法整備で諸外国並みの自衛権行使が容易に可能になったわけではなく、安全保障政策転換の長期的努力の一里塚と見るべきものであろう。

16

安全保障

16 - 04

集団安全保障

伝統的な同盟に代わる新しい安全保障の方法として、20世紀に登場したのが集団安全保障である。だが、その実績はあまり輝かしいものとはいえず、国際連合も当初期待された機能を遂行できないでいる。理由は国際社会の基本構造が大きく変わっていないことである。言葉は似ているが、集団的自衛権とは別なので注意が必要である。 　　（永山博之）

集団安全保障の概念

集団安全保障は、自国の軍隊や他国との同盟によって自国の安全を守ろうとする伝統的な安全保障の方式とは異なり、国際社会に法と組織をつくって「侵略国」を罰することを通じて、戦争の発生を防止しようとする仕組みである。伝統的な方式が、自国や同盟国の力を通じて自国に対する戦争に対抗しようとするのに対し、集団安全保障は、国際社会全体の力を結集して戦争が起こること自体を防止しようとする。集団安全保障の利点と欠点は、こうした基本的な特質からきている。

国際連盟

集団安全保障の構想を初めて実現したのはアメリカ大統領ウィルソンである。彼は第一次大戦という未曾有の戦争が起きたのは、伝統的な安全保障の方法自体に重大な欠陥があるためと考えた。そこで国際社会に恒久的な平和を実現する新しい方法が必要と考え、ヴェルサイユ講和会議で国際連盟の設立構想を明らかにし、これを実現した。

国際連盟は戦争の開始に一定の手続きを義務づけ、これに従わない戦争は加盟国すべてに対する戦争と見なすことを定めた。この仕組みにより侵略を防止できると考えたのだ。だが、当のアメリカが上院の反対で加盟できなかったばかりか、1930年代に大恐慌で国際情勢が不安定になったとき、日本の中国東北部への侵攻（満州事変）やイタリアのエチオピア侵攻に、国際連盟は実効的対策をとれなかった。連盟の権威は失われ、第二次大戦となった。

国際連合と冷戦

第二次大戦は第一次大戦を上回る大戦争となり、アメリカのルーズベル

ト大統領は国際連盟に代わる新たな集団安全保障の仕組みが不可欠と考えた。こうして「国際連合」(国連)が創設された。国際連盟が全会一致の原則で身動きがとれなくなったことを踏まえ、国連は大国一致の原理にもとづく安全保障理事会をおき、加盟国の提供する軍隊を組織して侵略国を制裁することにした。国連は第二次大戦で日独などの枢軸側諸国と戦った連合国を中心に構成され、連合国の団結を確保できれば今後、侵略を防げると考えたのである。

しかし国連創設後、米ソ冷戦が始まり、大国一致の原理にもとづく安全保障理事会（安保理）は身動きがとれなくなった。結局、冷戦終結まで、国連は加盟国の軍隊を組織して侵略国を罰するという本来の役割をほとんど果たせなかった。

冷戦後の国際連合

米ソ冷戦が1980年代末に終わると、イラクのクウェート侵攻を契機に湾岸戦争が起きた。アメリカを中心とした連合軍が安保理の決議にもとづきイラクに制裁を加えるとの形式がとられたため、国連中心の集団安全保障が本来の機能を果たすとの期待が生まれた。しかし、その後の現実は、その期待が実現されなかったことを示している。

イラク戦争では、新たな安保理決議が必要だとするフランス、ロシア、ドイツの反対を無視し、アメリカとイギリスの判断で武力行使が行われた。国際連盟の場合も、国連の場合も、集団安全保障は、国際社会、特に大国が侵略を罰するという共通の意思をもつことを前提として初めて成り立つのだが、

図表16-4　勢力均衡と集団安全保障

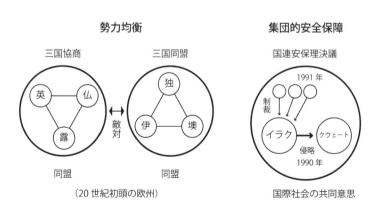

〔出典〕『公務員試験 図解で学ぶ政治学』(実務教育出版、2011年) を基に作成。

(同書は「高橋淳一ほか『比較政治ハンドブック』実務教育出版、1993年、p.165を参考に作成」)

▶ 16-04 〜 16-05

何が侵略か、侵略に対する適切な対応とは何かといった問題につき、大国間で見解が一致することは非常に難しいのである。

集団安全保障の限界

集団安全保障は、国家の主権を基本的に認めながら、その一部を制約することで平和を守ろうとするものである。

しかし、現実には国家、特に集団安全保障の要となるはずの大国は、主権の制約を容易には受け入れない。また、国際社会を構成する主要な大国の間では、利害が一致するのは稀である。それが集団安全保障が常に直面する困難な問題であり、集団安全保障の抱える限界である。

---

16 - 05

日本の安全保障

戦後日本では1950年代に、アメリカと同盟（日米安全保障条約）を結ぶとともに、相対的に小規模な軍事組織（自衛隊）を保持することを、安全保障の基本方針として定めた。それ以後、自衛隊を漸増させてきたが、根本は大きく変わっていない。しかし、国際情勢の変化の下、少しずつ変化してきている。

（永山博之）

日本の安全保障政策と憲法9条

第二次大戦の敗北で日本はアメリカ中心の連合国の占領下におかれ、米ソ冷戦が始まると、政治・軍事的にアメリカ側（西側陣営）に属することになった。ただ、占領方針には日本の軍事的弱体化もあり、アメリカが日本に受け入れさせた憲法では9条に戦争放棄と戦力不保持がうたわれた。

しかし、朝鮮戦争が起こり、駐留米軍が朝鮮に出撃するとアメリカは従来の方針を転換し、日本に軍事組織の創設を求めた。こうして警察予備隊が設置され、後に自衛隊となった。だが、政策方針の転換にもかかわらず、軍事力保持を明文で認める憲法改正はなされなかったので、9条と自衛隊の存在を整合的に解釈できるか否かが、日本の国内政治上、大問題となってきた。

日米安保条約

1951（昭和26）年にサンフランシスコ講和条約が締結され、翌年、日本は独立を回復した。冷戦下で日本の軍事

力は、敵対するソ連に対し十分でないと見られていたが、日本政府は軍事力増強に必要な財政負担の増大を回避し続けた。一方、アメリカはソ連、中国に対抗するため、日本における米軍基地を引き続き利用することを望み、日本の独立後は米軍を日本に駐留させることを方針とした。

結局、基地を自由に使用できる代わりに、日本の安全保障に米軍が協力することとなり、日米安全保障条約が締結された。これ以後、米国との同盟関係を基盤として、日本は限定的な軍事力を保持する政策が、安全保障の基本方針となった。

安全保障政策での制約

日本政府はアメリカとの同盟を基盤に日本の安全を確保する方針をとったが、複雑な問題が残った。第1は、国内世論の不一致である。憲法の改正がないまま軍事力を保持したため、軍事力保持や日米同盟に対する国内の支持が弱いこととなった。日本政府にとり安全保障問題は、政治的に世論の支持をえにくい危険な問題となり、政府はこの問題を既成事実の積み重ねで処理する方向に傾いた。

第2は、対米関係である。アメリカは日本に防衛コストの分担増額をたびたび要求し、それは日本経済の発展につれて強まった。しかし、日本政府は国内世論の理解が得られないなどの理由で、この要求を値切る方針をとり続けた。国内では日米同盟の維持と自衛隊増強が必要と言い、アメリカには世論の反対を理由に防衛負担増は難しいとしてきたのである。

第3は、国連に対するあいまいな態度である。政府は外交の基本に国連中心主義を掲げたが、国連の安全保障面の活動に積極的に参加してきたわけではなく、難しい問題として残っていた。

湾岸戦争と国際貢献

1990年の湾岸戦争は日本の安全保障政策を大きく揺り動かした。国内政治の混乱から、国連決議にもとづく多国籍軍に自衛隊を参加させられず、その代りに140億ドルの資金を拠出したが、資金のみの貢献への国際的評価はきわめて低かった。

このままでは国際社会の変化に対応できないと考えた日本政府は、以後、「積極的な国際貢献」を掲げて、自衛隊を国際貢献の手段として使う方針に転じ、国連の平和維持活動に少しずつ参加させることにした。しかし、平和維持活動への参加は、同盟による集団的自衛ではなく、日本がどこまで同盟の軍事的活動に参加できるのかの問題は残ったままであった。

新しい安全保障政策の模索

2016（平成28）年に施行された平和安全法制は、自衛隊の活動範囲の拡大という問題に対する、日本政府の当面の回答であった。①集団的自衛権の限定容認、②国連平和維持活動での業務拡大、③日本の安全に脅威をもたらす場合の同盟国の武力行使への

16-05

後方支援の拡大、④対アフガニスタン、対イラク戦争のような国際的な軍事行動に対する協力、などである。

　他にも、自衛隊が対応するのか、海上保安庁ほかの組織で対応するのか、判断の難しい「グレーゾーン」事態への対処、サイバー攻撃などの新しい脅威に対して、これまでの基本方針である「専守防衛」の概念で対応できるのかどうかなど、多くの問題が残っている。

17 » 政治学の発展

17 - 01

伝統的政治学

　政治学の成立は古代ギリシアにさかのぼる。特にプラトンやアリストテレスは重要である。中世になるとアウグスティヌス、トマス・アクイナスらが神学的な政治学を展開し、神の統一的秩序のなかに国家を限定的に位置づけた。近代に入るとマキャヴェリらにより近代的な政治的思惟が始まり、ホッブスなどが近代的な政治思想を説いた。　　　（加藤秀治郎）

▌プラトン

　衆愚政治に陥ったギリシアの民主政治をつぶさにみたプラトンは、哲学に通じ、国家・社会を誤りなく洞察できる人物が統治者となり、政治の任にあたらないと禍（わざわい）は止まないとして、「哲人王」支配の思想を説いた。

アリストテレス

「政治学の父」ともよばれるアリストテレスは、いかなる国家の形態が最善か、どのような政策をとるのがよいのかを総合的に論じた。1人の支配、少数者の支配、多数者の支配のそれぞれにつき、公共善にかなうものか否かで、よい形態と堕落した形態を分けた（⇒図表）。そこでは、デモクラシーという言葉は、多数者支配の堕落した形態に当てられている。

近代の政治学

近代に入ると、マキャヴェリが君主はいかに国家を統治すべきかを説き、ホッブズが国家権力が生み出される理論を構成して、それぞれ近代政治学と近代政治思想の開祖とされた。市民革命の後は、どのような政治制度にすべきか、法律学的考察がなされるようになった。

ただ、古代からこの時期までは、政治の経験科学的認識の学問というよりも、思弁的に理想的政治の全体像を描いたり、それを規範的に正当化したり、そのための制度を工夫するものであった。そのため、現状肯定的で体制擁護のイデオロギーとなったり、逆に現実批判の抵抗の学問であったりしたが、総じて知的直感を基盤とするものに終始していた。その結果、哲学者、神学者、法学者、歴史家、文学者など多方面の知性によって、政治の考察が推進されたが、政治学の自立性と独立性は得られないでいた。

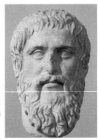

プラトン
(Plátōn
紀元前427–
紀元前347)

アリストテレス
(Aristotélēs
紀元前384–
紀元前322)

図表17-1　アリストテレスの政体論

	一人の支配	少数者の支配	多数者の支配
良い統治	王　制	貴族制	国　制（ポリティア）
悪い統治	僭主制	寡頭制	民　主　制（デモクラティア）

グロティウス
(Grotius, Hugo
1583 – 1645)

近代の政治理論

『君主論』(1532年)を著したマキャヴェリが、近代の政治学の開祖といわれるのは、政治的思考を神学や倫理学から解放し、現実的な政治認識に道を開いたからである。政治がそれ自身の法則性を持つ自立的世界であるとの認識がなされたわけであり、これにより、独立の学問としての政治学の地位が確立されたといえよう。(⇒02-01 マキャヴェリ)

近代自然法

近代の政治思想に重要な影響を及ぼしたものに、「近代的自然法」の理論がある。自然法の概念は古くからあって、「伝統的自然法」は歴史的に相対的な実定法を超える永遠・普遍の法で、中世にはキリスト教理念を人間社会の規範として説くものとなっていた。既存の秩序の正当化に用いられる傾向が強かったのである。

近代に入るとグロティウスが、神学的前提に依拠しない形で自然法理論を展開し、「自然法の父」とよばれた(『戦争と平和の法』で国際法の必要を説き、「国際法の祖」ともいわれる)。これが近代自然法で、人間の普遍的な自然的本性から理論的に引き出されるとされる。そこにはルネッサンス、宗教改革、自然科学の影響がうかがえる。(⇒15-01 近代の国際社会)

自然権

ホッブズは自然法思想から、すべての人間がもつ「自然権」という概念を引き出した。「自己保存」の自然権を守るため、自然法に導かれながら「契約」によって国家が設立されるとした。さらにロックが自然権を擁護するための抵抗権を説き、市民革命の原理に発展させた。伝統的自然法は「規範」として作用したのに対して、近代的自然法は「権利」の要求に転換されているのである。(⇒02-03 社会契約説)。

▶ 17-02 〜 17-03

17 - 02

現代政治学

20世紀には入るとウォーラスやベントレーによって、独立的で自律的な政治学が始められた。経験科学としての学問を目指すもので、アメリカを中心に発展した。ウォーラスの政治行動論は政治心理学の先駆けとなり、ベントレーの集団論の政治的社会学の創始となった。シカゴ大学で「シカゴ学派」が形成され、行動科学的政治学に発展した。　　　　(加藤秀治郎)

現代政治学の誕生

近代の政治学、政治理論は、新しい要素を含んでいたが、哲学的、歴史学的な色彩を残しており、市民革命の後は専ら政治制度の学となっていた。政治哲学、政治思想史、政治史、外交史に加え、政治制度論、政治機構論など法律学的な研究領域が発達したわけだが、旧来のものと共通する特徴があり、伝統的政治学と総称される。

20世紀に入ると、大きく異なる現代政治学が台頭してくる。伝統的政治学は、哲学者、歴史学者、法学者などに担われ、政治学は専門の学としての地位を確立しえていなかった。現代政治学は、現代の複雑な政治現象を経験科学的な方法でもって分析し、知識の累積的発展を図ろうとするもので、政治学の独立性と自律性をめざす動きである。

現代政治学の特徴

現代政治学には、一般に次のような特徴がある。①「科学としての政治学」をめざし、価値判断と経験的説明を混同しない。②実証的に政治の現実を分析し、生のデータを重視する。③政治行動の観察、記録、分析は化学的方法に即して行う。数量化が可能なものは数量化する。④研究は理論と関連づけて体系的に行う。理論に導かれない研究は無益であり、データに支えられない理論は不毛である、とする。⑤社会心理学、社会学、文化人類学、統計学、数学などの隣接諸科学との関連を重視する（伝統的政治学の場合は、哲学、歴史学、法学などとの関係が強かった）。

ベントレー

現代政治学は1908年に出版された2冊の書物に始まる。一方はアメリカのベントレーの『統治過程論』であり、政治を諸集団の対立と相互作用、政府による調整の過程ととらえるものであった。制度論的政治学を「死せる政治学」とよんで厳しく告発し、政治研

究に社会学的視角を導入した。

ここから政治過程論が始まった。政治過程論はトルーマンによって発展させられ、利害の対立、調整、合意形成を分析するもので、集団や社会全体を扱うもので、圧力団体・政党・選挙・立法・行政・司法過程などが対象とされる。（⇒12-01 政治過程の発展）

ウォーラス

一方、イギリスではウォーラスが『政治における人間性』を著し、政治学の制度論が人間性を十分にとらえないでいることを批判した。人間の非合理的行動をも含めて政治を分析すべきだとし、心理学的なアプローチが必要なことを説き、政治行動論の先駆となった。従来の政治学は、市民が自己の利害に沿って合理的に行動するものとの仮定（「主知主義的」仮定）を無前提において、現実にそぐわない倫理を展開していると、批判したのだ。複雑な人間心

理をそのままとらえ、政治行動を研究していかなければならないとした。

ウォーラスに始まる政治行動論は、政治現象を人間行動という観点からとらえるもので、政治行動を個人のパーソナリティー、イデオロギー、価値観、態度を基礎に分析していくものであり、集合的レベルでは、政治文化、世論が扱われる。政治的社会化、投票行動などの研究も含まれる。

シカゴ学派

現代政治学はアメリカで、1920年代から急速に発展していく。中心はシカゴ大学であり、メリアムの下にラスウェル、キー、アーモンドらが育っていった。シカゴ学派といい、その立場は、行動科学的政治学とか行動論的政治学とよばれる。第二次世界大戦後は、行動科学的政治学の影響が広まり、「政治学における行動科学革命」といわれるほどになる。

---

17 - 03

政治学の新動向

行動科学的政治学は、アメリカを中心に発展していった。イーストンが政治体系論を、ダウンズやオルソンが経済学的モデルを提示し、ドイッチェはイバネティックス・モデルを展開した。ただ、それに対する批判も生まれ、イーストンは再検討の必要を訴えた。レイプハルトの多極共存型民主制も重要だ。

（加藤秀治郎）

図表17-3-A　ダウンズの数理的なモデル

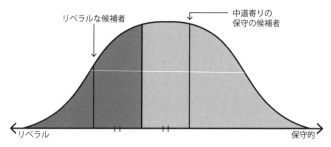

〔出典〕『公務員試験 図解で学ぶ政治学』（実務教育出版、2011年）を基に作成。

数理政治学

今日の政治学では隣接諸科学からの刺激も重要な影響を及ぼしている。経済学からは、ダウンズの『民主主義の経済理論』や、オルソンの『集合行為の理論』がそうである。これらは政治行動を数理的なモデルで説明しようとするものであり、そこからは、きわめて抽象度の高い数理政治学の研究などが進められている。

ダウンズ

ダウンズは、有権者がどう投票すれば、自分の考え方や利益から判断して最も得か（効用が大きいか）を考えて投票するものとの仮定に立って、政治を分析した。そこでは政党・候補者もまた、世論の分布状況から判断して、より多くの票を獲得できるようなところに、自分の立場を変えていくものとされる。例えば、中道的な有権者の多い国で、左右両派の候補者二人が争っている場合、どちらも多くの票を求めて中道寄りになるということである。このように経済的行動に準じた形で、有権者や政党の行動が分析されている。

オルソン

オルソンは、個人が集団のなかで行動する場合の損得の問題を論じた。例えば、労働組合に加入していなくても、労組の活動で賃上げが実現されると、非組合員の賃金も上がる。その場合には、組合費も負担せず、活動もしないで、昇給という利得だけをめざす人が出てくる。費用も労力も負担せず、便益だけを受ける「フリー・ライド（ただ乗り）」である。そのようなフリーライダーの発生のメカニズムを明快に説いた。そこでは、誰もがフリーライダーになろうとすると、結局はサービスそのものも提供されなくなる面もあるが、オルソンはこのような問題を経済学的な観点から巧みに論じた。

サイバネティクス

ドイッチュは、数学者ウィーナーが提唱したサイバネティクスを政治学に導入した。サイバネティクスとは、通信・自動制御などの工学的問題を体系的に説明する理論であるが、政治システムが、周囲からフィードバック情報を受け取り、行動を軌道修正していくという観点から、政治を分析する理論が開発されたのである。

脱行動科学革命

行動科学的政治学は、政治学界で次第に主導権を確立していくが、それにつれて学界内部から厳しい批判も出されるようになった。1960年代には、「ポスト行動科学革命」（行動論以後の革命）が説かれるようになった。現状分析を主とする行動科学的な方法だけでは、現在の体制の擁護につながりやすい、という批判が出てきたのである。

このように現状分析の限界を自覚して、市民や社会の要請に応える「意味のある学問」をめざそうという動きが、一部に出てきた。イーストンなど、行動科学的政治学者のなかにも、その批判を受けとめ、研究姿勢を再検討する学者も現れた。現在は、このような批判を受けとめたうえで、軌道をやや修正して、行動科学的政治学が発展しているとみてよいだろう。

多極共存型民主制

政治学の動向で見逃せないのは、大国以外の政治を軽視せず、理論化されていることである。その代表はオランダの政治学者レイプハルトの「多極共存型民主制」の理論である。西欧の中小諸国には、イギリスなどと大きく異なる政治体制が見られるとされている。

オランダ、ベルギー、スイスなどは、国内に言語、宗教、階級など複雑な対立要因を抱え、下手をすると分裂に至る危険な状況を抱えている。選挙制度に比例代表制を採用するなど、単純に

図表17-3-B　イーストンの政治体系

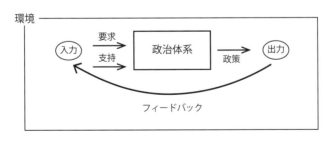

〔出典〕イーストン『政治分析の基礎』（みすず書房、1968年）、p.130を参考に作成。

▶ 17-03

多数決で決めず、少数派集団に配慮して政治運営をしている体制とされた。エリートも国内の緊張要因を自覚して、協調的行動をとっている。

合意を重視する「コンセンサス型民主制」、「合意形成型民主制」などとも言われる。

多数決型民主制

レイプハルトは、多極共存型民主制に対して、イギリスなどの政治体制を「多数決型民主制」と特徴づけた。「ウェストミンスター型民主制」とも言われる。相対的に国内の社会的同質性が高く、深刻な対立要因を抱えていないことから、小選挙区制などで多数派を中心に政治を運営するタイプである。選挙での勝者に任期中、統治を委ねるものである。

18 ≫ 比較政治学の理論

18 ≫ 比較政治学の理論

18 - 01

ポリアーキー

　デモクラシーの理論にはさまざまあるが、ダールは多くの定義を検討した上で、「ポリアーキー」の概念を提示した。自由化と参加という二つの尺度からなるモデルである。自由化と参加が共に進んだ政治社会で、近似的に民主制に直した状態である。測定のための尺度が明快であり、各国を比較研究する際に、有益な理論と考えられている。　　　　（梅村光久）

デモクラシーの諸条件

　デモクラシーの条件は、言論・結社の自由、自由で公正な選挙、公選による公職者による政策決定など、多くの条件がある。

　ダールはデモクラシーの条件を、三つに絞り込んだ。① 要求を形成する機会（言論・結社の自由）、② 市民や政府に対して要求を表現する機会（平

等な選挙権・被選挙権、自由で公正な選挙）、③政府が国民の要求を平等に取り扱う機会（選挙によって選出された公職者による政策コントロール）である。

ポリアーキー

デモクラシーの諸条件を挙げていくと多くなるが、そのすべての条件を満たす国は、見つけにくい。そこでダールは、どの程度、デモクラシーの条件が満たされているかを測定するため、「ポリアーキー」という概念を提示した（⇒図表）。

一般的な「デモクラシー」では混乱をともなうので、「完全ではないが、比較的民主化された体制」という意味で、ダールは「ポリアーキー」を用いているのである。

「自由化」と「包括性」

ダールは、デモクラシーの完全な状態（理念型）をどの程度、達成しているかを測定できるよう、二つの「モノサシ」（指標）を設定する。

一つは、「自由化」（公的異議申し立て）である。その社会や政治体制が、どれだけ言論・集会・結社の自由を認めており、体制批判を含め自由な異議を唱えることが可能であるかという指標である。

もう一つは、「包括性」（参加）である。どの程度、人々が政治に参加・関与できるか、である。選挙権が一定の年齢に達した一般国民に広く与えられ、社会的身分や財産、学歴、性格などによる制限なく実施されているか、という点などである。

図表18-1　ポリアーキー

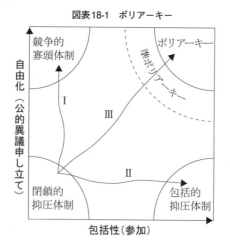

〔出典〕ダール『ポリアーキー』三一書房、1981年、p.11を参考に作成。

四つの体制

ダール
(Dahl, Robert Alan 1915 – 2014)

ダールは、この二つの指標を組み合わせ、四つの政治体制を分けた。「自由化」と「包括性」が両方とも高いものが「ポリアーキー」である。両方とも低い状態を「閉鎖的抑圧体制」とした。③自由化は高いが包括性が低い体制が「競争的寡頭体制」である。逆に包括性は高いが自由化が低いものが「包括的抑圧体制」である。

この二つのモノサシから、各政治システムが、どの程度、究極のデモクラシーに近づいているか（接近度）、条件が達成されているか（達成度）が測定される。

例えば、この「モノサシ」では、現在のわが国の政治体制は「ポリアーキー」に分類されるが、男女の普通選挙が実施されていなかった戦前は、「包括性」が低く、ポリアーキーとはいえない状態とされる。

---

18 - 02

権威主義体制

権威主義体制は、民主主義体制と全体主義体制の中間領域に位置する政治体制を指すもので、リンスが理論化した。全体主義体制のようなイデオロギー的な独裁政党は見られないが、自由な政治参加は限定的な体制である。その後、第三世界での強権的な政治体制たる「開発独裁」を説明する概念としても使われている。

（佐治孝夫）

権威主義体制

一般に「権威主義体制」という言葉は、非民主主義的な政治体制の意味で用いられるが、学問的には、民主主義体制と全体主義体制の中間領域に位置する政治体制を指す。その統治形態には一党独裁から軍事支配まで、さまざまなバリエーション（変型）が見られる。スペインのフランコ体制をもとに、リンスが理論化を進めたもので、次のように定義される。

▶ 18-02 ～ 18-02

①民主主義体制のような政治参加の制度的保証や複数政党制は認められないが、全体主義体制のようなイデオロギー的な独裁政党は見られない。②支配政党のもとでの強制的大衆動員はなされない。③限られた範囲だが、政治的多元主義が許されている体制である。

その後、権威主義体制の概念は、第三世界諸国での強権政治、特にラテンアメリカの軍事政権や東・東南アジアの「開発独裁」などを説明する概念としても用いられるようになった。

権威主義体制の支配形態

権威主義体制は、以下の3点で民主主義体制とも、全体主義体制とも異なるものとされる。

①「限定された多元主義」——民主主義体制のように、多数の個人や団体が自由に活動できるわけではない。だが、全体主義体制のように、単一の独裁政党以外の政党や市民の自律的団体が抑圧・禁止されてはいない。国家によって認可された複数の個人や団体が、許容範囲の中で政治参加を認められている。

②「伝統的メンタリティ」——民主主義体制のようには思想の自由が認められない。だが、全体主義体制のように、単一の体系的なイデオロギーによる宣伝・教化は行われない。保守主義的で、伝統主義と結びつく感情的思考や心情様式、「メンタリティ」によって支えられている。

③「低度の政治動員」——国民の自発的政治参加に依拠する民主主義体制とも、広範かつ徹底した政治動員が行われる全体主義体制とも異なる。限られた政治動員と、民衆の非政治化（無関心）に依存している。

図表18-2 権威主義体制、自由民主主義体制、全体主義体制の比較

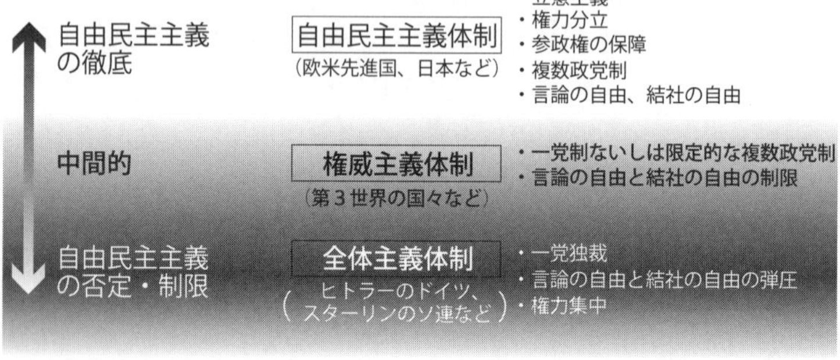

〔出典〕『公務員試験 図解で学ぶ政治学』(実務教育出版、2011年)を基に作成。

開発独裁

「開発独裁」とは、1960年代以降登場した、発展途上諸国での国家主導型の経済開発と、強権的な政治での政治的安定化を目標とする体制をいう。第二次大戦後の東アジア、東南アジアでは、インドのインディラ・ガンディー、韓国の朴正熙、タイのサリット、フィリピンのマルコス、インドネシアのスハルトなどがその例とされる。

強権的指導者のもとで工業化が進められたため、開発独裁と呼ばれる。開発独裁では、第三世界の多様性を反映し、政治、経済、社会、文化などの諸条件によって、いくつかの形態に分れる。一党独裁、「軍部＝官僚」ブロック支配、軍部支配などがそうである。

開発独裁の特徴

開発独裁には次のような、ある程度、共通の特徴が見られる。

①議会制民主主義が形式的に採用されながら、現実には作動していない。政治的自由が制限され、翼賛的な政党が跋扈し、情報操作、選挙干渉が当然のように行われ、議会は国家意思を形式的に追認する場でしかない。

②軍事クーデタによって権力を掌握した軍部がテクノクラートと結びつき、貧富の差を拡大させる工業化や経済政策が推進され、外資・民族資本・国家のブロックが強化される。

③国内治安体制が強化され、仮借のない暴力的弾圧が展開される。政敵だけでなく不満・不平分子に対しても、直接暴力の行使による反対派の抑圧を目的とする「恐怖政治」が常態化している。

開発独裁の変化

現実の「開発独裁」諸国は、政治的な安定性を見せたわけではない。経済成長に正当性を依拠させているため、経済危機が進むと政治的安定が損なわれ、政権崩壊に至る（1998年のスハルト退陣）。経済成長が実現した場合も、都市中間層の民主化要求にさらされ、1993年のタイ軍政の崩壊のように、危機が発生している。

実際に、まず1970年代後期からラテンアメリカで、そして1980年代以後は東・東南アジアで、民主制への移行が続いた。だが、アフリカのスーダンや、東南アジアのミャンマーなど、権威主義体制がいまだ健在である。

また、市場経済への移行過程にある旧ソ連・東欧諸国は、「ポスト共産主義国」といわれるが、権威主義体制を脱し、民主制へ移行してきているものと見ることもできる。

▶ 18-03 〜 18-03

18 - 03

政治文化

各国の社会には一般に共通の価値観、行動様式、生活様式が見られる。これを社会学や文化人類学では「文化」という。日常的に学問や芸術などが文化だが、学問的には広い意味で使われる。その文化の政治的側面を「政治文化」という。アーモンドらの政治文化の類型が有名で、未分化型、人民型、参加型の3類型が立てられている。　　　　(加藤秀治郎)

政治意識と政治文化

政治意識が、個人の態度、行動を主に扱っているのに対して、政治文化は、各国の社会レベル（ときには集団のレベル）についていうものである。「政治社会の構成員に一般的にみられる政治的価値観、行動様式」である。いわば「国民的性格」の政治的側面いうものである。政治は有力者の行うことだとして、一般庶民は政治になんらの関心も示さないような伝統的社会もあれば、すべての成員が政治に積極的に参加していくべきだと考える民主的な政治文化の社会もある。

政治文化と政治的社会化

前の世代のもつ政治的価値観、態度、行動様式は、政治的社会化を通じて後の世代に継承されていく。その意味で政治的社会化は、その社会の政治文化を伝達、継承するものといえる。政治的社会化を「政治文化への誘導プロセ

ス」（アーモンド）とした定義はこれを強調したものである。

政治文化の類型

政治文化ではアーモンドとヴァーバの類型が代表的である。彼らは未分化型、臣民型、参加型、の三つの類型を立てた。

①「未分化型」は、政治的、経済的、宗教的役割が混合状態にあり、専門化した政治的役割が分化されていない型で、発展途上国などに見られる。

②「臣民型」は、政府の権威を明確に意識しているものの、積極的な参加者と考えることはなく、受動的にアウトプット（政府の下す決定）にのみ関心が向いている型で、戦前の日本やドイツはこれに近かったとされる。

③「参加型」は、政治システムのアウトプット（要求・支持）だけでなく、インプットにも関心が向き、政治システムの中で活動しようとする型で、米国や英国がこの型に近い。

18 ≫ 比較政治学の理論

図表18-3　政治文化の類型

	例	関　心
未分化型	発展途上国	なし（入力、出力とも）
臣民型	戦前の日独	出力のみ。入力については消極的
参加型	英　・　米	入力、出力ともに関心

〔注〕理解しやすいように単純化してある。

各国の政治文化

　アーモンドの政治文化の３類型は、理論的に純粋なものとして考えられており、現実にはこれらの中間的な型が存在しているとされる。アーモンドらは、民主主義の安定にとって適合的な政治文化は、「参加型」に近いものだが、それが伝統性や受動性と均衡を保っているような場合だとし、それを「市民文化」と呼んでいる。

　また、政治文化は固定的なものではなく、世代交代や社会変動に伴って変化していく。それを文化変容という。例えば日本は、戦前には「臣民型」であったが、戦後、次第に「参加型」に向かってきているとされる。

19 » 行政国家と官僚制

19 - 01

「行政」の概念

　「行政とは何か」を考える手がかりは、「行政」と「民間」、あるいは「公」と「私」との境界線にある。行政には民間では行い得ないとされる固有の領域があるが、時代や地域によって行政と民間の境界線は異なり、変化もしている。現代においては、福祉政策など行政サービスが増大している。ただ、そこには問題も生じている。　　　　　　　　　　　　（石上泰州）

行政の活動と民間の活動

　行政の概念をめぐる重要な論点は、行政の活動と、民間の活動との境界にかかわる問題である。社会における諸々の活動を、行政（公）の活動と民間（私）の活動とに大別したとき、行政（公）は、どこまでの役割を担っているか、また、どこまで担うべきか、という問題である。

▶ 19-01 ～ 19-02

この意味での行政の活動の範囲は時代により、また、国により異なっている。例えば日本の電話事業は、30年ほど前までは電電公社（日本電信電話公社）という国営企業によって担われていたが、現在は、複数の民間企業の活動に委ねられている。各々の事業を政府の活動とするか、それとも民間の活動に委ねるかという判断は、最終的にはその時々の政府が政治的に行う。ただ、時代の潮流があり、各々の政府はそれに影響を受けてきた。

安上がりの政府

資本主義が発達し始めると、その担い手である市民階級（ブルジョアジー）は、より自由な経済活動を営める社会を望んだ。彼らは行政の活動は自由な経済活動を抑制し、資本主義の発展を妨げるものと受け止めていたので、行政の活動は必要最小限のものに限られるべきだと考えた。安上がりの政府、チープ・ガバメントである。

職能国家

産業革命にともない急速に都市化が進行すると、貧困問題や衛生問題をはじめ放置できない社会問題が発生し、対応を行政が主導的に担うことが期待された。また、深刻化する労働問題や公害問題といった自由な経済活動の弊害を行政が是正することも期待されるようになった。行政は社会の改善のために積極的、能動的な役割を果たすべきだと考えられるようになった。これ

を、職能国家（サービス国家）という。

福祉国家

普通選挙制の導入などを通じて大衆民主主義が定着すると、国家が国民の生存権を保障することを標榜するようになった。これを福祉国家という。こうした諸国では生活保護や公的医療をはじめとする低所得層向けの政策が拡充され、また国民生活の安定を図るために不況対策やインフレ対策といった経済政策が積極的に実施されるようになった。そのため、福祉国家を標榜する諸国は行政活動の範囲をさらに広げ、その分、多額の税収を必要とするようになり「大きな政府」となっていった。
(⇒05-03 行政国家化現象、19-02 行政国家)

福祉国家の見直し

第二次大戦後、当時の先進諸国は経済成長に伴う豊富な税収に支えられて福祉国家の道を歩んできた。しかし、1970年代の後半になると経済の低迷によって財政危機に直面し、この路線を見直さざるをえない状況においこまれていった。

そして米英、日本などでは、「大きな政府」から「小さな政府」への転換というかけ声のもと、行政活動の範囲を縮小することをめざす行政改革が進められていった。こうした政策の一環として、国営企業の民営化、規制の撤廃、緩和などが図られた。日本を含め、今日でもこうした潮流は基本的に引き継がれているといえる。

19 》 行政国家と官僚制

政治と行政

　行政とは何であるのかをめぐる第2の論点は、「政治」と「行政」の役割分担にかかわる問題である。通常、政府の統治権は立法・行政・司法の三権に分けられるが、そこにおいて行政の果たすべき役割や、行政の位置づけが問われることになる。日本でとくに問題となるのは政治（立法）と行政との関係である。

　そこには、国民の代表機関である国会（立法権）が内閣（行政権）に優越すべきとする民主主義の原理を強調する考え方と、国会と内閣は相互に抑制均衡の関係におかれるべきという権力分立の原理を強調する考え方とがある。前者の考えに立てば、行政の役割はより受動的なものとなり、後者の考えに立てば、行政の役割はより能動的なものとなる。

19

行政国家と官僚制

---

19 - 02

行政国家

　19世紀中頃から、都市化、産業化での社会問題に対応して、各国は自由放任主義の消極国家から、社会保障制度など幅広い行政サービスを提供する積極国家に変貌した。この中で立法府を軸とする国家から、行政府に重心をおく国家へと移行した。これを行政国家化現象という。「ベヴァリッジ報告」での福祉国家の提唱もこれを加速した。　　（青木一益）

消極国家

　19世紀中頃まで、国家は国民の生命・財産を保存するため、外敵の侵入防止と、国内の治安維持にかかわっていれば良いとされていた。国防と警察のみに関与するということで、消極国家という。この国家観は市場原理を重視するアダム・スミスのような自由放任主義に対応するもので、資本主義経済の進展した19世紀のイギリスで広まった。

　政府の果たすべき役割は、警察官による夜の巡回に尽きるといった国家観であり、ドイツの労働運動指導者ラッサールは、このような国家のことを揶揄して「夜警国家」と呼んだ。夜警しかしない国家と、非難を込めた言葉であった（⇒05-03 行政国家化現象）。

積極国家

　19世紀中頃から、都市化や産業化に伴う社会問題への対応を余儀なくされた各国は、それまでの自由放任主義にもとづく消極国家から、社会保険制

213

度や産業保護策などの実施により、幅広い行政サービスを国民に提供する積極国家への変貌した。そこでは行政府が拡大し、行政国家といわれる。また、福祉政策が重視された側面を福祉国家ともいう。

福祉国家

20世紀に入ると西欧諸国を中心に、国家・政府は良好な国民生活を助長し、国民の福祉の向上を図るべきだとする国家観が台頭した。二度の世界大戦と世界恐慌による国民生活の荒廃を契機に、市場原理を基調とする資本主義体制は修正を迫られた。これを背景に福祉国家への移行が始まった。そこには旧ソ連など社会主義諸国との体制間競争もあり、富の格差を放置せず、西側各国政府は広範にわたる行政サービスを提供するようになった。

このような国家観の変化にともない、国民生活に対する政府介入はもはや必要悪ではなく、不可欠なものとして理解されるようになった。こうして、近代国家から現代国家への移行は、「福祉国家」の登場をみることとなった。
(⇒05-03 行政国家化現象、19-01「行政」の概念)

ベヴァリッジ報告

福祉国家への流れで有名なのは、イギリスでの「ベヴァリッジ報告」(1942年)である。国家が国民に最低生活水準を保障する「ナショナル・ミニマム」として、社会保険の基礎が形づくられた。それ以前にも第一次大戦後のドイツでは、ワイマール憲法で生存権や生活権による社会保障制度の充実がうたわれていた。最低限度の生活を国民に保障することを国家の責務とするもので、憲法上の権利概念として定着してゆくことになった。

このような国家観は急速に普及した。特にスウェーデンやノルウェーなど北欧諸国では、雇用、介護、年金、教育などの領域で、政府による手厚い行政サービスが、階層を越えて国民に広く提供されるようになった。

行政国家化現象

行政サービスの拡充は、その業務を支えるため、財政規模と公務員数の増大を招き、政府の権能に質的変化をもたらした。国民各層の生存権を保障すべく、所得の再分配を行うことが政府の責務とされ、景気変動による不況への対処のため、積極的な経済介入が求められたのである。

政府が、ケインズ経済学に依拠した金融・財政政策を実施し、公共支出の拡大による完全雇用の実現や、金利引き上げによるインフレ阻止などを目的に、景気回復策を行うようになった。20紀以降の、このような状況への移行を「行政国家化現象」という。
(⇒05-03 行政国家化現象)

行政国家の問題点

国家活動の拡大は、国民の福祉向上を目的とするものの、市民生活の諸課題の解決で、行政府が決定権を独占す

ケインズ
(Keynes, John Maynard 1883 - 1946)

る状況を招いているとして、問題視されるようになった。行政サービスの拡充に伴い、行政による管理・統制社会の進行が不可避となり、行政権を担う官僚機構が他の政府部門に優位する現象がみられるようになったのである。

高度の専門性・技術性を有する官僚機構は、実質的な政策立案機能を担うなど、立法府たる議会に対して、決定権の面で優越的な地位にたつようになった。権力分立制のたてまえにもかかわらず、立法・予算からその執行に至る政治権力の中枢は、行政によって掌握されているとして、それをどう統制するかが問題となっている。

19 - 03

行政改革とNPM

　第二次世界大戦の後、各国政府は経済成長のもと、福祉政策を拡大していたが、オイルショックで成長が止まると財政危機に陥った。また、福祉国家政策の見直しも迫られ、行政改革が議論され、実施されるようになった。さらには行政部門に企業的経営手法を導入するNPM(ニュー・パブリック・マネージメント)も広まった。　　　　　　　　　　　　　(青木一益)

国家財政の危機

　福祉国家観にもとづき、市場経済への介入を深めていた各国は、オイル・ショック（石油危機）で高度経済成長が止まると、国家財政の逼迫の問題に直面した。安定した税収を期待できない各国政府は、膨張した財政支出を維持するのに、赤字公債の発行を余儀なくされた。

　しかし国民は、行政サービスの低下にも、増税にも反対した。政治的支持の喪失をおそれる各党も、相矛盾する国民各層の要望の前に対応策を出せなかった。こうして各国政府は財政破綻という深刻な状況に陥り、国民からの借金に頼っていった。

福祉国家への批判

　国家財政の危機的状況のもと、福祉国家の考え方に根本的な疑問が呈され

るようなった。

　「大きな政府」により、福祉や補助金に対する依存体質が国民の間に広がり、肥大化した行財政そのものが、市場経済の活力を殺ぐ原因になっているとされた。また、市場だけでは巧く調整できない問題につき、政府は許認可や参入制限などの規制を設けたが、それで保護される業種に既得権益が生じ、競争原理が働かなくなる面があった。市場への政府の過度な介入で、事業活動で経営改善のための自発性が疎外される、モラル・ハザード（倫理の欠如）などの問題が顕在化した、との批判も出された。(⇒05-03　行政国家化現象)

行政改革

　先進各国では、福祉国家の見直し作業を通じ、政府部門の簡素化・効率化をめざす行政改革の断行が不可欠と考えられるようになった。経済・社会の停滞感は、「政府の失敗」にこそ原因があるとされたのだ。

　1979年に誕生したイギリスのサッチャー政権は、市場経済の発展に欠かせない技術革新や起業家精神がないがしろにされているのは、政府による過剰な介入が原因であるとした。

　このような、経済的自由主義にもとづく「小さな政府」論は、アメリカのレーガン政権や日本の中曽根政権にも引き継がれ、その理念の下、航空・運輸などの業界規制の緩和や、通信市場の開放による民営化など、一連の行財政改革が行われた。

公共部門の経営改革

　1980年代以降の行政改革は、規制緩和や民営化などを促進し、市場メカニズムを最大限活用しようとした点に特徴がある。NPM（New Public Management：ニュー・パブリック・マネージメント）とは、これらの目的の実現のため、行政運営や官僚機構の組織管理に、民間企業にみられる革新的な経営理念や、業績・成果主義などを取り入れるべきだとする考えである。したがってNPMは、公共部門に関する経営理論、あるいは行政の企業的経営ともいえる。

　1980年代半ば以降、NPMは、イギリスやニュージーランドなどのアングロ・サクソン系諸国で活用された。その後スウェーデンやノルウェーなどの北欧諸国や、オランダやフランスなど大陸諸国へも広がりをみせた。

NPMの手法

　NPMを導入した諸国では、民間企業経営の視点から、国民を消費活動における顧客とみなし、行政機構をいわば構造的に改革する必要性がうたわれた。政府による財政負担を増やさずに、行政サービスや公共部門の活性化を図ることがめざされたのである。行政部門の効率化を図るため、民間資本の活用策（PFI）や行政サービスの民間委託などの手法が導入された。

　加えて、近年のNPM論のなかには、地域住民やNPO（非営利団体）による参加や協働による行政運営により、

市民社会による統治が実現するとして、より直接民主主義的な改革手法を重視する立場がみられる。そこでは、行政の肥大化を不可避としつつも、公的部門における政治的機能を、市民による参加・協働により補完することが企図されている。

19 - 04

ウェーバーの官僚制論

ドイツの社会学者ウェーバーは、支配の正統性として、「伝統的支配」「カリスマ的支配」「合法的支配」の三類型を示したが、そのなかで、近代官僚制こそが合法的支配の最も典型的な形態であるとした。近代官僚制が備えるべき諸原則として、権限の原則、階統制の原則、公私の分離、文書主義、専業の原則などを提示した。

（石上泰州）

▌近代官僚制

官僚制という言葉は、18世紀末、革命前後のフランスにおいて使われるようになったといわれる。その後、多義的に用いられてきたこの概念を明確に規定し、特質を整理したのはドイツの社会学者ウェーバーである。ウェーバーは、官僚制を歴史的に家産官僚制と近代官僚制とに区分した。どちらも、ピラミッド型の構造をもつ組織であることに変わりはないが、家産官僚制は、古代の帝政や中世の封建制のもとでの主従関係を基礎としたものである。

それに対し、近代官僚制は自由意思による契約関係を基礎としたものであるとして、家産官僚制との相違を強調した。単に官僚制という場合、近代官僚制を意味していることが多い。

ウェーバーは、支配の正統性として、「伝統的支配」「カリスマ的支配」「合法的支配」の三類型を示したが、その上で、近代官僚制こそが合法的支配の最も典型的な形態であるとした。

▌近代官僚制の諸原則

ウェーバーは、近代官僚制が備えるべき特質として、次の諸原則を列挙した。これらは、現代の行政官僚制が備えるべき要件にもなっている。

▌規則による規律・権限の原則

官僚制の活動は、支配者の恣意的な命令によってではなく、客観的に定められた規則に従って実施される。活動は、規則に定められた権限に基づいて

なされる。職員は規則に忠実でなければならない。

ピラミッド型構造

官僚制はピラミッド型の階層構造に編成されており、上下の指揮命令系統は一元化されている。部下にとり命令に服すべき直属の上司は1人である。指揮命令系統の一元化である。階統制の原則ともいわれる。

公私の分離

官僚制の公的な活動は職員の私的な生活とは明確に分離されており、業務に必要な資材はすべて職場において支給される。

文書主義

官僚制に関わる規則、官僚制による決定、および決定に至るまでの過程などは、すべて文書化され、文書に記録、保存される。

契約制・資格任用制

官僚制の上下関係は身分によるものではなく契約によるものなので、職務を離れたところでは上司と部下に上下関係はない。職員は、その契約を自由に解約（辞職）できる。職員の採用は公開の試験によって行うなど、職員の人事は専門的な学識や能力を基準に行われる（資格任用制）。

ウェーバー
(Weber, Max
1864 - 1920)

専業の原則・定額俸給制

官僚制の職員は職務に専念するため専業でなければならず、兼業や副業は原則として禁止される。そして、職務に専念できる経済基盤を保障するため、官僚制の職員は職務の種類などに応じて定額の俸給を受ける。

官僚制の合理性

ウェーバーは行政組織のみが官僚制的な特質を備えているとしたわけではなく、官僚制は近代社会における組織全般にみられる現象であるとした。工業生産の機械化や分業化などが進む近代化の過程において、社会組織一般が官僚制化していると論じた。

それは官僚制組織がほかの組織形態に比べて技術的に卓越した特性を有しているからであり、完成された官僚制組織では、業務が迅速かつ統一的、安定的に処理される。また、個人的な感情や非合理的な判断が排され、客観的で予測可能性の高い組織活動が確保されることになる。

20 ≫ 行政学の形成と発展

20 ＞ 行政学の形成と発展

20 - 01

行政学の形成

　行政学は、官房学とシュタイン行政学に始まる。官房学は君主のための学問であった前期官房学に始まる。後期には分化して、経済学や財政学から独立した後期官房学たる「警察学」となった。また、「法による行政」を説く行政法学が重視されるようになると、シュタインは独自の行政学を発達させ、「憲政」と「行政」の視点を設定した。　　　　　（進邦徹夫）

前期官房学

　17世紀前半からドイツでは各領邦君主が絶対君主制の確立をめざし、国土復興と殖産興業政策を競った。君主の利益維持・増大と産業育成を図る国家経営が求められ、殖産興業など統治につき献策がなされた。今日の財政学、経済学、政治学、行政学などが含まれており、これらの実践的学問を総称し

► 20-01 ～ 20-02

て官房学（カメラリズム）と呼ばれた。献策を採用された者は官僚に登用された。官房学が「君主と官僚のための学問」と言われる所以である。

官房学では、行政は「公共の福祉」のためにあるとされ、君主による幸福促進主義を実現するためとして、臣民の生活への規制（この規制を「ポリツァイ」という）を正当化した。前期官房学では、「公共の福祉」の思想的背景を、キリスト教神学、王権神授説においていた。代表的論者はベッヒャーやゼッケンドルフ、オッセなどである。

後期官房学

18世紀初頭にはいくつかの大学に官房学講座が置かれ、官房学は官僚養成のための学問の性格を強めた。この時期から後は後期官房学とされる。前期官房学で未分化だった経済政策学、財政学、警察学が分化し、そのうち国家の統治技術の部分を取り出した学問（警察学）が自立化しはじめ、行政学に近いものとなった。

オーストリアのゾンネンフェルスやベルクらがいるが、独自に警察学の体系の樹立を試みたドイツのユスティが「行政学の父」として著名だ。彼は警察学を、国家資材（物質的財貨、国民の労働力や才能）を維持・増殖させ、合理的な運用を目指すものとした。

警察の本質を、「公共の福祉」促進のための「国家の一切の内務事務の処置」と理解した。後期官房学は自然法哲学の影響を受けたものの、君主の利益を増大化させることを「公共の福祉」

と理解した点で、前期官房学と相違は必ずしも大きくない。

警察学

行政学史で警察学が着目されるのは、後の行政法学につながる学問だからである。「ポリツァイ」は「警察」と訳され、誤解を招きやすいが、当時の「ポリツァイ」は今日の「公共の福祉」に近いもので、広く内政全般を指した。

「ポリツァイ」とは、部分的ながら「君主をも拘束する」もので、市民生活のための規律と秩序を維持し、生活を向上させるための学問であった。後に行政法学が登場すると、これは「法律による行政」に取って代わられた。

ドイツ公法学

19世紀に入りドイツ国内で近代国家建設へ動きが始まると、絶対君主制を背景にした官房学が衰退し代わって公法学が台頭した。ドイツ公法学がめざしたのは、議会によって制定された法にもとづく行政であった（法律による行政の原理）。

19世紀前半にモールは、官房学や警察学の説いた君主による恣意的な警察（＝行政）権の行使を批判した。19世紀後半になると、公法学はシュタイン行政学の影響を受けて、国家と社会の相互関係を考察するようになり、ゲルバーやグナイスト、ラーバントらが活躍し、これをマイヤーが体系化し近代公法学が確立された。「憲法は変わるけれども行政法は変わらない」と

20 » 行政学の形成と発展

シュタイン
(Stein, Lorenz von 1815-1890)

学者シュタインは、市民社会を意識して、国家の役割としての行政を考察した。従来の官房学を、国家だけを知って、社会を知らないものと批判し、社会と国家を結ぶ学問の重要性を説いて、独自の行政学理論を構築した。

彼は官房学の根本概念であった「警察」(ポリツァイ)を、「憲政」と「行政」の二つの概念に分け、社会による国家の統制を「憲政」、国家による社会の統制を「行政」とした。また「行政」を「活動する憲政」と位置づけて「憲政」の重要性を説き、恣意的な「行政」の排除を目指し、「行政なき憲政は無内容であり、憲政なき行政は無力である」と主張した。

述べたその学説は、わが国の行政法学にも大きな影響を与えた。

シュタイン行政学

ヘーゲルの影響のもと、ドイツの法

---

20 - 02

政治・行政二分論

欧州でシュタインが独自の行政学を論じていた頃、アメリカでは猟官制に基づく公務員任用制度の限界が意識され始め、行政への関心が高まっていた。そこで、公務員、そして行政を分析する新しい枠組みが模索され始めた。これをリードしたウィルソンらは、行政は政治とは異なった原理で動いているとし、「政治・行政二分論」を唱えた。　　(小島和貴)

アメリカ行政学の行政理論

アメリカ行政学には行政理論と組織論という、二つの系譜がある。まず行政理論だが、政治・行政二分論から行政管理理論へ、そして政治・行政融合論へという潮流がある。他方、組織論は、古典的組織論から人間関係論へ、そして現代組織論と展開してきた。

政治・行政二分論は、アメリカ行政学における行政理論の嚆矢であった。この理論は、ウィルソンに始まり、グッドナウらによって押し進められた。

ウィルソンの行政理論

アメリカの行政学が誕生した19世紀後半には、猟官制の公務員任用制により、アメリカでは政治腐敗に悩まされていた。都市化の進展など、社会背景の大きな変化も認識され、対応が求められていた。さらには、公務員が頻繁に入れ替わるために生じていた非連続性も問題とされ、新しい行政の在り方が模索されていた。

ウィルソン
(Wilson,
Thomas Woodrow
1856 - 1924)

1883年にはペンドルトン法が成立し、公務員任用に資格任用制の要素が導入されたが、このような中で学問的な行政研究の必要性を訴えたのが、ウィルソンであった。後に彼は第28代大統領となるが、プリンストン大学学長になるなど、学者としての経歴も有していた。

ウィルソンは論文「行政の研究」（1887年）で、政治と行政を明確に二分し、行政の領域は政治の領域の「外」に存在するものと主張し、行政を政治（政党政治）の影響から隔離すべく努力した。行政とは「政治固有の領域外」にある「ビジネス」の領域であるとし、能率の最大化とコストの最小化に関心を注いだのである。そして、アメリカに近代官僚制を創り出そうとした。

グッドナウの行政理論

政治・行政二分論を独自の問題意識から展開したのはグッドナウである。ウィルソンは行政を政治の「外」の「ビジネス」とし、能率とコスト最小化に向かったが、グッドナウは、『政治と行政』（1900年）で、政治と行政をこう関係づけた。政治は「国家意思の表現」であり、行政は「国家意思の執行」であるとしたのである。

行政管理論

20世紀に入ると、行政学は経営学の影響を受けるようになった。特に大きな影響力をもったのはテーラーの科学的管理法である。ウィルソンやグッドナウの行政学と、この科学的管理法を融合させる形で登場してきたのは、行政管理論である。ホワイトやウィロビー、さらにはギューリックといった論者によって展開されたものである。

科学的管理法は、行政の領域では行政の効率化のために用いられた。タフト大統領の「節約と能率に関する大統領委員会」では、「節約」と「能率」がキーワードとされ、効率化が図られた。そこでは行政管理論の知見も参考にされたのであった。（⇒21-01 技術的行政学）

20 ≫ 行政学の形成と発展

20 - 03

政治・行政融合論

　行政学理論では「政治・行政二分論」が先行したが、世界大恐慌や失業問題など、社会が大きく変化し、新しい行政観が求められた。「職能国家」や「福祉国家」の建設に向けて動き出し、アメリカの行政を分析する枠組みは「政治・行政融合論」として発展するようになる。アップルビー、サイモン、ダール、ワルドーらが代表的論者である。

（小島和貴）

社会変容と行政

　1929年の世界大恐慌に対し、アメリカのルーズベルト大統領はニューディール政策の一環として失業救済に着手した。それまで失業は個人の問題として、基本的に国家は関与しないものとされていたが、従来の政策では混乱は収拾できず、福祉国家の途が模索され始めた。行政学ではこれを職能国家（サービス国家）ということがある。

　国家の機能は肥大化、複雑化し、行政のありかたも、行政学も変化を見せた。1940年代に入ると政治・行政二分論にも、批判が向けられ、政治・行政融合論が登場してきた。

アップルビーの批判

　ニューディール期に行政官として政策形成にかかわったアップルビーは、『政策と行政』（1949年）で、政治とは切り離された行政固有の領域を設定する枠組みを批判した。行政は政策形成であり、一連の政治過程の一つであ

るとし、政治と行政の連続性を指摘したのである。その後、「正統派の行政学」を支えたギューリックにより、政治・行政二分論の限界が認められると、アメリカ行政学は政治・行政融合論の時代を迎えることとなった。

サイモンの批判

　サイモンは、管理や組織の一般原理を導くことに努めてきた行政学で、明らかにできたのは行政の一面の原理にすぎないと批判した。相互の原理においては、諺のごとく相矛盾するものであるとしたのである（『行政の諺』1946年）。

ダールの批判

　ダールは、それまでの行政学の方法論に理論的に批判を加えた。①価値中立的立場から議論されてきた行政学もその規範性を排除することができない。②行政分析の際、合理的な存在として人間を設定することには限界が

223

▶ 20-03

あり、人間の非合理性をも考慮する必要がある。③行政領域を行政固有の領域として設定するのは限界があり、社会的比較の視点が求められる。これらを『行政の科学——三つの問題』（1947年）で批判したのであった。

ワルドーの批判

ワルドーは、能率という純粋概念の追求には限があるとし、必要なのは何のための能率であるのかを問う必要性を提起した（『行政国家』1948年）。そして、それまでの「機械的能率」と「社会的能率」につき、批判的に検討し、能率の客観的側面と規範的側面をともに視野に入れる「二元的能率観」を唱えた。

21 » 行政理論

21 - 01

技術的行政学

アメリカでは政治と行政とを分離し、行政を、政治の決定を技術的に遂行する過程と考える「技術的行政学」が発達した。「行政」を技術的手段として、「政治」から分離するもので、ウィルソンやグッドナウの「政治・行政二分論」である。ウィルソンらが発展させ、行政を経営と同質と考えるギューリックの「行政管理論」に連なる。　　　(真下英二)

政治・行政二分論

政治・行政二分論は、理念や価値の対立を前提とする「政治」と、国家の目標を達成するための技術的手段としての「行政」とを分離しようする考えをいう(⇒20-02 政治・行政二分論)。ウィルソンやグッドナウに代表される。アメリカで公務員の任用を党派的情実で行う猟官制により、党派政治により行政

▶ 21-01 ～ 21-02

が左右された苦い経験が背景にある。

「行政」はあくまで技術的なもので、「政治」に左右されてはならないとの考え方である。「行政の領域とはビジネスの領域」とのウィルソンの言葉は、この考えを明確に示している。

グッドナウの行政の機能

グッドナウは行政の機能を、三つに分けた。①「準司法的機能」（法律の一般的規制の範囲で具体的事案を審査する機能）、②「執行的機能」（単なる法律の執行にとどまる機能）、③「複雑な行政組織の設立・保持にかかわる機能」の三つである。その上で、政治は行政を統制する必要があるが、単なる法律の執行に基づく「執行的機能」以外の機能を、政治が統制するのは有害だとした。

行政管理論

政治と行政とを分離し、行政とは政治が形成した意思を、あくまで技術的に遂行する過程と考える技術的行政学は、ウィロービーなどにより確立された。技術的行政学は、行政とは経営の領域に属するものとみなしたので、行政の遂行はいかなる方法と条件で効率的になるかという、「能率」が問題とされた。行政における組織管理の重要性を強調する行政管理論も、こうした能率概念にのっとっている。

この視角では、科学的管理法にもとづき、私企業の経営と行政管理が同様に論じられた。行政における能率と効

果の測定という問題を提起したという点に、大きな意義が認められる。また、政治と行政の分離を前提とするこの考え方は、行政学を一つの独立した体系として成立する一つの契機となった点でも、重要な意味を持っていた。
(⇒20-02 政治・行政二分論)

ギューリックのPOSDCoRB

20世紀前半にギューリックは、行政管理責任者の重要な機能を指摘した。

① 計画（Planning）
② 組織（Organizing）
③ 人事（Staffing）
④ 指揮（Directing）
⑤ 調整（Coordinating）
⑥ 報告（Reporting）
⑦ 予算（Budgeting）

この七つであり、それぞれの頭文字をとって「POSDCoRB」（ポスドコルブ）と呼ばれる。

行政管理はこの七つに集約され、これらを行政の最高責任者は遂行すべきだとされた。そこには、機能遂行の責任者たる行政管理責任者が、どのように活動するかで組織が大きく左右されるとの考えがある。そこからは、組織の運営は組織内コミュニケーションと統制ネットワークをどう構築するかという問題であり、行政管理は組織運営であるとの考え方も生じてくる。

技術的行政学に対する批判

技術的行政学は、行政の技術的合理性をとらえ、行政管理の重要性を明確

21 » 行政理論

ギューリック
(Gulick,
Luther Halsey
1892–1993)

にしたが、経済的合理性にもとづき人間を機械であるかのように論じる面があった。また、行政の技術的能率性を最大限に重視していたので、次のような批判も出た。

行政目的を実現するための、行政手段の合理性だけを追求しても、目的そのものの合理性が達成されるわけではない。また、行政の有効性を保障するには、顧客としての市民の満足度を最大化させることこそが重要ではないか、といった批判である。

特に、20世紀に、行政国家化現象が進み、行政権の拡大で政治と交錯する面が多く見られるようになると、行政は政治と完全に分離された技術的過程ではなくなり、政治と不可分の関係にあるとの認識が広がっていった。こうした中、技術的行政学に代わり、機能的行政学が誕生することとなった。

21 - 02

機能的行政学

機能的行政学は、技術的行政学を批判し、政治と行政を一体のものとしてとらえることを主張したものであり、政治・行政融合論ともいう。「能率」についての考え方でも、技術的行政学とは大きく異なり、ディモックの「社会的能率」やワルドーの「二元的能率」が唱えられた。行政のあり方そのものを見直すことにもつながった。 (真下英二)

政治・行政融合論

機能的行政学は、技術的行政学の基盤にあった「政治・行政二分論」を批判した。技術的行政学は、行政の合理化のため、政治と行政の分離を主張したが、政治と行政を峻別するのは難しいとされ、政策の形成と執行を連続的にとらえる必要が説かれた。そこから「政治・行政融合論」が生まれた。

行政の「目的と価値」

行政国家化の進展にともない、政府

の役割も変化した。単に社会の安定を維持するだけでなく、社会の福祉を増進し、社会的公正を確保していくことも求められるようになった。

現代の行政管理は十分な「社会的効果」を保障するものでなければならず、手段と方法での「機械的能率」の重視ではなく、「目的と価値」を決定することが重視されるようになった。機能的行政学は、現代行政を社会の公共事務管理と捉えるのである。

社会的能率

機能的行政学は、行政は社会の「目的と価値」を決定するものと捉えていた。そこでは以下の理由で技術的行政学のいう機械的能率の観念は、相応しくないものとされた。

①行政活動とその出力の因果関係を測定するのは困難である、②「能率性」は価値判断に適さない、③行政の成果を正確、客観的に測定するのは著しく困難である、という理由であった。そこからディモックらは、機械的能率に代わる能率概念として、「社会的能率」の概念を唱えた。

二元的能率

ディモックの能率観では、社会的能率の名の下、非能率が是認されがちとなる可能性があった。そこでワルドーは、能率を二つに分けて論じた。目標が明確で機械的に判断しやすいものについては「客観的能率」を適用し、判断基準が個人の主観に大きく左右され

るものについては「規範的能率」を適用するとの考えである。二元的に行政の効果を把握すべきとしたのである。

機能的行政学と行政

行政は次第に社会的効用を保障する役割を求められるようになり、この行政の実質の変化から、行政学も根本的な見直しがなされた。機能的行政学は、政治と行政との関係、行政における能率概念を見直すことで、行政の捉え方そのものを大きく変更した。

そこでは、①行政における組織はフォーマル組織としてだけではなく、目的への共感と構成員間のコミュニケーションを重視したインフォーマル組織の人間関係として理解される必要がある、②行政は社会の発展との間に、常に適応的変化を試みなければならない、③現代における行政責任は、直接、行政そのものに対する内在的責任の意味をもつものでなければならない、とされた。

機能的行政学の展開

機能的行政学はその後、以下のように多様な展開を見せた。

①バーナードやサイモンに代表される意思決定のパターン分析、②コミュニケーション分析を通じて行政組織の行動を説明しようとする行動論的アプローチ、③外的諸条件の変化と行政との相互作用を議論しようとする、ガウスやリッグスの環境論的アプローチ、④ドロアのように公共選択の観点から

合理的意思決定の分析に焦点をあてる政策科学的アプローチなどである。

行政学の知的危機

機能的行政学は、単に行政学にとどまらず、さまざまな学問領域に強い影響を与えたといえよう。しかし、機能的行政学は行政学の体系を構築できないこととなり、他の隣接諸領域の理論を取り込んだだけに過ぎない、との批判が出された。オーストロムのいう「行政学の知的危機」とは、こうした状況をいうものである。

21 - 03

科学的管理法

科学的管理法は、私企業における能率向上の観点で発展したものである。標準化、統制、協同により能率を高めるもので、これが行政管理の分野にも導入された。最小限のコストで最大限の効果をあげるとの観点から、能率的な行政サービスの提供方法の研究が進められた。しかし、批判も出され、人間関係論に取って代わられた。　　　　　　(真下英二)

科学的管理法と行政

アメリカ行政学に強い影響を与えた科学的管理法は、テイラーらによって唱えられ、私企業で業務能率を向上させるために考えられたものである。これが行政管理の分野に導入され、行政効率の向上が図られた。

政府活動における行政の管理過程は、最小限のコストにより最大限の効果をあげることを重視すべきだという点で、私企業の経営の本質的に変わることはないと考えられたのだ。行政学者はこの観点から、最小限の予算・職員数・時間により最大限の行政サービスを提供する方法を研究した。

時間研究と動作研究

科学的管理法の基本は二つの研究から成る。一つは時間当たりどれだけの仕事をするのが標準的かを研究する「時間研究」で、もう一つが、労働者の生産活動における標準的な動作のありかたを研究する「動作研究」である。これらの研究を通じ、従来の個人的、経験的知識にもとづく作業方法に代わる、合理的基準を発見し、作業の標準化を図ることができるとされた。それにより、① 未経験な者でも容易に作業を行うことが可能となり、② 最小の労力と時間で最大の効果をあげることができ、③ 課業管理が可能となっ

て、能率に応じた賃金の決定が可能になる、とされた。

標準化・統制・協同

科学的管理法の基礎原理は、以下の三つの要素から成り立っている。①標準化――行動の指針となるように作業や事務を特定し、その行動指針を作成すること。②統制――標準化された仕事を組織の構成員に割り当てる際、各構成員がそれぞれの職務を、責任をもって行うことができるよう制御すること。③協同――組織における共通の目的、個々の責務とその相互関係について把握し、統制の条件を整えることである。

つまり、「標準化」で作業や事務の特定とその指針の一本化を行うとともに、最小の労働と費用で最大の生産効果と利潤を上げるため、労働工程を細分化し、計画的に配置し、構成員が職務をまっとうできるように「管理統制」する。他方、「協同化」を実現し、組織の共通目的と個々の責務を明確化してそれらの条件を整えるものである。

科学的管理法への批判

科学的管理法は行政学に強い影響を与えたが、強い批判もあった。

①経営管理の行政管理への適用では、仮に能率が数量的に測定可能であったとしても、行政の「質」を測定・評価するのは困難だ、②作業の専門分化、機械的な標準化、統制を求める管理法は、人間を機械の部品であるかのように扱い、人間の感情的な側面を無視するものだ、③仕事が細分化・専門化されることは、組織の構成員にとり、組織全体での自分の仕事の意義や責任を自覚する機会が乏しくし、組織の構成員は命令を機械的に処理する、機関と化してしまう、などである。

このように科学的管理法は、組織を管理する責任者にのみ人間的主体性を認め、組織構成員には自己疎外をもたらす側面があるとされた。テイラーの科学的管理法の主眼は労使関係の改善にあったが、能率を優先させるとの理解の下で進められた科学的管理法は、その非人間性のみがクローズアップされ、結果として、人間関係論に取って代わられることになった。

21 ≫ 行政理論

21 - 04

人間関係論

　科学的管理法への批判から生まれた人間関係論（ヒューマン・リレーションズ）は、ホーソン実験に端を発する。組織におけるインフォーマル（非公式）な人間関係の重要性を強調するものだ。行政組織の下部構成員の満足感を重視しているので、そのことから組織内の民主化を促す意味を持ち、行政学にも大きな影響を及ぼした。　　　　　（真下英二）

■ホーソン実験

　科学的管理法は、科学的合理性という意味での組織能率のみに着眼し、組織内の人間のあり方を無視していると批判された。その頃メイヨーらが、1924年から数年、「ホーソン実験」という一連の実験を行った。工場内での作業員の心理的、社会的要因が作業能率にどのような影響を与えるかを調査したものである。

　そこから、作業員の個性や社会関係が、生産過程における作業に大きな影響を与えることが分かった。特に、個人の経歴と工場内における人間関係、とくにインフォーマルな組織の影響が強いことが明らかになった。能率という観点からも、人間的要素を無視できないのであり、合理性を追求するために人間的要素を排除してきた科学的管理法の非合理性が明らかになった。ここから生れたのが人間関係論である。

■フォーマルな組織と インフォーマルな組織

　人間関係には、組織体の目的達成のために形成されたフォーマル（公式）組織の関係と、自主的、自然発生的に形成されるインフォーマル（非公式）組織の関係とがある。組織管理論でも、双方を考察する必要があるとされていたが、十分でなかった。ホーソン実験などを契機に、インフォーマルな関係が組織の能率を上げるものとして注目されるようになった。

　実際には、インフォーマルな組織のどのような側面が能率の向上に役立ち、何が能率を低下させる要因になるのか、見極める必要がある。従って、組織管理上、組織の構成員の人間関係を把握し、構成員間に存在する問題点を把握し、構成員の安定感、一体感、満足感を高め、より組織の目的に適合した人間関係を形成することが求められることになった。行政でも人間の疎外は、行政を硬直化させるとして、注意が払われるようになった。

▶ 21-04 ～ 21-05

人間関係論の発展

インフォーマルな組織の重要性が認識されるようになると、行政管理でも、組織における人間的要素が重視されるようになった。行政管理の能率を向上させるには、リーダーシップやコミュニケーション、さらには決定への構成員の参加など、人間関係を重視する必要があるとする立場がそれである。メイヨーの人間関係論は、組織内における人間関係の特性を分析するという点で、従来の行政学にも新しい視角を与えることとなった。

人間関係論は、行政組織でも下層の構成員が管理機能に参加することで充足感を高める点に着目したことにより、行政組織の民主化を促す意味をもった。

21 - 05

総括管理機能

古典的組織論の代表的論者ギューリックは、行政管理の要諦をPOSDCoRB（ポスドコルブ）という七つの機能にまとめた。それにそった行政組織とするよう、アメリカで大統領府と市会・市支配人制が整備されていった。これは組織としての「ライン・スタッフ制」につながり、統括管理機能を遂行する組織の基本となった。　　　　　　（永田尚三）

POSDCoRBと行政実務

ギューリックの「POSDCoRB」とは、行政管理の最高責任者に求められる、七つの機能のことである（⇒21-01 技術的行政学）。

アメリカで1937年にルーズベルト大統領により設置された「行政管理に関する大統領委員会」（通称ブラウンロー委員会）で提言された。

POSDCoRBで示された行政トップの職責は、大統領、知事、市長等の職務分析から導き出されたものであった。

これによってギューリックは、行政のトップには本来それだけ多くの総括管理機能が求められるので、たとえ有能な人材でもなかなか一人ですべてを行うことはできないとした。そして、トップに代わり総括管理を行う機関が必要であると訴えた。

大統領府

POSDCoRB理論の影響のもと、アメリカでは、地方レベルでは市会・市支配人制が根付いていったが、中央レ

ベルでは大統領府が創設された。

　創設された大統領府には、人事、予算、企画等の諸機関が包括された。これにより大統領の負担は減り、一方で政府の総括管理機能は整備され、充実した。

市会・市支配人制

　市会・市支配人制は、議会が全権を掌握し、行政実務の専門家として市支配人（シティーマネージャー）を雇い、執行にあたらせるものである。この制度では、議会は立法機能だけではなく、執行に対する最終的な統制権も併せ持つ。議員のうちの一人が首長となり、議長を兼ねる。議会により選任された支配人は、行政運営の全般的な権限を付与され、議会に対して責任を負う制度である。

　市会・市支配人制のもとでは、政治と行政の分離が徹底され、市政を素人に任せることにともなう混乱を避けることができる。行政実務に高度な専門的知識が求められる現代では、実務にまったく精通していない人材が首長となると、行政運営に混乱が生じる危険性がある。この制度では、POSDCoRBといった総括管理を、行政実務の専門家である市支配人が市長に代わって行うことで、そのような混乱を回避することが期待されている。

古典的組織論

　古典的組織論の代表的論者ギューリックの古典的組織論では、①命令系統の一元化、②統制の範囲、③同質性による分業、この三つが組織編成の原理として重要視された。

　①命令系統の一元化は、命令を下す組織のトップは一人でなければならない。②統制の範囲は、トップが統制できる範囲は無限ではなく、適正規模がある。③同質性による分業は、業務を同じ目的、同じ作業方法、同じサービスの対象、同じ管轄区域といった同質性で分業させる、という原理である。

ライン・スタッフ

　古典的組織論はまた、ライン・スタッフ理論を提唱した。プロイセン軍の参謀本部に始まる、軍隊組織の参謀制度から影響を受けたもので、ライン系統と別に、組織のトップの補佐をする別系統の組織をつくるべきだとした理論である。補佐部門のメンバーをスタッフという。（⇒23-01 ラインとスタッフ）

　命令系統の一元化の原理を最も重要視して、組織編制の三原理に忠実に組織をつくると、必然的にピラミッド型の階層制組織ができる。それがライン系統組織である。スタッフ系組織は、ラインのトップに直結した別組織である。原則としてスタッフは、トップに対して助言・勧告はできても、ラインに対して命令はできないとされる。

　POSDCoRBは、ライン・スタッフ理論を応用したものであった。ラインのトップに求められる総括管理機能がPOSDCoRBだが、それを一人では処理しきれないので、代わりに総括管理を

233

▶ 21-05

行う機関の必要性が説かれていた。これはライン・スタッフ理論でいう、スタッフ系統組織に近いものであったのである。

22 ≫ 行政の機構と制度

22 ≫ 行政の機構と制度

22 - 01

任 用 制

　公務員の採用・昇進など任用制は、大きく資格任用制（メリット・システム）と情実任用制（スポイルズ・システム）に分かれる。後者は猟官制とも訳される。西欧諸国や日本では資格任用制が強く、アメリカでは情実任用制が強い。イギリスは、一時期、情実任用制が強かったが、現在では資格任用制を主としている。　　　　　　　　　　　（福澤真一）

資格任用制

　英語ではメリット・システムという。公務員の採用・昇進などの人事を、任務遂行に必要とされる資格・専門的能力にもとづいて行う制度である。官職への任用では、筆記試験など客観的基準による選考が行われ、情実による任用は排除される。公務員は政治的に中立な存在であるべきで、特定の政治勢

力と結びついた人物はふさわしくないという考え方にもとづく。西欧諸国や日本はこの制度を軸としている。

利点としては、①官僚が専門知識、客観的能力をもち、専門化・技術化した行政運営に対応できる、②特定の政治勢力に基盤をおかない、政治的に中立的で公平な行政運営が行われる、③選挙結果や政権交代にかかわらず継続的な行政運営が行われ、効率的で長期的視点に立った政策が実施される、などがあげられる。

欠点としては、①民意が行政運営に反映されにくい、②閉鎖的・特権的な官僚団を生む危険性がある、などの点が指摘されている。

情実任用制

英語では、スポイルズ・システムという。猟官制とも訳される。日本語訳には否定的ニュアンスがあるが、制度上は特に評価を含んでいない。公務員への採用、官職への任命において、能力よりも、党派性が重視される任用制度である。そこに私情が入ることもある。アメリカは今日も情実任用制の色彩が濃い。19世紀中葉までのイギリスもこの任用制度であった。

多くの官職を選挙に委ねるほか、選挙で勝利した政党や政治家によって指名された人物が官職に任用される。幅広い分野から多様な人材が任用されるので、選挙で示された民意を強く反映し官僚機構に対する民主的統制を可能にする点が長所とされる。

欠点としては、①任用に特別に資格が必要とされず、行政運営に必要な専門能力を欠く人物が公務員となる可能性がある、②選挙のたびに大幅な更迭人事が行われ、前政権下での行政との整合性が欠け非効率な行政事務となる可能性がある、③特定の政治勢力と提携し政党化した官僚が登場しやすく、官職が選挙運動や政治献金の代償として利用され、政治腐敗や恣意的な行政運営を招く危険性がある、などである。

イギリスの任用制

イギリスでは、絶対君主制の時代には国王から統治を委任された官僚が行政を運営していた。立憲君主制では、議会が立法権を得たものの、国王の影響下の官僚機構を十分統制できないでいた。しかし、次第に政党が議会内で勢力を増して、議院内閣制が確立されると、政党を基盤とする内閣は、国王派官僚を排除し、自らの支持者に官職を与える情実任用で、官僚機構への民主的統制を図った。

だが、情実任用制の濫用は政治腐敗の温床となるなど、弊害が指摘された。そのため情実任用の弊害排除などを提言した1853年のノースコート・トレベリアン報告を受け、イギリスでは資格任用制と政治的中立性を柱とする近代的公務員制度へと移行した。

アメリカの任用制

大統領制のアメリカでは、かつて選挙の勝者や政権党が選挙運動や資金提

供への代償として支持者に官職（スポイル＝獲物、戦利品）を与えるという猟官制が主流となっていた。特に、第七代大統領ジャクソンは従来の閉鎖的な官僚機構を批判して大幅な更迭人事を行い、学歴や行政能力よりも自らの選挙戦への貢献度に応じた任用を行った。猟官制による任用は当初、官僚機構への民主的統制手段として機能したとされるが、濫用により官職が選挙運動や資金提供への見返りとして利用されるとの指摘が強くなった。

このため、アメリカでも任用制改革の機運が高まり、1883年の連邦公務員法（ペンドルトン法）成立により、部分的に資格任用制が導入された。だが、議院内閣制に比べ行政と立法のかかわりが薄い大統領制のもとでは、行政機構の民主的統制という見地から大統領を補佐するための政治的任命によるスタッフが必要とされ、資格任用の範囲は官僚機構の一部にとどめられている。

22 - 02

独任制と合議制

行政組織の頂点を占める一人の人物が最終的な意思決定をするのが独任制である。一般の行政組織は独任制で、省庁大臣、都道府県知事、市町村長などが「長」である。他方、人事院や公正取引委員会などは、複数の人が合議で意思決定を行う合議制の組織である。責任の明確性、決定の迅速性を重視するか、恣意的な決定の回避を重視するかで分かれる。

（神崎勝一郎）

独任制

行政の執行にあたって、単独の構成員が処理する行政組織を独任制という。単独制ともいう。わが国でも行政機関の多くが独任制を採用している。内閣総理大臣、各省大臣、都道府県知事、市町村長などが独任制の形式をとっている。

この種の行政組織は、上級と下級との命令系統に結合されたヒエラルヒーを形成し、最高の権力者の意思が、末端機関にまで伝達されるといったピラミッド型に組織されている。

独任制の長所としては一般に、明確な責任の所在、統一的な命令系統、迅速な決断、変化への即応性などがあげられる。近代の官僚制は技術的に卓越し、合理的な性格をそなえているとしたウェーバーは、近代官僚制には独任

► 22-02 〜 22-03

制を強めていく傾向があるとした。

合議制

権限を行使するにあたって、その機関の意思が複数の人の合議によって決定するものを合議制という。

わが国では、合議体としての内閣の会議である閣議、行政機関に付置される諮問機関である審議会のほか、行政委員会や会計検査院などが合議制の形式をとっている。独任制が責任の所在の明確さ、統一性、迅速性などを重視しているのに対し、合議制は「考量の徹底性」を重視している点に大きな違いがある。全会一致あるいは多数決にしたがって決定されたときのみ、命令が正当性を有する。

合議制の長所・短所

合議制の組織は、意見や利害の対立や衝突を生じさせ、結局は妥協を導き、業務の統一性や安定性を欠くといわれる。しかし、戦後日本では、行政委員会など「行政の民主化」の一環として、合議制を取り入れた経緯もある。

合議制には、このような利害の公平、民主的な決定などのほか、学識経験者の登用による高度に専門的な問題への的確な処理などの長所を有するとされる。その反面、責任の所在の不明確さや決定に長時間を要するなど、構成員が複数であるがゆえの短所もある。

結局、行政組織の性質に応じて、どちらが適切か、分かれるのであり、一律に長短は言えない。

---

22 - 03

人事院と人事院勧告

戦後、官吏制度が公務員制度に代わり、独立性の高い人事院が設けられた。人事管理での公正中立確保のためで、合議制である。規則を定める準立法的機能があり、事案の判定で準司法的機能を有する。公務員は国家公務員法で身分が保障される代わりに、労働基本権の制約が課せられ、労使交渉で給与を決定できず、代替措置に人事院勧告がある。

(神崎勝一郎)

戦前の官吏制度

戦前の日本では、官僚制は官吏制度

と呼ばれ、官吏は統治権の総覧者である天皇の官吏とされ、官吏制の制定や官吏の任免は、天皇大権に属していた。

統一的な法典はなかったが、勅任官、奏任官、判任官といった、厳格な身分階層区分が敷かれていた。

また、中央人事行政機関が分立しており、官吏制の法制は法制局、試験は試験委員、分限は分限委員会、俸給は大蔵省と、所管が分かれていた。

人事院の創設

戦後、官吏制度は公務員制度に転換された。占領政策の一環でフーバー顧問団の勧告があり、公務員の統一的法典として国家公務員法が制定された。公務員の身分制の廃止、首相所轄の人事委員会の創設が盛り込まれた。

しかし、この人事委員会は、セクショナリズムの強い各省庁に対し、独立性が弱かった。再来日したフーバーの意向を受け、国家公務員法が改正された。主な点は、より強い独立性を持つ内閣所轄の人事院に改組し、国家公務員の労働基本権を制約することであった。

人事院の組織

人事院は国家公務員法に基づき、内閣の所轄のもと、公務員の人事管理で公正中立を確保するための人事行政に関する専門機関である。

人事官3人をもって組織される合議制機関であり、人事官は両議院の同意を経て内閣に任命され、そのうち1人が人事院総裁となる。任期は4年である。人事官は政治的中立性が求められる一方で、堅い身分保障がなされている。

人事院の役割

人事院の所掌事務は、給与その他の勤務条件の改善と、人事行政の改善に関する勧告、職階制、試験、任免、給与、研修、分限、懲戒、苦情の処理など、職員に関する人事行政の公正の確保と、職員の利益の保護などである。

これらの処理にあたり、人事院には人事院規則の制定・改廃や人事院指令の発令などの準立法的機能があり、また、職員の不服申立に対しての審査や勤務条件に関する事案の判定などの準司法的機能を有している。

このように執行的性格を備えた合議制機関であることから、行政委員会の一つとして扱われている。

人事院の独立性

人事院は、省庁の外局として置かれている通常の行政委員会に比べ、内閣からの独立性が高い。通常の行政委員会が国家行政組織法か内閣府設置法を根拠とするのに対し、人事院は国家公務員法を根拠法としている。

そのため、人事院は内部組織権が与えられており、内部機構は人事院自ら管理する。また、二重予算制度がある。人事院の予算の要求書は、内閣に提出されるが、この要求書を内閣が修正する場合、内閣への提出分と内閣修正分の両方を、国会に提出しなければならない。

▶ 22-03

人事院の勧告

国家公務員法では、公務員の身分が保障される代わりに、政治的行為の制限や労働基本権の制約が課せられている。そのため、公務員には民間のように労使交渉で給与を決定できないので、代替措置として人事院勧告がある。

人事院勧告とは、社会情勢に応じた給与額を官民比較によって勧告するもので、国会と内閣に提出される。人事院勧告を受け入れて、給与法の改正案を国会に提出するかどうかは、内閣の判断による。給与改善を完全に見送る判断を下したこともある。人勧凍結という。

23 » 行政の組織と管理

23

行政の組織と管理

23 - 01

ラインとスタッフ

プロイセンを起源とするライン・スタッフ組織は、行政組織にも導入された。小規模な組織にはラインだけの組織もあるが、多くはライン・スタッフ組織となっている。また、スタッフの権限は古典的には助言・勧告だが、今ではそれに留まらず、ラインの権限たる統制・命令の権限を、一部、遂行するようになっている。

(半田英俊)

■ラインとスタッフの起源

ラインとスタッフは、プロイセンにおける軍隊組織の役割分担に起因する。ラインとは、軍隊での実働部隊（ライン＝前線）を指し、スタッフは、実働部隊に命令を下す指揮者を補佐する参謀部を指すものであった。

従来のラインのみの軍隊組織では、軍隊の統率において指揮者に過度の負

241

担がかかる欠点があった。そこでスタッフという補助機関を設け、機能分化を図ったことは、指揮者の負担を軽減させ、軍隊の効率アップにつながった。

このことから、後に他国の軍隊にも導入され、今日では企業や行政などの組織系統にも応用されている。

ライン

組織には、ラインのみで構成されるものと、ラインにスタッフをつけて補佐させるライン・スタッフの二種類が存在する。

ラインは、組織が果たすべき課題を、単一の命令系統によってこなしていく形態を指す。命令系統や権限、責任の所在が明確なことから、組織が小規模、あるいは単純な構成の場合には、この型をとることが多い。この形態ではスタッフは存在せず、その機能はライン上に取り込まれている。

ただラインのみでは、責任者に権限が集中しているために、組織の規模が大きくなると、責任者は過重な責任を負わされることとなり、組織そのものが機能しなくなる欠点がある。

ライン・スタッフ

ライン・スタッフの組織とは、実際の執行を担当するラインに加えて、より合理化、効率化を促進するため、専門的な立場に立って、ラインの責任者を補佐するスタッフを組み合わせた形態をいう。複雑化した大規模な組織においては、ライン・スタッフを採用し

ていることが多い。

しかしこの形態においては、助言を目的としたスタッフが権限を逸脱して、ライン業務に介入する危険性をはらんでいる。スタッフのライン業務への介入は、指揮系統を混乱させる可能性があるのは否定できない。

(⇒21-05 **総括管理機能**)

スタッフ

伝統的なラインとスタッフの概念では、直接的な指揮、命令はラインが行い、スタッフは助言、勧告をするのみにとどまるとされていた。つまり、目的達成のための直接的役割を果たすのがライン、間接的役割を担うのがスタッフと定義づけられていた。このような役割分担により、最終的な責任はラインが負うこととなっており、スタッフは責任を負わないとされてきた。

中央の行政組織でいうと、内閣から省という一連の指揮系統にある官庁のことをライン機関、内閣を補佐する内閣官房、人事院や省を補佐する大臣官房などは、スタッフ機関とすることができる。

ラインとスタッフの実態

現実のスタッフ機関が、スタッフの限定的な権限だけを行使しているかどうかについては、見解が分かれる。スタッフ機関も一部、統制・命令の機能を有しており、伝統的な概念では、スタッフ機関とは言い難い面が見られるからである。

実際の現場では、助言、勧告のみでは十分な能力を発揮しえないために、スタッフがその権限を越えて命令も下すことが、歴史的に見られた。このようなことから、現実にはスタッフはラインの性格をも兼ね備えているとする説もある。

スタッフ機関の発達

スタッフの有用性に着目し、ラインのより一層の効率化を実現するため、スタッフ機関の権限の強化や役割の多様化への試みがなされ、今日に至っている。そして、従来の概念である助言のみを行うスタッフを、現在では「助言スタッフ」と呼んでいる。

他には、ラインの実質的な補助的業務を主として行う「サービス・スタッフ」や、予算の統制や法令の審査をする「統制スタッフ」、ライン上の責任者のみの補佐・代理を務める「統合スタッフ」などが存在する。

23
行政の組織と管理

---

23 - 02

行政組織の設置

行政組織の設置については、二つの基本的な考え方がある。法により設置する法制定主義と、行政府の長の裁量に委ねる裁量主義である。いずれを採用するかは国により異なり、アメリカは法制定主義、独仏は裁量主義である。わが国では戦前と戦後で変化をみせ、原則的に、戦前は裁量主義の立場をとっていたが、戦後は法制定主義をとっている。　　　（門松秀樹）

法制定主義

法制定主義とは、「法律による行政」基本的な理念として、行政機関の設置を立法府の制定する法にもとづいて行うものである。議会における審議を経るために、行政機関の設置過程の公開性が高く、行政機関設置後の安定性も、法律による制度的な保障があるため保たれやすいという長所がある。

しかし、行政機関の設置で議会での法案審議を経るため、その設置過程が政治化しやすく、行政に対する政治の過度の介入を招く危険性がある。また、設置後の安定性の高さから、かえって組織の硬直化を招いてしまう短所がある。

裁量主義

裁量主義は、行政府の自律性に基づき、行政機関の設置は、行政府の長の

243

裁量にもとづいて行う、とするものである。行政に対する要求がさまざまに変化する状況のなかで、変化に素早く対応し、行政機関の設置を迅速かつ柔軟に行うことが可能だという長所がある。

しかし、行政機関の設置が行政府の長の裁量にもとづいて行われるため、その設置過程や設置目的などが不明瞭となる場合があり、行政機関設置後において、その機関をめぐって一定の不透明性が残るといった短所がある。

日本での行政機関の設置

戦前のわが国では、基本的に行政優位の統治機構となっていた。このため行政機関の設置・編制などは、天皇の大権事項の一つたる官制大権に含まれ、帝国議会において審議される法律が関与することはできなかった。行政機関の設置法にあたる各省官制や官制通則などは勅令によるものとされ、内閣や枢密院が大きな影響力をもっており、完全な裁量主義の立場をとっていた。

しかし、GHQによる戦後改革で天皇大権が消滅すると、アメリカをモデルとして「法律による行政」の概念が導入された。その結果、1948年(昭和23年)に行政組織の規格法たる国家行政組織法が制定され、行政機関の設置やその編制は法律事項とされた。完全な法制定主義の立場をとったのである。このことから、主要な省庁組織が1960年の自治省設置から約40年間改編されることがないなど、非常に安定した省庁体制をもたらした。

しかし、高度経済成長期を経て行政

需要が多様化するなど、社会情勢の変化を受けて行政組織の柔軟性を求める声が上がるようになった。このため、第2次臨時行政調査会による答申を受けて1984年に国家行政組織法が改正された。各省庁の設置と所管事務を法律事項とし、局・官房・課の編制とその所管事務については政令事項とすることが定められた。これにより、裁量主義が局以下のレベルにおいて再び採用された。

各国での行政組織の設置

アメリカでは、厳格な三権分立を定める連邦憲法の規定により、基本的には法制定主義の立場をとり、大統領も連邦行政組織の決定権限を有していない。しかし、ルーズベルト政権下の1933年以来、行政組織改革法が時限立法として制定され、大統領の提出した改革案が一定期間内に上下両院において承認を受けることによって行政組織の改編が認められることになり、これにもとづいて大統領による行政組織改革が担保されている。

一方、ドイツやフランスなどでは、憲法で行政機関の設置や所管事務などの決定に関する事項が行政府に授権されている。立法府の承認を必要としておらず、裁量主義の立場をとっている。イギリスでも伝統的に行政組織の編制は枢密院令によって定めることが慣習とされている。議会の議決によりこの枢密院令を無効化できる規定があるが、立憲君主制のもと、事実上内閣がその裁量によって行政組織を決定している。

24 - 01

行政統制

行政活動を他律的に抑制する仕組みを行政統制という。そこには二つの軸があり、第一は行政の外部からの統制と内在的な統制の軸である。第二には、強制力のある統制と事実上の統制の軸がある。ギルバートはこの区分に基づき、外在的・制度的統制、外在的・非制度的統制、内在的・制度的統制、内在的・非制度的統制の四つに類型化している。　　（桑原英明）

ギルバートの４類型

公務員が自立的に責任を果たすのが重要なのは言うまでもないが、それだけでは十分ではなく、行政活動を他律的に抑制する仕組みが発達してきた。行政統制と総称されるが、アメリカの行政学者ギルバートは、これを二つの軸により四つに類型化している。

一つめの軸は、行政の外部からの統

► 24-01〜24-02

図表24-1　行政統制の類型

〔出典〕佐々木信夫『現代行政学』(学陽書房、2000年) を基に作成。

制か、内部からの統制か、の軸である。もう一つは、強制力を有する統制か、事実上の統制かというもので、制度的統制と非制度的統制の軸である。ここから、現代国家の行政統制は、外在的・制度的統制、外在的・非制度的統制、内在的・制度的統制、内在的・非制度的統制の4類型が考えられている。

外在的・制度的統制

三権分立の原則の下では、国会、裁判所、行政機関を外部から統制する行政統制が基本となっている。制度化されたものであり、外在的・制度的統制という。

国会による統制には、立法権による統制、調査権・質問権による統制および人事権による統制がある。裁判所による統制は、裁判によって、行政権の行使による国民の権利や利益の侵害を制度的な手段で救済するものである。

外在的・非制度的統制

行政の優位化した現代では、行政統制は他の行政統制の手段と組み合わせることで、実効性を高めうると考えられている。行政裁量の余地が大幅に拡大した今日、行政活動を統制する事実上の仕組みである、外在的・非制度的統制が発達してきた。

行政活動の対象である利益集団や国民から寄せられる苦情や要望、住民運動やデモ、あるいはマスメディアの報道などが事実上の統制である。行政機関は、これら諸団体や市民からの要請・要求に従う法的な義務はないが、放置すれば政府の統治能力や信頼性の低下につながりかねない。また、これら団体・市民は、行政訴訟や住民訴訟に訴えて司法の判断を仰ぎ、それをマスメディアが報道して世論を喚起することもあり、影響力は決して小さくない。

内在的・制度的統制

行政内部の上下関係に依拠して統制するのが内在的・制度的統制である。これには執政機関による統制と、執政機関の指揮監督を補佐する官房系統の部局による管理統制がある。他にも、行政手続法、行政不服審査法、行政相談員法といった個別の法律を根拠とする統制手段がある。

執政機関による統制では、①内閣としての統制、②内閣総理大臣による統制、③各省大臣による統制がある。

内部統制については、身内に甘いという外部からの批判が常にあるのも確かだ。だが、量的に膨大で質的にも多様な内容をもつ行政活動を、実態に即して把握し、これに統制を加えることができるという利点もある。

内在的・非制度的統制

内在的で非制度的な統制は、行政内部の同僚職員による評価・批判や、公務員倫理による統制である。職員組合による要求、提案や批判もこれに含まれる。

行政統制の動向

近年では、新しい行政統制の仕組みができてきている。情報公開、オンブズマンや、行政評価、さらには住民投票制度など、新たな法律や条例を制定して、国民や住民を行政統制の制度的な主体の一つとして位置づけようとするものである。

---

24 - 02

会 計 検 査

会計検査とは、行政機関の金銭的出納の適切性につき、行政活動の事後的評価をいう。外部から、制度的に独立した監査機関が行う監査を基本としている。国により方法はいろいろで、日本では内閣から独立した会計検査院が行なうほか、行政内部の部署の監査もある。その基準には１Ｌ（合法性）＋３Ｅ（経済性・効率性・有効性）がある。　　（桑原英明）

会計検査

行政機関の統制のうち、金銭的な出納が適切か否かを評価するのが、会計

検査である。行政機関の外部から、制度的に独立した地位を与えられた監査機関が行うもので、事後的な監査を基本としている。日本では内閣から独立

▶ 24-02 ～ 24-03

した機関である会計検査院が担当している。アメリカでは連邦議会の付属機関である会計検査院が担当し、イギリスでは行政から独立した機関である会計検査院が担当している。

会計検査では外部からの監査が基本だが、金銭の出納業務の多い行政機関では、監査事務を専門的に担当する内部の部局も存在する。国税庁の調査査察部や、厚生労働省のなかで生活保護行政の予算執行について監査を行う社会・援護局の監査指導課などがそうである。

日本の会計検査院

日本の会計検査院は、内閣から独立した地位を有する行政機関である。その設置は憲法90条に根拠をもち、組織と権限に関する事項は会計検査院法に規程されている。

会計検査院は、衆参両議院の同意を得て内閣が任命する3人の検査官により構成される合議制の検査官会議と、事務総局とから組織されている。内部の事項に関しては、規則を制定する権限も与えられている。また、内閣が会計検査院に代わって国会に予算案を提案する二重予算制度がとられており、国会からも一定の距離を保つ制度となっている。

会計検査院の権限

会計検査院は、常時、会計検査を行うとともに、国の収入と支出の決算を行い、毎年この結果を検査報告として

国会に提出する。会計検査の結果、法令違反や、不適当な会計処理が行われている場合、当該行政機関の長や関係者に対して、その是正を求めることができる。

故意または重大な過失により国に著しい損失を与えた場合には、所属長や監督責任者に対して会計事務を処理する当該職員の懲戒処分を要求する権限も有する。また、注意義務を怠って現金を紛失した出納職員や、故意または重大な過失により国に損害を与えた物品管理職員について、事実関係を調査し弁償責任の有無を検定する権限がある。

なお、国の行政機関はもとより国から補助金、奨励金や助成金などを交付される地方公共団体や民間団体も、会計検査の対象に含まれている。

1L＋3Eの基準

行政活動の適切さを判断する伝統的な基準は、会計処理が法令や規則あるいは内規に違反していないか、という合法性や合規性の基準である。各国の会計検査機関は、この合法性の基準（1L）に加え、いくつかの基準を導入している。

① 一定の成果を最小の経費で達成する経済性の基準、② 一定の経費で最大の成果を達成する効率性の基準、③ 所期の目標に照らした達成度である有効性の基準、である。この四基準の英字表記の頭文字を用い、「1L（合法性）＋3E（経済性・効率性・有効性）」の基準と呼ぶ。

248

基準と会計検査

アメリカの会計検査院は、有効性の観点から連邦政府の施策や事業を評価するプログラム評価を行っている。日本の会計検査院も合法性の基準に加えて3Eの基準による会計検査を導入している。ただ、有効性の基準に関しては、国会や内閣の責任である政策決定権を侵害する惧れがあることから、当該行政機関に検討を委ねる傾向が強い。

これは、アメリカの会計検査院が議会の付属機関であるのに対して、日本の会計検査院が行政機関であることに伴う限界とされる。内閣から独立した地位にあるとはいえ、相違は無視できないのである。各国は会計検査で、外部的かつ事後的な行政統制から、途中評価や事前評価を組み込んだ内部的な政策評価や行政評価の仕組みを模索している。しかし、これがかえって会計検査と政策評価や行政評価との間の境界を不明確にしている、という指摘もある。

---

24 - 03

行政責任

第二次大戦後、行政の役割が肥大化・強大化する中で、受動的責任にとどまらない責任を公務員に求める動きが出てきた。これが積極的責任論だが、さらに新しい行政責任を論じる動きも生じている。そして、答責性を重視した行政学者のファイナーと、応答性を唱えたフリードリッヒとの間で論争がなされてきた。

(桑原英明)

公務員の受動的責任

公務員には国民全体への奉仕者として、公共の利益を増進し、民主的・能率的な行政を推進し、職務に専念する法的な義務が課せられている。あわせて、この法的義務を誠実に遂行する責任も課せられており、これを公務員の受動的責任という。

公務員の積極的責任

公務員の責任が、受動的責任の範囲にとどまるなら、行政責任と行政統制を区別する理由はあまりない。しかし、現在では受動的責任にとどまらない責任が公務員に期待されている。上司の職務上の指示、予算の規律、上級機関の指令に違反しない範囲で、自発的・能動的に裁量を発揮することである。これを補助責任という。

さらに、行政環境の変化にすばやく対応し、もっている権限内で対案を作成して、上司や上級機関に意見を上申すること、政治にアイデアや提案を具申すること、さらには政策形成などの意思決定について助言や勧告を行うこと、といった補佐責任までも期待されるようになった。これらは公務員の積極的責任と呼ばれる。

ファイナーの答責性

第二次大戦後、福祉国家の進展に伴なって、行政府の立法府に対する優位化（行政国家化現象）が進むなか、これまでの受動的責任や積極的責任に加えて、新たな行政責任をめぐる論争が展開された。イギリスの行政学者ファイナーは、公務員の責任を、行政府の立法府に対する制度上の責任である「答責性」（アカウンタビリティ）の範囲内において達成すべきである、との立場をとった。それに対して、フリードリッヒはこれを批判し、両者の間で論争がなされた。

フリードリッヒの応答性

アメリカの行政学者フリードリッヒは、ファイナーの説を批判し、非制度的な責任についても踏み込み、公務員は職責を果たすべきとの立場をとった。積極的責任はいうまでもなく、公務員は国民や団体の要望、期待を的確に把握して対応すべきとした。これがフリードリッヒの「応答性」（レスポンシビリティ）である。

ファイナー＝フリードリッヒ論争

ファイナーとフリードリッヒの間の論争は「ファイナー＝フリードリッヒ論争」と呼ばれる。確かに公務員は、国民から寄せられる苦情や要望のすべてに応答する法的な責務を課せられてはいない。公務員が直接に責務を負うのは立法府に対してであり、行政内部では決裁権限をもつ首相や大臣に対してである。

しかし、公務員が奉仕すべき究極の対象は国民である。公務員は、代理人（エージェント）として直接の依頼人（本人）である立法府に奉仕する存在であるが、究極の依頼人（プリンシパル）である国民の期待に応える存在でもある。ここに、行政責任をめぐる公務員のジレンマ状況を見ることができる。

ファイナー＝フリードリッヒ論争は、多様化かつ複雑化する現代国家の行政需要に対して、公務員がどこまでその自律的な責任を果たすべきかをテーマとしており、明確な答えのでない問題といえる。真渕勝は、フリードリッヒの議論を福祉国家の行政責任論であるとすると、ファイナーの議論はポスト福祉国家の行政責任論でもあるとしている。

公務員倫理

公務員は、公共政策の専門家の立場から、単に命じられた職務を民主的・能率的に遂行するだけではなく、積極的な責任や非制度的な責任をも果たすことも期待されている。これらの責任

は、他の機関から公務員に課せられた義務から派生する他律的な責任ではない。公務員個人および集団としての高い職業倫理にもとづいた自律的責任といえる。

公務員の破廉恥な行為や汚職問題が後を絶たない。国民の信頼感を裏切ることにもつながっている。高い倫理観をもった公務員の育成を図ることはいうまでもないが、公務員としての能力や使命感に欠ける者への適切な処遇も看過できない課題である。

アントルプルヌール型行政職員

アメリカの行政研究者オズボーンとゲーブラーは、著書『行政革命』のなかで、新たな公務員像としてアントルプルヌール型の行政職員を提起している。アントルプルヌール型の行政職員とは、① 全体への奉仕者としての使命感を重視し、② 顧客（国民や住民）志向の発想で行政課題をとらえ、③ これを具体的な成果や業績として顧客に提供することにより、④ 顧客の満足度を高めるように行動する職員のことである。

24 - 04

情 報 公 開

行政機関が収集し、保有している情報は、広く納税者たる国民の共有財産である、との観点から、主要民主諸国では情報公開が進められてきた。国民から情報の公開を求められた行政機関は、原則としてそれに応じる義務があることを定めた。情報公開制度がそれである。わが国では地方が先行し、国は遅れて情報公開法を定めた。　　　　　（石上泰州）

行政機関の保有情報

一般に民主諸国では、国の予算や決算など最重要の行政情報は、行政機関が自ら進んで公開することが義務づけられている。また、公開する義務のない行政情報であっても、広報活動などを通じて、積極的に情報提供に応じることも少なくない。

他方、行政機関には政策の遂行上、あるいは組織防衛上、国民や時には議員にも隠しておきたい情報が存在することも否定できない。行政機関が保有する情報は質量ともに圧倒的であるから、都合の悪い情報は隠し、都合の良い情報だけをリークすることができれば、国民世論や議員を誘導することも可能であろう。

情報公開制度

　しかし、国民主権の下での行政機関では、情報を隠蔽する態度は認められるべきではない。税金で成り立っている行政機関が収集し、保有する情報は、広く納税者たる国民の共有財産であると理解されるべきであり、主な民主諸国では、保有する情報の公開を求められた行政機関は、原則としてそれに応じる義務があることを定めている。情報公開制度がそれである。

　情報公開制度が存在せずに、行政機関が行政情報を容易にコントロールできる社会では、国民が行政の不正や無駄を監視したり、政策の誤りを追及したり、有効な政策提言を行うことには大きな困難が伴う。国民主権の理念の下、国民が行政を統制するため、また、国民が政策形成に参加するためには、情報公開制度が不可欠なのである。

情報公開制度の展開

　情報公開の制度は18世紀の後半にスウェーデンでも導入されていたが、各国で普及していったのは1960年代以降である。それはアメリカの「情報自由法」の制定に代表される。

　日本では1982（昭和57）年に山形県金山町と神奈川県が条例を制定して以来、各地の地方自治体が積極的に制度化に取り組んでいった。その結果、2017（平成29）年の時点で、すべての地方自治体が情報公開条例（要綱なども含む）を制定した。

　国における法制化は遅れていたが、ようやく1999（平成11）年に情報公開法が成立し、2001年に施行された。同法は、情報公開制度を通じて、行政機関が国民への説明責任を果たし、国民の理解と批判のもとで、公正で民主的な行政を推進すべきことをうたっている。

情報公開法

　情報公開法の概要は以下のとおりである。

　①請求権者の範囲・公開対象機関の範囲──情報公開法は、情報公開を請求できる者を「何人も」と定めており、請求権者には、日本国民だけでなく外国人、企業などの法人も含まれる。対象となる機関は、国の行政機関（会計検査院を含む）であり、すべての独立行政法人と国立大学法人、大半の特殊法人、日銀などの一部の認可法人も、公開の対象である。

　②非公開情報の範囲──例外的に公開しないことができる情報として、防衛や外交、犯罪捜査にかかわる情報、個人情報、企業などの利益を害する情報などがある。

　③非公開とされた場合の救済方法──請求した情報が非公開とされた場合、請求者は相手方の行政機関に不服申立てを行うことができる。これを受けた行政機関は、第三者機関の「情報公開・個人情報保護審査会」に対し、非公開とした判断が妥当か否かを諮問する。

情報公開制度の実施状況

情報公開法に基づく開示請求件数は、行政機関については、初年度（2001年度）は5万件弱であったが、近年（2017年度）では約14万件に増加している。なお、請求のうち、不開示になるものは2.2%、一部開示が64%、全部開示が34%となっている（2017年度）。

24-05

行政手続

行政機関は国民に対してさまざまな「決定」を行っているが、その過程は必ずしも透明性が確保されたものではない、などの問題点が指摘されてきた。こうしたなかで、行政運営における公正の確保と透明性の向上を図るべく、1993年に「行政手続法」が制定された。申請手続、不利益処分、行政指導につき、透明性を高めるなどを目指している。　（石上泰州）

行政による決定の透明性

行政機関は国民に対してさまざまな決定を行っている。「税金をいくら払いなさい」「食中毒を起こしたので営業停止を命じます」「自動車の運転を許可します」など、すべて行政機関による決定であり、国民はこれに従わなければならない。こうした行政機関による決定はすべて法律に基づいて行われているが、従来の一般的なスタイルは、行政機関が閉ざされた部内で案件を処理し、一方的に決定を下すというものであった。

そのため、どのような基準や手続きで決定が下されているのかについて、決定を下された側がうかがい知ること

は困難な場合が多かった。行政機関による決定の過程は、透明性において問題を残していたといえる。また、決定過程がこのように不透明であると、決定の公正さにまで疑いを招きかねないという懸念も指摘されていた。

事後的救済と行政指導

行政機関が下した決定に納得がいかない場合、従来は、裁判などによる事後的な手続きにより救済を図るのが基本であった。しかし、現実には行政側の非が認められる例は必ずしも多くなく、認められたとしても後の祭りに終わって救済が意味をなさないこともあった。

また日本では、行政機関が相手側に対し自発的な協力を求める「行政指導」という手法が多用されてきた。かつてのコメの減反や自動車輸出の自主規制などがその代表例である。行政指導には従う義務はないが、将来も続く行政機関との長いつきあいを考慮すると、しぶしぶ指導に従うというケースも少なくないとされてきた。

行政手続法の制定

日本の行政の不透明性を問題視する諸外国からの要請もあり、1993年に「行政手続法」が制定された。行政手続法は、行政運営における公正の確保と透明性の向上を図るのが目的であり、申請手続、不利益処分、行政指導につき、公正と透明性を図るものであった。

透明性と迅速性

行政機関に対する申請の手続きに、透明性と迅速性を確保させることが目ざされた。行政機関は、申請が行われた際には遅滞なく審査を開始すること、審査の具体的な基準を定めて公表すること、申請から決定に至るまでの標準的な期間を定めること、申請を拒否した場合にはその理由を示すことなどが定められた。

不利益処分と透明性

不利益処分（営業停止処分など）に際して公正で透明な手続きを確保させることをいう。行政機関は、どのような場合にどの程度の不利益処分を行うかについて、あらかじめ基準を定めて公表するよう努めること、不利益処分を決定する前に相手方に意見を述べる機会を与えること、不利益処分を行ったらその理由を相手方に示すことなどが定められた。

行政指導と透明性

行政指導を法律上明確に位置づけ、その透明性を確保することをいう。行政指導はあくまで相手方の自発的な協力が前提であることを確認し、これに従わないことを理由に不利益な取り扱いをすることを禁じた。さらに、行政指導の趣旨や内容、責任者を明確にするとともに、相手方の求めがあれば、これらを文書にして交付すべきことを定めた。

このように行政手続法は行政処分と行政指導について必要な手続きを定めたのだが、課題も残されている。行政機関が行うそのほかの意思決定の過程、つまり、法律や予算の立案過程、政令、省令など行政立法の策定過程、行政計画の策定過程などでも、透明性の向上を図るとともに、その過程に国民の意見を反映させていく手続きを定めることである。パブリックコメント制度の充実などがその一例である。

パブリックコメント

パブリックコメントは、公的な機関が決定を行うに際して、事前に広く意見や情報を求める手続きをいう。

2005（平成17）年の改正行政手続法
は、行政機関が命令（政令や省令）を
定めるに際して、パブリックコメント
（意見公募手続）を行うことを義務づ
けている。

　行政機関は、パブリックコメント
の期間中（30日以上）、電子メールや
FAXなどにより意見を求め、寄せられ
た意見に対しては、行政機関の考え方
を示すことになっている。最近では、
年間約1000件のパブリックコメント
が実施されている。

25 » 行政管理

25 - 01

行政計画

　住民の安全、健康、福祉、医療など広範な分野で行政活動が求められる。こうした行政活動を、法とともに支えるのが行政計画である。名称は計画のほか、構想、政策、要綱などいろいろある。その過程で、公聴会など住民の理解を得る試みがなされる。わが国でも少子・高齢社会を迎え、その重要性が高まっている。

（小島和貴）

行政計画

　行政計画とは、計画的に行政を進めていくうえで必要とされる分野につき、行政によって作成された文書をいう。また、法律や条例などで設定された目標を具体化するため、一種の行政技術として行政計画が定められることもある。日本では1960年前後から行政計画が増えた。

▶ 25-01 〜 25-02

なお、行政計画と混同されやすい言葉に「計画行政」がある。これは、行政計画を中軸として計画的に行政を進めていくことをいうものである。

行政計画の多様性

行政計画にはさまざまなものがあり、全国総合開発計画、都市計画、国土開発計画、土地利用計画などが、比較的知られている。政策内容に着目すれば、経済計画、開発計画、教育計画、産業計画などがある。期間に注目すると長期計画、中期計画、年度計画があり、地域のレベルでは全国計画、圏域計画、県計画、市町村計画がある。

また、「計画」という名称のほかに、政策、構想、要綱などの言葉が使用されている場合にも、実質的には行政計画として整理することのできるものがある。

行政計画と住民

どのような「計画」が策定されるかは、地域の住民の生活にかかわる関心事である。行政としては公聴会などを活用して住民の理解を得ることが重要となる。住民との協働に成功すれば、より効果的なサービスの提供につながる。

ただ、行政計画をめぐっては、想定された条件と現実が相違する場合もあり、その場合には、硬直的に「計画」を遂行するのではなく、調整が模索される。争訟に至ることもあり、行政事件訴訟法による取消訴訟や、国家賠償法による損害賠償請求訴訟などが選択されることとなる。

少子・高齢社会の時代と行政計画

わが国では高齢社会化が進み、福祉のあり方は変更を余儀なくされている。また、少子社会となり、子供たちの健やかな成長や、インフルエンザ対策など健康の強化のため、市町村は基本計画を策定し、行政サービスの充実に取り組むようになっている。行政計画は、それらを実現するためにも活用されている。

25 ≫ 行政管理

25 - 02

予算と予算編成

国や自治体は一年の歳入・歳出の見積りを予算として定める。一般会計と特別会計があり、年金や労働保険など、独立した経理管理を行う会計である。本予算のほか、状況の変化に応じ補正予算を組む場合がある。予算はほぼ一年かけて編成される。各省庁が概算要求を出し、財務省が査定して、与党や内閣でつめる。国会審議を経て成立となる。　（半田英俊）

予算

　予算とは、国や都道府県、市区町村などの一会計年度の歳入・歳出の見積りのことをいう。

　憲法86条には「内閣は、毎会計年度の予算を作成し、国会に提出して、その審議を受け議決を経なければならない」とある。国の予算は、①内閣が作成し提出すること（予算編成権）、②毎会計年度ごとに作成しなければならないこと（予算の単年度主義）、③最終的な決定権は国会にあること（予算議決権）、を規定しているのである。

　予算の編成権と議決権をめぐり、1978年に内閣と国会が対立したことがあったが、最終的には予算修正権を国会に認めるという政府統一見解により決着している。

一般会計と特別会計

　予算は一般会計と特別会計の二つに分けられている。国政の多様化により、財政も複雑化しており、会計をより明確にするのが目的である。

　一般会計は、歳入を租税、印紙収入、雑収入、公債金などでまかない、歳出を防衛、治安、外交などの基本的なことから、社会保障や教育、産業などにいたるまでの幅広い分野を経費とするものである。

　それに対し特別会計は、年金、労働保険、食糧安定供給など、13ある特定の項目につき、歳入出を、一般会計と区別するものである。

本予算と補正予算

　予算には、本予算と補正予算とがある。本予算は、通常の編成過程を通して成立した予算のことで、当初予算ともいう。

　予算が執行されて後、社会・経済状況に応じ、内閣は、予算の内容を追加、修正し、再び国会の審議に付託することができる。この予算のことを、補正予算という。その年度の最終的な予算

259

▶ 25-**02**

は、本予算に補正予算を加えたものになる。

なお、衆議院の解散や審議の長期化などの事情で、4月の第一週までに本予算の通過がなされなかった場合、慣行上、本予算の成立まで「暫定予算」が組まれる。

予算編成過程

予算編成はおおむね4月から始まる。次年度の予算につき、各省庁はまず課を単位として、概算要求に向けて予算要求の下準備を始める。経済財政諮問会議での、基本方針確定の後、省庁の概算要求、財務省での査定、与党・内閣での政府案作成、国会審議へと進む。国会審議を通り、議決を経ると予算が成立し、執行されることになる。

経済財政諮問会議

2001（平成13）年に省庁が再編され、内閣府に経済財政諮問会議が設置されてからは、予算編成につき、この会議で基本方針を決定できるようになった。

また、この会議での方針を受けて、7月下旬までに財務省主計局は、各省庁に概算要求基準を通達する。

概算要求と査定

8月末になると各省庁は、概算要求基準の枠内で概算要求をまとめ、財務大臣に提出する。この間、与党や他省との概算要求に関する意見交換も同時並行的に進めていく。

9月から12月上旬までの4ヵ月弱の日程を費やして、財務省による概算要求の査定が行われる。この時期に与党は、内部で討議を行う。自民党の場合でいうと、独自の機関である部会・政調審議会において討議される。その内容は自民党の決定事項として、財務省に伝えられ、査定中の予算案に影響力を行使する。このようにして12月中旬までにまとめられた予算案のことを、財務原案という。

予算の折衝

財務原案は閣議にかけられ、各省庁にも通達される。以前は、この案に対して異議のある省庁は、再査定、予算復活を求め、三つの段階（次官折衝、大臣折衝、政治折衝）からなる交渉をおこなっていた。これらを合わせて復活折衝と呼ぶ。

この復活折衝は、以前から儀式の色彩が強いと批判があったため、2010年度予算の編成過程において、一度、廃止となった。しかし、再度、見直しがなされて、現在は各省大臣と財務大臣が話し合いをおこなう大臣折衝（閣僚折衝）が実施されている。

折衝が終了すると、この案は政府案として閣議決定がなされ、翌年の1月には国会に提出される。国会の審議の後、議決されると成立し、執行される。

26 - 01

地方自治

　地方自治は、二条件からなる。住民の意思より自己統治を行う住民自治と、その地域社会が国の関与をできるだけ排除し、自律性を保つ団体自治である。日本では戦前はプロイセンに学び、地方制度ではこの原則が十分に確立されていなかったが、戦後、憲法で「地方自治の本旨」がうたわれ、二条件の実現の規定が設けられた。ただ課題は多い。　　　　（神崎勝一郎）

地方自治の本旨

　地方自治は、二つの条件からなる。「住民自治」と、「団体自治」である。

　わが国では、戦前の地方制度ではこの原則が十分に確立されていなかったが、戦後、憲法で「地方自治の本旨」が明確にされた。この二つの実現のた

めの諸規定が設けられている。ただ、実態が伴っているかは別の問題で、課題は少なくない。

住民自治

地方自治は一般には、曖昧に用いられているきらいがあるが、正確な意味での地方自治には、二つの条件がある。

住民自治は、一定の地域社会において住民自らの意思にもとづいて自己統治を行うことである。団体自治は、その地域社会が国の関与をできるだけ排除し、自律性を保つことである。

団体自治

団体自治は、国の関与をできるだけ排除し、自律性を保つことであり、憲法にも規定がある。94条で、地方公共団体は、「その財産を管理し、事務を処理し、及び行政を執行する権能を有し、法律の範囲内で条例を制定することができる」としている。

「法律の範囲内」との制限があるものの、首長の行政執行権や議会の条例制定権を保障することで、地方公共団体が中央政府から独立して、自治体の自己決定権を実現する仕組みとなっている。

憲法と地方自治

日本国憲法には、第8章第92条から第95条で、地方自治の規定を設けている。92条で、地方公共団体の組織・運営は、「地方自治の本旨に基い

て、法律でこれを定める」と規定しているが、「地方自治の本旨」の意味内容を具体的に明示していないので、「3割自治」など、憲法の理念と実態が乖離し、地方自治が空洞化しているとよく指摘される。

しかし、戦前の地方自治制度である、市制・町村制や、府県制・郡制に「官治的自治」が見られ、明治憲法に地方自治に関する規定がないことを鑑みると、「地方自治」が憲法上保障されたことの意義は大きい。「住民自治」と「団体自治」の二つからなる「地方自治の本旨」が明確にされているのである。

地方自治の類型

地方自治には、「分権・分離型」と、「集権・融合型」の類型がある。

① 分権・分離型は、イギリスを母国とする形態で、アングロ・サクソン型ともいう。国民国家形成以前から存在していた地域共同体の自治を、基本的に存続させたまま、国家がその自治権を承認したものである。

② 集権・融合型は、フランスを原型とするもので、ヨーロッパ大陸型ともいう。国民国家の形成過程で、それまで存在していた地域共同体社会が解体され、国家が直接国民を支配することをめざして、新たに地方自治体が創設されたものである。

日本の地方自治

日本では、戦前は中央集権性の強い19世紀のドイツをモデルにしてい

た。戦後は憲法で地方自治の本旨を明確にされている。また、アメリカの影響などで、アングロ・サクソン的な要素が入ってきている。リージョナリズム（地域主義）として、地方の主体性を強化する動きも見られる。

26 - 02

主要国の中央‐地方関係

中央‐地方関係は類型的にヨーロッパ大陸型と英米型に大別される。大陸型の原型はフランスに見られ、中央集権的な「統合型」である。英米型は、イギリス（イングランド）で発達し、地方分権的な「分離型」である。ただ、どの国も中央と地方の相互依存が強まり、似てきている。どの諸国でもかなり変わってきているのである。　　　　　　　　　　（福澤真一）

▌統合型

各国の中央‐地方関係の原型には、ヨーロッパ大陸型と英米型の二類型がある。ヨーロッパ大陸型の典型はフランスだが、中央集権的な「統合型」が発達した。フランスでは、歴史的に行政権限は中央政府に集中され、地方政府は国を頂点とする統合的統治機構の下部組織に位置付けられてきた。中央政府からの行政的統制、後見的監督を受け、地方的事務を処理する従属的存在とされてきたのである。

ただ、地方の処理する事務でも、幅広く「包括授権主義」により、国から地方の権限として法的に認められたものもあり、単純ではない。「統合型」とはいうものの、ある程度、中央と地方の権限が重複、融合しているのである。

▌分離型

「英米型」地方自治制度の原型はイギリスに見られる。中央への統合度が低く、自律性の高い地方制度が形成された。「制限列挙主義」により、国と地方の役割は明確に分離され、地方政府は法的に明示された範囲内では大きな自治権をもつ。その反面、地方の越権行為は国の立法、司法的統制により厳しく制限されてきた。

▌フランスの中央‐地方制度

フランスでは歴史的に、地方封建貴族の力を抑えるため、地方を国の直轄下におく統合型の地方制度が発展した。17世紀には、ルイ14世が地方統治のため中央官僚たる地方長官を各地に配置した。その後ナポレオン時代に、政

府により知事が任命され、国を頂点とする強力な集権的地方制度が形成された。ナポレオンのヨーロッパ制圧で、これがイタリア、ドイツ、スペインなどに広まった。

現在のフランスでは、地域圏（レジオン）、県（デパルトマン）、基礎的自治体（コミューン）の三層から構成され、伝統的に明確な上下関係が存在する。

コミューン自治議会の決定は、上位機関である県の適法性審査を受けることとなっている。ただ、地方の独自性も尊重されており、コミューンの大部分は中世以前からの自然村や教区など伝統的コミュニティを基礎としており、大都市から小規模なものまで、コミューンはきわめて多様である。

イギリスの地方制度

イギリスでは15世紀の統一国家成立後も地方名望家による支配が続き、地方の独立性は高かった。その後、19世紀末に二層制を基本とする統一的地方制度が導入された。法的に地方の権限とされた行政領域につき国は原則的に関与しないという「越権禁止の法理」により、中央と地方の役割は明確に分離された。

地方は自らの権限内での行政事務につき実施方法などで大きな裁量権を有するが、国に留保された行政領域への関与は制限されている。住民の要求や社会変動による行政需要の変化への即応という点で、地方には限界が存在したのである。

イギリスの旧植民地への影響

イギリスの分離的、分権的な地方制度は、旧イギリス植民地諸国に影響を及ぼした。アメリカにもその影響が残っている。連邦制のアメリカでは地方制度に関する権限は州政府に属し、州憲法や州法で規定される地方政府の形態は多様である。地方政府の自治権は州法や憲章（チャーター）によって法的に明示された範囲に限定され、地方の越権行為は司法的に統制される。この点で、アメリカにおける州と地方政府の関係はイギリスと同様に分離的であるとされる。

中央-地方制度の変化

フランスの影響を受けた大陸型地方制度はヨーロッパ、南米大陸諸国、日本などに広まった。他方、英米型はアメリカなど英連邦諸国にそれぞれ伝播した。ただ、このような類型化は理念的なものに留まる。その後、「福祉国家化」に伴う政府の役割拡大で、各国とも中央、地方政府が相互依存を強め、両グループ間の差異は縮小傾向にあるとも言われる。

フランスでも、1980年代の社会党・ミッテラン政権の地方分権化改革で、官選知事廃止、州や県の完全自治体化、三層の地方政府の権限整理など、大きく変化した。従来集権的な統合型とされたフランスの中央地方関係も、変質しているのである。分離型とされるイギリスでも、近年、行政効率化を重視した地方制度改革により、一層制への

移行、国の地方への統制強化が実現している。

26 - 03

日本の地方自治体

　日本の地方自治体は都道府県と市町村が中心だが、政令指定都市、中核市、特例市、東京都の特別区など、特別の大都市制度もある。また、行政上の事務を複数の自治体が協同で行う一部事務組合も存在する。近年、地方の主体性重視の考えから、リージョナリズム（地域主義）が唱えられている。

(福澤真一)

地方公共団体

　地方自治体は、法令上は「地方公共団体」とよばれる。ただ、一般には自治権をもつ団体として「自治体」とよばれることが多い。また最近では、中央政府と対等な存在を強調する「地方政府」という呼称も使われる。

　地方自治法では自治体を「普通地方公共団体」と「特別地方公共団体」の2つに分類している。前者は都道府県や市町村を指す。後者は、東京23区にみられる「特別区」と、複数の自治体で構成される組合（一部事務組合、広域連合）などを指す。

都道府県と市町村

　都道府県は、主に広域的行政事務、域内の市町村の連絡調整などを役割とする。一方、市町村は、地方自治の基礎的団体として地域住民の生活に密着した日常的な行政事務の処理を担当している。市、町、村の違いは規模の相違であり、法律上の権限は同一である。

　戦前の地方制度での「地方団体」は、国・内務省の監督下におかれ、権限は限定されていた。都道府県と市町村の間にも、前者が後者を監督するという上下関係があった。しかし、現行制度のもとでは、都道府県は広域的団体、市町村は基礎的団体という性格の違いは存在するが、制度上、両者はともに普通地方公共団体として対等な関係にある。

政令指定都市

　大都市の地方自治体には、制度上の位置づけや役割が一般の市町村とは異なるものがある。一定の要件を満たすと指定されるもので、政令指定都市、

中核市、特例市、東京都の特別区がそうである。

政令指定都市（政令市、指定都市ともいう）は、人口50万以上の市につき、政府が指定して、都道府県からの権限移譲を行う制度である。政令指定都市は児童福祉、生活保護、食品衛生や、都市計画、区画整理事業に関連する行政事務について、都道府県並みの権限行使や、市域を複数の行政区に分け、区役所を設置できる。

大阪、京都、名古屋、横浜、神戸、北九州、札幌、川崎、福岡、広島、仙台、千葉、さいたま、静岡、堺、新潟、浜松、岡山、相模原、熊本の20市である（2019年4月現在）。

中核市

中核市は政令指定都市に準ずる大規模な市（人口20万人以上）が指定される。都道府県からの権限移譲により、例えば養護老人ホームの設置認可や監督、飲食店営業等の許可、屋外広告物の条例による設置制限等の事務処理が可能となる。現在58市が中核市となっている（2019年4月現在）。

特例市

特例市はかつてあった制度で、人口20万人以上の市が指定された。2015年の制度改正で廃止となり、一部は中核市に移行し、移行しなかった場合は「施行時特例市」と呼ばれ、特例市としての事務（環境保全や都市計画関係等の事務）を引き続き処理することに

なっている。現在27市が施行時特例市である（2019年4月現在）。

東京都「特別区」

東京都の特別区は市に準ずる存在であり、区長が公選であるなどの点で、政令指定都市にある「行政区」とは性格を異にする。大阪などの政令指定都市にある「行政区」は、市政の便宜のために設置されているもので、東京の23区とは異なるものである。

東京都の特殊性は、太平洋戦争中の都制施行など、戦前からの首都東京に対する独特の制度的位置づけに起因する。特別区も一般の市と同様に住民生活に密着した行政事務を担当しているが、その権限には市と異なる点がある。例えば特別区は通常道府県が行う保健所設置などの環境衛生事務を行うが、通常なら市が行える消防や下水道の設置管理などは都が担当している。

リージョナリズム

リージョナリズムは、中央に対する地方の主体性を重視する考え方をいい、地域主義と訳される。自治体の境界を越える広域的な行政課題処理のために新たな行政単位を設ける動きとしての広域行政論という意味でも使われる。経済活動の拡大、交通・情報網の発達、環境問題の深刻化、少子高齢化、過疎化など既存の自治体の能力を超えるような広域的行政需要に対処するため、新しい動きが見られる。

病院や老人ホーム、し尿・ごみ処理

26 ≫ 地方自治

場、学校や道路、消防など、各種施設の共同設置・利用のために、市町村の境界を越えて設置される「広域市町村圏」や、複数の自治体が国や都道府県から権限・事務の委任を受けるため共同設置する「広域連合」がある。

より積極的な方法としては、従来の市町村の再編統合をめざす市町村合併や、都道府県制度を廃し新たな広域行政体の創設をめざす「道州制」論などもある。

---

26 - 04

住民参加

代議制では選挙が基本的な参加だが、直接参加のルートもある。日本でも住民の直接参加制度があり、また非制度的な参加も増えている。制度的参加では住民投票と、直接請求制度がある。解職請求は条例の制定・改廃請求、事務監査の請求、議会の解散請求、首長・議員などである。熟議民主主義の方法も注目されてきている。 (真下英二)

住民参加の意義

代議制民主主義をとる以上、選挙が最も基本的な政治参加の方法であることは、国政も地方自治も変わらない。

しかし地方自治の場合、代表者の意思と住民との意思との乖離が進まないよう、住民の政治参加を保障する制度が存在する。憲法に定められた「地方自治の本旨」のうち、住民自治の観点からすれば、住民の直接参加の機会の意義は非常に大きい。直接参加の主要な制度には、直接請求制度と住民投票がある。

直接請求制度

直接請求制度とは、間接民主制を採用する地方政治を補完するため、直接民主制の一つの方式として定められたものであり、以下の四つが認められている。

①条例の制定・改廃請求（イニシアティブ）、②事務監査の請求、③議会の解散請求、④首長・議員・その他主要公務員の解職請求（リコール）である。①、②は有権者の50分の1、③、④は原則3分の1の署名で請求が可能となる。

現行制度は、直接請求の最終的判断を、本来の権限者の決定に還元する方式をとっており、請求があっても、適否を判断するのは、当該の問題の最終的な決定者となっている。

267

▶ 26-04

例えばイニシアティブの場合、条例の制定や改廃を最終的に決定するのは議会であり、可決にいたるケースは1割にも満たない。ただ、首長のリコールでは無視できない場合が少なくない。

住民投票

住民投票（レファレンダム）は、自治体住民の意思を直接的に問うものだが、現行制度では、法律的に認められている住民投票は、特定の自治体にのみ適用される法律の可否につき住民の意思を問うもののほかは、議会の解散や公務員の解職に関するものなどに限られている。原発の立地の可否など、これ以外の目的で住民投票を行う場合、各自治体で住民投票を実施する条例を制定する必要がある。また、住民投票の効力は、法的には自治体の決定を拘束するものではない。

住民投票は、住民の意思を最も的確に表すものであるとして、活用の頻度を高めるべきだとする議論がある。また、住民投票によって示された住民の意思に一定の拘束力を、持たせるべきだとする議論がある。北海道や清瀬市（東京都）などでは、基本条例で住民投票などの参加を制度的に保障しているが、こうした自治体は少数である。住民投票の実態がよく把握できておらず、賛否が分かれているのである。

熟義民主主義

住民参加を唱える声の高まりに応じ、代議制を前提としつつ、直接民主主義的な要素を加えた制度を導入する自治体も増加している。そうした考えの一つが熟議民主主義である。欧州諸国で先行的に導入されているが、日本でも三鷹市や日野市（以上東京都）などで取り組まれている。

直接参加に見られがちな、参加者の偏りをなくすべく、バランスよく民意を反映させながら、住民による議論、修正を通じて結論を導き出そうとするもので、そこでは自治体からの情報提供も重視されている。

住民参加と議会

地方分権化の進展にともない、住民参加の拡充を目指す動きは多い。また、無党派首長が住民からの直接的な支持を得ていることも、地方議会を経ない参加のパターンと見ることもできる。しかし、これらが結果として、議会軽視、議会制度の形骸化につながるのではないかとの指摘もある。議会議員の選出方法なども含め、議会改革の課題は多い。

索 引

項目・小見出し索引

- 本文中の小見出しを50音順に挙げ、章番号と項目番号を示した。

  例：アイオワ実験　01-06

  → 「**01**章（**政治学の基礎概念**）」の「**06**（**小集団とリーダーシップ**）」
  に「**アイオワ実験**」の説明がある。

- 項目名自体は、目立つように**太字**+★印で表し、記載ページを示した。

  例：**圧力政治の諸問題★　08-06（108）**

  → 「**08**章（**圧力団体・住民運動**）」の「**06**（**圧力政治の諸問題**）」を
  指す（108ページに記載）。

《 あ 》

アイオワ実験　01-06
アイゼンクのモデル　11-02
新しい安全保障政策の模索　16-05
アップルビーの批判　20-03
圧力集団自由放任主義の終焉　08-02
圧力政治　08-03
圧力政治の諸問題★　08-06（103）
圧力政治と統治能力　08-06
圧力団体の発生とその機能★　08-01（93）
圧力団体　08-01
圧力団体の発生　08-01
圧力団体と政党の相違　08-01
圧力団体の理論★　08-02（96）
圧力団体の組織　08-04
圧力のバイアス　08-06
アナウンスメント効果★　10-04（124）
アナウンスメント効果　10-04
アメリカ議会の選挙制度　09-06
アメリカ行政学の行政理論　20-02
アメリカ社会と圧力団体★　08-03（98）

アメリカ社会の多元性　08-03
アメリカ社会の特徴　08-03
アメリカ大統領の選挙制度　09-06
アメリカの議会★　06-09（72）
アメリカの議会と大統領　06-09
アメリカの選挙制度　06-09
アメリカの政党制★　07-04（81）
アメリカの政党不信　07-04
アメリカの政党の特徴　08-03
アメリカの大統領制★　03-03（33）
アメリカの二党制　07-04
アメリカの任用制　22-01
『アメリカの民主政治』　02-06
アメリカの両院の権限　06-09
アリストテレス　17-01
アリーナ議会　06-05
アロンの「イデオロギーの終焉」02-08
安全保障の類型★　16-01（183）
安全保障理事会　15-05，16-01
安全保障政策での制約　16-05
アントルプルヌール型行政職員　24-03

269

▶ 項目・小見出し索引

《 い 》

家委員会中心主義　06-04
イギリスの議院内閣制★　03-04（35）
イギリスの議会★　06-10（73）
イギリスの旧植民地への影響　26-02
イギリスの政党制★　07-05（83）
イギリスの選挙制度　09-06
イギリスの地方制度　26-02
イギリスの二党制　07-05
イギリスの任用制　22-01
意見の分布の認知　14-05
一院制と両院制★　06-03（62）
一院制　06-03
１Ｌ＋３Ｅの基準　24-02
一党制　07-02
一党優位制　07-02，07-09
一般会計と特別会計　25-02
イデオロギー★　02-07（25）
イデオロギーでの武装　13-04
イデオロギー闘争　02-07
イデオロギーの政治的機能　02-07
イデオロギーの終焉★　02-08（27）
イングルハートのモデル　11-02

《 う 》

ウィルソンの行政理論　20-02
ウェーバーの官僚制論★　19-04（217）
ウェーバーの権力　01-01
ウェーバーの分類　01-04
ウォーラス　17-02

《 え 》

NPMの手法　19-03
エリート　13-04
エリートの周流　13-04
エリートへの接近可能性　13-02
エリート理論★　13-04（151）

《 お 》

王権神授説　05-02
オルソン　17-03
オルソンの「少数の優位」　08-06
穏健な多党制　07-02

《 か 》

階級　13-03
階級闘争史観　02-04
会計検査★　24-02（247）
会計検査　24-02
会計検査院の権限　24-02
外在的・制度的統制　24-01
外在的・非制度的統制　24-01
解散権　03-06
概算要求と査定　25-02
開発独裁　18-02
開発独裁の特徴　18-02
開発独裁の変化　18-02
科学的管理法★　21-03（229）
科学的管理法と行政　21-03
科学的管理法への批判　21-03
「影の内閣」　03-04
影の内閣　06-10
家族説　05-02
価値剥奪　01-01
価値付与　01-01
各国での行政組織の設置　23-02
各国の政治文化　18-03
寡頭制の鉄則　13-04
カリスマ的支配　01-04
環境の監視　14-02
完全連記式　09-04
官僚政治　12-04
官僚制優位論　12-04
官僚制の合理性　19-04
官僚と政策過程　12-03

索 引

《 き 》

議院内閣制と大統領制★　03-02（31）
議院内閣制　03-02
議会政治の危機　05-03
議会政治の諸原則★　06-02（61）
議会政治の変化　06-02
議会の議事運営★　06-04（64）
議会の発展★　06-01（59）
議会の類型★　06-05（65）
擬似環境　14-01
技術的行政学★　21-01（225）
技術的行政学に対する批判　21-01
基準と会計検査　24-02
貴族院型の両院制　06-03
貴族主義的政党　07-01
規則による規律・権限の原則　19-04
議題設定機能　14-05
キッチェルトのモデル　11-02
機能的行政学★　21-02（227）
機能的行政学と行政　21-02
機能的行政学の展開　21-02
旧中選挙区制の影響　10-03
ギューリックの POSDCoRB　21-01
共産主義の没落　02-04
行政監督の原則　06-02
行政改革　19-03
行政改革と NPM ★　19-03（215）
行政学の形成★　20-01（219）
行政管理論　20-02、21-01
行政学の知的危機　21-02
行政機関の保有情報　24-04
行政計画★　25-01（257）
行政計画　25-01
行政計画と住民　25-01
行政計画の多様性　25-01
行政国家★　19-02（213）
行政国家化現象★　05-03（56）
行政国家化現象　19-02
行政国家と議会　06-02
行政国家の台頭　05-03

行政国家の問題点　19-02
行政指導と透明性　24-05
行政責任★　24-03（249）
行政組織の設置★　23-02（243）
行政手続★　24-05（253）
行政手続法の制定　24-05
行政統制★　24-01（245）
行政統制の動向　24-01
行政による決定の透明性　24-05
行政の活動と民間の活動　19-01
「行政」の概念★　19-01（211）
行政の「目的と価値」　21-02
業績投票モデル　10-02
共和党　07-04
虚偽意識　02-07
拒否権行使集団　13-05
ギリシア民主政治　04-01
キリスト教民主同盟・社会同盟　07-07
ギルバートの４類型　24-01
ギルピンの国際的公共財　15-03
近代官僚制　19-04
近代官僚制の諸原則　19-04
近代議会の成立　06-01
近代国際社会　15-01
近代国家★　05-01（53）
近代国家の基本原理　05-01
近代自然法　17-01
近代日本における議会政治の発展★
　　06-07（68）
近代の国際社会★　15-01（167）
近代の政治学　17-01
近代の政治理論　17-01

《 く 》

グッドナウの行政理論　20-02
グッドナウの行政の機能　21-01
クラッパーの効果類型　14-03
グローバリゼーションと市場　15-06
グローバリゼーションへの政治的抵抗
　　15-06

271

▶ 項目・小見出し索引

群集　13-01
『君主論』の主張　02-01
『君主論』の背景　02-01

《 け 》

経済財政諮問会議　25-02
経済的自由主義　02-05
経済発展と経済外交　15-07
警察学　20-01
契約制・資格任用制　19-04
決選投票制　09-04
ケルゼンの多数決原理　06-06
ケルゼンの民主主義観　06-06
権威主義体制★　18-02（205）
権威主義体制　18-02
権威主義体制の支配形態　18-02
現在の同盟　16-02
現実の支配形態　01-04
原子的状況　07-02
現代社会の権力構造★　13-05（154）
現代政治学★　17-02（198）
現代政治学の誕生　17-02
現代政治学の特徴　17-02
現代日本の政策過程★　12-04（142）
現代のエリート理論　13-04
現代民主政治と古代の民主政治　04-01
憲法と議院内閣制　03-06
憲法と地方自治　26-01
権力　01-01
権力構造　13-05
権力の概念★　01-01（1）
権力の関係概念　01-02
権力の実体概念と関係概念★　01-02（2）
権力の実体概念　01-02
権力の零和概念と非零和概念★　01-03（4）
権力の零和概念　01-03
権力の非零和概念　01-03
権力の分散と統合　03-06
権力分立★　03-01（29）
権力分立制の意義　03-01

権力分立制と近代憲法　03-01
権力分立と代表制　04-02

《 こ 》

公害と住民運動　08-05
後期官房学　20-01
合議制　22-02
合議制の長所・短所　22-02
公共部門の経営改革　19-03
交差圧力　10-01
公私の分離　19-04
拘束名簿式と非拘束名簿式　09-05
合法的支配　01-04
公務員の受動的責任　24-03
公務員の積極的責任　24-03
公務員倫理　24-03
合理的選択論★　10-06（127）
合理的選択論　10-06
講和条約　15-07
国際機構★　15-05（175）
国際機構と国家間協調　15-05
国際経済と国際政治★　15-06（177）
国際経済の政治的意味　15-06
国際システムの安定★　15-03（171）
国際政党組織　02-05
国際政治理論の類型★　15-02（169）
国際政治理論の役割　15-02
国際政治諸理論の関係　15-02
国際政治と日本外交★　15-07（179）
国際法の誕生　15-01
国際連合　16-01
国際連合と冷戦　16-04
国際連合の創設　15-05
国際連盟　16-04
国民主権　05-01
国民代表の原則　06-02
国連の目的　15-05
個人投票モデル　10-02
古代ギリシアのデモクラシー★　04-01（41）
古代・中世の権力分立制　03-01

索引

国会無能論　06-08
国家財政の危機　19-03
国家と富の追求　15-06
国家の起源の学説★　05-02（55）
国家の3要素　05-01
『国家論』の背景　02-02
古典的エリート理論　13-04
古典的組織論　21-05
古典的民主主義学説への批判　04-05
コヘインの相互依存論　15-03
個別的安全保障と同盟★　16-02（186）
コーポラティズム★　12-02（138）
コーポラティズム　12-02
コーポラティズムの特徴　12-02
コミュニケーションの2段階の流れ★
　　　14-04（162）
コロンビア・グループ　10-01

《 さ 》

サイバネティクス　17-03
サイモンの批判　20-03
裁量主義　23-02
搾取説　05-02
左右軸　11-02
サルトーリの類型　07-02
参加唱導の正当化根拠　04-06
参加と参加民主主義　04-06
参加と市民育成　04-06
参加の偏り　04-06
参加の動員　04-06
参加民主主義★　04-06（50）
参加民主主義と代表制民主主義　04-06
参議院型の両院制　06-03
参議院の選挙制度　09-07
参議院の非拘束名簿式　09-07

《 し 》

自衛権　16-01
自衛と同盟　16-02

市会・市支配人制　21-05
資格任用制　22-01
シカゴ学派　17-02
時間研究と動作研究　21-03
事後的救済と行政指導　24-05
市場における政治の役割　15-06
自然権　17-01
7条解散説　03-06
史的唯物論　02-04
指導者競争民主主義★　04-05（49）
指導者競争民主主義　04-05
支配階級　13-04
支配の3類型★　01-04（6）
市民　13-01
市民運動　08-05
市民運動の組織　08-05
市民革命と自由主義★　04-02（43）
市民革命と人権　04-02
社会契約説★　02-03（16）
社会契約説　04-02，05-02
社会契約説の意義　02-03
社会契約説の理論的枠組み　02-03
社会主義の思想★　02-04（19）
社会主義体制と「民主主義」　04-04
社会的遺産の世代的伝達　14-02
社会的規範の強制　14-02
社会的諸部分の調整　14-02
社会的属性と投票行動　10-03
社会的能率　21-02
社会変容と行政　20-03
社会民主党　07-07
終焉論とその後　02-08
「自由化」と「包括性」　18-01
宗教改革と信教の自由　04-02
宗教改革　15-01
自由主義と保守主義★　02-05（21）
自由主義と民主主義★　02-06（23）
自由主義と民主主義の融合　02-06
自由選挙　09-01
集団安全保障　16-01
集団安全保障★　16-04（190）

273

▶ 項目・小見出し索引

集団安全保障の概念　16-04
集団安全保障の限界　16-04
集団的自衛権★　16-03（188）
集団的自衛権　16-03
集団的自衛権と憲法9条　16-03
集団のクリス・クロス　08-02
自由放任的リーダーシップ　01-06
住民運動・市民運動★　08-05（102）
住民運動　08-05
住民参加★　26-04（267）
住民参加の意義　26-04
住民参加と議会　26-04
住民自治　26-01
住民投票　26-04
自由民権運動　06-07
自由民主党　07-07
熟義民主主義　26-04
熟慮型世論調査　14-01
主権国家　15-01
主権の概念　02-02
主権理論★　02-02（15）
シュタイン行政学　20-01
主要国の選挙制度★　09-06（113）
主要国の中央 - 地方関係★　26-02（263）
消極国家　19-02
少子・高齢社会の時代と行政計画　25-02
情実任用制　22-01
小集団とリーダーシップ★　01-06（9）
少数代表制　09-02
小選挙区制　09-04
小選挙区比例代表並立制　09-07
情報公開★　24-04（251）
情報公開制度　24-04
情報公開制度の実施状況　24-04
情報公開制度の展開　24-04
情報公開法　24-04
初期社会主義　02-04
初期の投票行動研究★　10-01（119）
初期のマスコミ効果研究　14-03
職能国家　19-01
審議の原則　06-02

新旧のコーポラティズム　12-02
人権、開発援助、環境と国連　15-05
人事院と人事院勧告★　22-03（238）
人事院の勧告　22-03
人事院の創設　22-03
人事院の組織　22-03
人事院の独立性　22-03
人事院の役割　22-03
新自由主義　02-05
申請手続　24-05
人民民主主義★　04-04（47）
新冷戦と冷戦の終わり　15-04

《 す 》

数理政治学　17-03
スタッフ　23-01
スタッフ機関の発達　23-01
スタッフの権限　23-01
ステレオタイプ　14-01

《 せ 》

政権の安定性　07-03
政権の形態★　07-03（79）
政権の類型　07-03
政策過程論★　12-03（140）
政策過程論　12-01
政策過程とアクター　12-03
政策過程の制度化　12-02
政策決定と議会　06-10
政策ステージ　12-03
政策ステージとアクター　12-03
政治意識　11-01
政治意識・政治的態度★　11-01（131）
政治意識と政治文化　18-03
政治意識の構造　11-01
政治改革　07-10
政治学の新動向★　17-03（199）
政治過程の発展★　12-01（137）
政治教育機能　08-01

索引

政治・行政二分論★　**20-02**（221）
政治・行政二分論　21-01
政治・行政融合論★　**20-03**（223）
政治・行政融合論　21-02
政治資金★　**07-10**（90）
政治資金　07-10
政治資金の規制　07-10
政治資金の負担　07-10
政治的価値観★　**11-02**（133）
政治的価値観　11-02
政治的価値観の調査・分析　11-02
政治的先有傾向　14-04
政治的自由主義　02-05
政治的態度　10-03, 11-01
政治的リーダーシップ★　**01-05**（8）
政治的リーダーシップ　01-05
政治的リーダーシップの類型　01-06
政治と行政　19-01
政治における市場・競争　04-05
政治文化★　**18-03**（208）
政治文化と政治的社会化　18-03
政治文化の類型　18-03
政党帰属意識　10-01, 11-01
政党帰属意識の規定要因　11-01
政党制★　**07-02**（77）
政党政治の終焉　07-08
政党制の動揺　07-06
政党と政策過程　12-03
政党と利益表出機能　07-01
政党の限定的役割　07-04
政党の諸機能　07-01
政党の成立　07-01
政党の成立・発展★　**07-01**（75）
政党の利益集約機能　07-01
政党優位論　12-04
征服説　05-02
政友会　07-08
勢力均衡　15-03
勢力均衡政策　15-01
勢力均衡の条件　15-03
勢力均衡の歴史　15-03

政令指定都市　26-03
惜敗率　09-07
積極国家　19-02
絶対多数制　09-02
零和・非零和（ゼロサム・ノンゼロサム）
　　01-03
世論★　**14-01**（157）
世論　14-01
世論・選挙と政策過程　12-03
世論操作　14-01
世論と輿論　14-01
前衛党　04-04
前期官房学　20-01
1955年体制　07-09
専業の原則・定額俸給制　19-04
選挙競合　09-01
選挙区制　09-02
選挙権の拡大　06-07
選挙制度の原則★　**09-01**（105）
選挙制度の政治思想★　**09-03**（109）
選挙制度の類型★　**09-02**（107）
選挙の基本原則　09-01
戦後アメリカのイデオロギー状況　02-08
戦後外交の基本方針　15-07
戦後国会の委員会中心主義　06-04
全国区　09-07
戦後日本の政党制★　**07-09**（89）
戦後の主な紛争　15-04
戦後の国際政治★　**15-04**（173）
潜在集団　08-02
専制的リーダーシップ　01-06
戦前日本の政党制★　**07-08**（87）
戦前の官吏制度　22-03

《 そ 》

総括管理機能★　**21-05**（232）
創造的リーダーシップ　01-06
争点態度・候補者評価　11-01
争点投票モデル　10-02
即自的階級と対自的階級　13-03

▶ 項目・小見出し索引

組織の分権性　07-04
ソビエト制　04-04
ソ連、中国、韓国、東南アジアとの関係
　　　　15-07
存在拘束性　02-07

《 た 》

第五共和制の政党制　07-06
第三世界と南北関係　15-04
大衆　13-01
大衆運動　13-02
大衆社会★　13-01（145）
大衆社会と全体主義　13-01
大衆社会の政治★　13-02（147）
大衆社会の理論　13-02
大衆政党　07-01
大正デモクラシーと議会　06-07
大統領制　03-02
大統領制と議会　03-03
大統領制の条件　03-03
大統領制の実際　03-05
大統領の外交上の権限　03-03
大統領府　21-05
代表委任　06-01
代表制　04-03
代表制民主主義の補完　04-06
代表的リーダーシップ　01-06
第四共和制での多党制　07-06
ダウンズ　17-03
多極共存型民主制　17-03
多元主義と均衡論　08-02
多数決型民主主義　03-04
多数決型民主制　17-03
多数決原理★　06-06（67）
多数決原理と価値相対主義　06-06
多数決原理の確立　06-06
多数者の専制　02-06
多数政権・少数政権　07-03
多数代表制★　09-04（110）
多数代表制　09-02

脱行動科学革命　17-03
ダールの関係概念　01-02
ダールの批判　20-03
団体自治　26-01

《 ち 》

地域権力構造のエリート論　13-05
地域権力構造の多元論　13-05
地位付与の機能　14-02
地方公共団体　26-03
地方自治★　26-01（261）
地方自治の本旨　26-01
地方自治の類型　26-01
中央 - 地方制度の変化　26-02
中核市　26-03
中間集団　13-02
中小政党　07-05
中世欧州の国際社会　15-01
中選挙区制　07-09，09-07
重複立候補　09-07
直接参加の問題点　08-05
直接請求制度　26-04
直接選挙　09-01
沈黙の螺旋理論　14-05

《 つ 》

通年国会　06-10

《 て 》

帝国議会開設以前の状況　06-07
帝国議会開設前後の政党　07-08
帝国議会開設後の状況　06-07
帝国議会の構成と権能　06-07
帝国議会の読会制　06-04
デタントと多極化　15-04
鉄の三角形　08-04
デモクラシーの諸条件　18-01
デュヴェルジェの類型　07-02

索引

伝統的安全保障　16-02
伝統的支配　01-04
伝統的政治学★　17-01（195）
伝統的リーダーシップ　01-06

《 と 》

ドイツ公法学　20-01
ドイツ30年戦争　15-01
ドイツの政党制★　07-07（86）
ドイツの選挙制度　09-06
統括管理機能★　21-05（232）
党議拘束　06-08
投機的リーダーシップ　01-06
東京都「特別区」　26-03
統合型　26-02
投票行動理論の新展開★　10-02（121）
投票参加　09-01
投票参加のコスト　10-06
投票の効用　10-06
投票率の低下　10-06
透明性と迅速性　24-05
同盟と国益　16-02
同盟の形態　16-02
討論の議会　06-10
独任制　22-02
独任制と合議制★　22-02（237）
特例市　26-03
トックヴィル　02-06
都道府県と市町村　26-03
トルーマン　12-01
トルーマンの圧力団体論　08-02
ドント式の議席配分方法　09-05

《 な 》

内閣と官僚　03-04
内閣と議会　03-04
内在的・制度的統制　24-01
内在的・非制度的統制　24-01

《 に 》

二元的能率　21-02
２段階の流れ　14-04
日中国交正常化　15-07
日米安保条約　16-05
日米同盟の強化　15-07
二党制　07-02
日本人の投票行動★　10-03（123）
日本での行政機関の設置　23-02
日本における無党派層の推移　10-05
日本の圧力団体★　08-04（100）
日本の圧力団体の特徴　08-04
日本の安全保障★　16-05（192）
日本の安全保障政策と憲法９条　16-05
日本の委員会審査の課題　06-04
日本の会計検査院　24-02
日本の議院内閣制★　03-06（38）
日本の国会の機能　06-05
日本の参議院の課題　06-03
日本の政治資金問題　07-10
日本の選挙制度★　09-07（115）
日本の地方自治　26-01
日本の地方自治体★　26-03（265）
日本の立法過程★　06-08（70）
日本の両院制　06-03
人間関係論★　21-04（231）
人間関係論の発展　21-04
任用制★　22-01（235）

《 は 》

覇権安定論　15-03
バジョットの多数代表制論　09-03
パーソンズの非零和概念　01-03
パネル調査　10-01
派閥　07-09
パブリックコメント　24-05
パワー・エリート　13-04, 13-05
半大統領制　03-02
半大統領制の定義　03-05

▶ 項目・小見出し索引

半大統領制のモデル　03-05

《 ひ 》

非エリートの操縦可能性　13-02
『ピープルズ・チョイス』　14-04
秘密選挙　09-01
標準化・統制・協同　21-03
平等選挙　09-01
ピラミッド型構造　19-04
比例代表制★　09-05（111）
比例代表制　09-02, 09-05
比例代表制の特徴　09-05

《 ふ 》

ファイナーの答責性　24-03
ファイナー＝フリードリッヒ論争　24-03
フォーマルな組織とインフォーマルな組織
　　21-04
福祉国家　05-03, 19-01, 19-02
福祉国家の見直し　19-01
福祉国家への批判　19-03
不信任決議と解散権　06-09
二つの権力分立観　03-01
普通選挙　09-01
プラトン　17-01
フランス下院の選挙制度　09-06
フランス大統領の選挙制度　09-06
フランスの政党制★　07-06（84）
フランスの中央・地方制度　26-02
フランスの2回投票制　09-04
フランスの半大統領制★　03-05（36）
不利益処分と透明性　24-05
フリードリッヒの応答性　24-03
フリードリッヒの権力論　01-02
フロムの『自由からの逃走』　13-01
プロレタリア独裁　04-04
分極的多党制　07-02
文書主義　19-04
分離型　26-02

《 へ 》

「並立制」導入　07-09
平和安保法制　16-03
平和維持と平和構築　15-05
平和構築、平和維持、予防外交　16-01
ベヴァリッジ報告　19-02
ヘゲモニー政党制　07-02
ベルの「イデオロギーの終焉」　02-08
変換議会　06-05
ベントレー　12-01, 17-02
ベントレーの圧力団体論　08-02

《 ほ 》

法案拒否権　03-03
法制定主義　23-02
法治主義　05-01
法の支配　04-03, 05-01
保守主義　02-05
保守党　07-05
POSDCoRB（ポスドコルブ）と行政実務
　　21-05
ホーソン実験　21-04
ボダンの主権理論　02-02
ホッブズ　02-03
ホッブズの社会契約説　02-03
ポリアーキー★　18-01（203）
ポリアーキー　18-01
ポリスと共同体　04-01
ポルスビーの議会類型　06-05
ホワイトハウスと大統領府　03-03
本会議中心主義　06-04
本予算と補正予算　25-02

《 ま 》

マキャヴェリ★　02-01（13）
マキャヴェリの関心　02-01
麻酔的逆作用　14-02
マスコミ効果研究の3期　14-03

索引

マスコミの機能★　**14-02（159）**
マスコミの効果★　**14-03（161）**
マス・コミュニケーションのモデル
　　14-02
マスメディアの新効果論★　**14-05（164）**
マニフェスト　03-04
マルキシズムとコンストラクティヴィズム
　　15-02
マルクス主義　02-04
マルクス主義の階級支配論★　**13-03（149）**
マルクス主義と階級支配　13-03
マルクス主義の階級　13-03
マルクス主義の国家　13-03
マルクス＝レーニン主義　02-04

《 **み** 》

ミシガン・グループ　10-01
美濃部達吉の比例代表制論　09-03
身分制議会の構成　06-01
身分制議会の役割　06-01
ミルの比例代表制　09-03
民主政治における圧力団体　08-01
民主的社会主義　02-04
民主的リーダーシップ　01-06
民主党　07-04
民政党　07-08

《 **む** 》

無産政党の変遷　07-08
無党派層★　**10-05（126）**
無党派層　10-03
無党派層の増加の背景　10-05
無党派層の政治的影響　10-05
無党派層の属性　10-05
無党派層の類型　10-05

《 **め** 》

名望家政党　07-01

命令委任　06-01

《 **も** 》

モデルスキーの覇権サイクル論　15-03
モンテスキューの三権分立制　03-01

《 **や** 》

夜警国家　05-03
安上がりの政府　19-01
野党の戦術　06-08
野党の役割　06-10

《 **ゆ** 》

優先順位付投票制　09-04

《 **よ** 》

予算　25-02
予算と予算編成★　**25-02（259）**
予算の折衝　25-02
予算編成過程　25-02
吉野作造の小選挙区制論　09-03
予測公表の禁止　10-04
四つの社会類型　13-02
四つの体制（ポリアーキー）　18-01
与党審査　06-08

《 **ら** 》

ライン　23-01
ラインとスタッフ★　**23-01（241）**
ライン・スタッフ　21-05，23-01
ラインとスタッフの起源　23-01
ライン・スタッフの実態　23-01
ラザースフェルドとマートンらのマスコミ
　　　機能論　14-02
ラスウェルの権力基底　01-02
ラスウェルのマスコミ機能論　14-02

279

▶ 項目・小見出し索引

《 り 》

リアリズム　15-02
利益集団自由主義　08-06
利益集団と政策過程　12-03
利益代表としてのコーポラティズム　12-02
利益表出機能　08-01
リージョナリズム　26-03
リーダーシップの効果　01-05
リーダーシップの状況理論　01-05
リーダーシップの特性理論　01-05
立憲主義　05-01
立法過程　12-04
立法国家　05-03
リベラリズム　15-02
リベラル・デモクラシー★　04-03（45）
リベラル・デモクラシーの概念　04-03
リベラル・デモクラシーの基準　04-03
リベラル・デモクラシーへの批判 04-03
理念型と現実の形態　01-04
両院制　06-03
両院制での安定性　07-03

《 る 》

ルソー　02-03
ルソーの社会契約説　02-03

《 れ 》

冷戦後の安全保障環境　16-03
冷戦後の国際連合　16-04
冷戦後の日本外交　15-07
冷戦と同盟　16-02
冷戦と二極化　15-04
連合 90・「緑の党」　07-07
連邦制型の両院制　06-03
連立政権　07-03

《 ろ 》

労働党　07-05
労働なきコーポラティズム　08-04
69 条解散説　03-06
ロック　02-03
ロックの権力分立制　03-01
ロックの社会契約説　02-03
ロビイスト　08-03
ロビイング　08-03

《 わ 》

ワルドーの批判　20-03
湾岸戦争以後の日本　16-03
湾岸戦争と国際貢献　16-05

人名索引

- 本文中の主要人名を50音順に挙げ、掲載されている章の番号と、項目の番号を示した。

- 特に、小見出しに人名が登場するページは、目立つように**太字**で表した。

  例：<u>ウェーバー　**01-01**（**2**）</u>
  → 「**01**章（政治学の基礎概念）」の「**01**（権力の概念）」のうち、
  2ページに記載（ここでの小見出しは「**ウェーバーの「権力」**」）。

【あ行】

アーモンド　07-01, 08-01, 17-02, 18-03
アイゼンク　**11-02（134）**
アウグスティヌス　17-01
アップルビー　**20-03（223）**
アリストテレス　03-01, 05-02, **17-01
（196）**
イーストン　17-03
岩井奉信　06-05
イングルハート　**11-02（135）**
ヴァーバ　10-02, 18-03
ヴァッテル　15-03
ウィルソン　16-04, **20-02（222）**, 21-01
ウェーバー　**01-01（2）**, **01-04（6）**,
01-05, 07-01, **19-04（217）**, 22-02
ウォーラス　09-02, **17-02（199）**
エンゲルス　02-04, 05-02, 13-03
オーウェン　02-04
オルソン　**08-06（104）**, **17-03（200）**
オルポート　11-01

【か行】

カッツ　14-03
キー　17-02
キッチェルト　**11-02（135）**
キャンベル　10-01, 11-01
ギューリック　20-03, 20-04, **21-01（226）**,
21-05
ギルバート　**24-01（245）**
ギルピン　15-03
グッドナウ　**20-02（222）**, **21-01（226）**
クラッパー　**14-03（162）**
グロティウス　15-01, 17-01
グンプロヴィッツ　05-02
ケイン　10-02
ケインズ　19-02
ケルゼン　**06-06（67）**
コヘイン　**15-03（173）**
コーンハウザー　13-02
コンバース　11-02

▶ 人名索引

【さ行】

サイモン　**20-03 (223)** , 21-02
サッチャー　03-04, 07-05
サルトーリ　**07-02 (78)**
サン＝シモン　02-04
シュタイン　**20-01 (221)** , 20-02
シュンペーター　04-05
ショウ　14-05
スミス(アダム)　02-05, 19-02

【た行】

ダウンズ　10-06, 11-02, **17-03 (200)**
ダール　**01-02 (3)** , 13-05, 18-01,
　　　　20-03 (223)
辻清明　12-04
ディモック　21-02
デュヴェルジェ　03-05, **07-02 (77)**
ドイッチュ　17-03
トックヴィル　**02-06 (23)**
ドッド　07-03
トマス・アクィナス　17-01
トルーマン　**08-02 (96)** , **12-01 (138)**,
　　　　17-02

【な行】

ナイ　10-02
ノエル＝ノイマン　14-05

【は行】

バーク　02-05, 06-02
バジョット　03-04, 09-02, **09-03 (109)**
パーソンズ　**01-03 (5)**
バーナード　21-02
パレート　13-04
ハンター　13-05
ファイナー　**24-03 (250)**

フィオリーナ　10-02
フェアジョン　10-02
ブライス　06-06
プラトン　01-05, 03-01, **17-01 (195)**
フーリエ　02-04
フリードリッヒ　**01-02 (3)** , **24-03 (250)**
ブレア　07-05
フロム　**13-01 (146)** , 13-02
ベル　02-08, 03-01
ベレルソン　10-01
ベントレー　**08-02 (96)** , **12-01 (137)** ,
　　　　17-02 (198)
ボダン　**02-02 (15)** , 05-01
ホッブズ　01-02, 02-02, **02-03 (16, 17)** ,
　　　　04-02, 17-01
ポルスビー　**06-05 (65)**
ホワイト　01-06, 20-02

【ま行】

マキャヴェリ　01-05, **02-01 (13)** , 17-01
マックーム　14-05
マートン　**14-02 (159)**
マルクス　01-02, **02-04 (19,20)** ,
　　　　02-07, 02-08, 05-02, 07-07,
　　　　08-01, **13-03 (150,151)** , 13-04,
　　　　15-02
マンハイム　02-07
美濃部達吉　**09-03 (110)**
ミヘルス　13-04
ミル　02-05, 02-06, 09-02, **09-03 (109)**,
　　　　09-05
ミルズ　13-04, 13-05
村松岐夫　12-04
メイヨー　21-04
メリアム　17-02
モスカ　13-04
モデルスキー　**15-03 (172)**
モンテスキュー　02-03, **03-01 (30)**

索引

【や行】

ユスティ　20-01
吉野作造　06-07, 09-03

【ら行】

ラザースフェルド　10-01, **14-02（159）**,
　　　　14-03, 14-04
ラスウェル　**01-02（4）**, 13-04, **14-02（160）**,
　　　　17-02
ラスキ　05-03
ラッサール　19-02
リースマン　13-05
リピット　01-06
リンス　18-02
ルーズベルト　16-04, 20-04, 21-05, 23-02
ルソー　02-02, **02-03（18）**, 04-02
ルター　02-02, 04-02, 15-01
ル・ボン　13-01
レイプハルト　17-03
レーニン　**02-04（20）**, 02-07
ロック　01-02, 02-02, **02-03（17）**,
　　　　02-05, **03-01（30）**, 04-02,
　　　　17-01

【わ行】

ワルドー　**20-03（224）**, 21-02

装丁 —— アトリエ・プラン
編集協力 —— 長谷川正和

[編者]

堀江　湛（ほりえ・ふかし）

1931 年生まれ。慶應義塾大学法学部卒、同大学院修了。
慶應義塾大学法学部教授をへて現在同大学名誉教授。

加藤秀治郎（かとう・しゅうじろう）

1949 年生まれ。慶應義塾大学法学部卒、同大学院修了。
東洋大学法学部教授をへて現在同大学名誉教授。

政治学小辞典

2019年12月10日　初版第1刷発行
2020年 3 月10日　初版第2刷発行

編集　堀江　湛　加藤秀治郎
発行者　　菊池　公男

発行所　　株式会社 一 藝 社
〒160-0014 東京都新宿区内藤町 1-6
Tel. 03-5312-8890　Fax. 03-5312-8895
E-mail : info@ichigeisha.co.jp
HP : http://www.ichigeisha.co.jp
振替　東京 00180-5-350802
印刷・製本　シナノ書籍印刷株式会社

©Fukashi Horie, Syujiro Kato 2019 Printed in Japan
ISBN 978-4-86359-199-8 C3531
乱丁・落丁本はお取り替えいたします。